中国应急管理学会蓝皮书系列

中国业务连续性管理发展研究报告 2017

The Development of Chinese Business Continuity Management Research Report 2017

主　编　陈建新

副主编　马光悌　陈　安　杨险峰

科学出版社

北　京

内 容 简 介

在全球经济一体化的背景下、在高度依赖信息化技术的时代，人类的活动质量进入更高的层次。与我们生产、服务相关的各行业在不断优化的同时，更需保持在连续的安全、稳定状态。业务中断造成的损失，自然灾害、事故、公共卫生事件、社会安全事件等一系列突发事件导致的灾难已造成了严重的社会危害。如何有效地保障生产系统顺利而不间断地运行，减少突发事件带来的影响，降低灾难造成的人员和财产损失，快速恢复正常的生产、生活秩序，是政府、企业和从业者都无法回避，应该认真思考的问题。业务连续性管理已由传统的数据备份、信息系统灾难恢复，提升到保持业务可持续性和组织韧性的层面。尤其在工业和信息化、智能化走在前列的国家，更将业务连续性列为保障、应急的基本要求。本书为中国应急管理学会蓝皮书系列之一，将着力反映业务连续性管理在我国的推广应用情况，介绍相关的案例供参考，并反映相关领域新的技术、产品及研究等情况。作为蓝皮书系列的首本，其重点内容是介绍业务连续性管理的概念、方法论、国内外相关标准法规发展情况，以及理清业务连续性管理与风险管理、应急管理、危机管理之间的关系。今后蓝皮书的重点将转向案例及发展研究部分。

本书主要为政府部门、大专院校及企事业单位管理者提供参考，相关安全生产、应急救援人员等也可参考。

图书在版编目（CIP）数据

中国业务连续性管理发展研究报告 2017/陈建新主编. —北京：科学出版社，2017.11

（中国应急管理学会蓝皮书系列）

ISBN 978-7-03-054331-8

Ⅰ. ①中…　Ⅱ. ①陈…　Ⅲ. ①业务管理-连续性-研究报告-中国-2017　Ⅳ. ①C931.2

中国版本图书馆 CIP 数据核字（2017）第 214710 号

责任编辑：徐　倩 / 责任校对：孙婷婷

责任印制：吴兆东 / 封面设计：无极书装

科学出版社 出版

北京东黄城根北街 16 号

邮政编码：100717

http://www.sciencep.com

北京京华虎彩印刷有限公司 印刷

科学出版社发行　各地新华书店经销

*

2017 年 11 月第　一　版　开本：787×1092　1/16

2017 年 11 月第一次印刷　印张：12 1/4

字数：300 000

定价：88.00 元

（如有印装质量问题，我社负责调换）

中国应急管理学会蓝皮书系列编写指导委员会

中国业务连续性管理发展研究报告 2017 编委会

序　一

《中国业务连续性管理发展研究报告 2017》是我国第一部系统的关于业务连续性管理的蓝皮书。该书既介绍了业务连续性管理（business continuity management，BCM）的理论、方法、国内外相关的标准法规，分析了业务连续性管理与风险管理、危机管理、应急管理的异同，还精心选择了不同类型的典型案例作为实践参考。

业务连续性管理源自计算机信息系统的应急管理和可持续发展。随着信息系统在经济和社会发展各领域的应用日益拓展及深化，业务连续性管理涉及的领域持续扩展，理论、方法和实践也不断地丰富、成熟，业务连续性管理逐步成为一个系统应对风险、危机和其他突发事件，在发生各类突发事件时保证业务可持续运行，将损失降低到最少的可操作的理论体系。

业务连续性管理是一种认识，更是一种系统的方法论。该书对业务连续性管理知识体系的介绍是富有启发性和操作性的。该书详细地介绍了业务连续性管理事前、事中、事后三个过程的十个主要阶段：项目启动与管理、风险评估与控制、业务影响分析、制定业务连续策略、应急响应和措施、编制和贯彻执行业务连续性计划、认知和培训计划、维护和演练业务连续性计划、危机沟通、与外部机构的协调。业务连续性管理通常是一个连续不断的过程，因此，常常采用生命周期方法来描述这一周而复始的活动规律。该书对业务连续规划生命周期的八个步骤做了深入的介绍。

业务连续性管理在我国的普及程度还很低，但它应该是各企事业单位的必修课。我相信该书一定会给我国业务连续性管理及相关的风险、危机、应急管理能力的提升带来助力。

是以为序。

杨学山

工业和信息化部原副部长

2017 年 6 月 23 日

序　二

业务连续性管理是一个一体化的（holistic）管理流程，通过这一流程可以识别那些威胁组织机构的潜在冲击，并提供一个指导性框架，来建立组织机构有效应对冲击而必备的恢复能力，从而保护利益相关者的资产、组织机构的信誉、品牌及其创造价值的活动。

业务连续性管理提出了恢复时间目标（recovery time objective，RTO）的概念，即承诺在灾难发生后，在可承受的时间内，将关键业务功能恢复到可接受的水准。这是业务连续性管理相对于其他灾难管理理论所独具的特点。

“9·11”事件后，业务连续性管理日益受到世界各国政府、企业和学术界的高度重视，加快了相关理论的研究和实践活动。目前，完整的业务连续性管理知识体系已经形成，相应的国际标准、国家标准和法律法规也陆续出台，推动了业务连续性管理的发展。美国、英国、日本、新加坡等国政府对业务连续性管理推广的支持力度尤为突出。

在发达国家，业务连续性管理已从单纯的应对灾害、提高企业生存能力、提高企业竞争优势，发展成为组织机构用来改善经营管理、承担社会责任和满足法律法规的基本准则，并将其作为一种文化融入组织机构之中。其应用领域已从金融业逐渐拓展到医疗、物流、能源、制造等多个行业领域。

在应急管理关口前移和灾后重建恢复过程中引入业务连续性管理的理念与方法，对提高我国政府应急管理水平、提供标准化的技术支撑具有重要意义。业务连续性管理与应急管理相互融合，形成统一协调的应对灾难的行动计划已是势在必行。

业务连续性管理的应用并不仅限于操作和管理层面，更重要的是体现在一个组织、一个国家的战略高度。我们宜吸取发达国家的经验，结合我国的实际情况，研究业务连续性管理理论、方法和技术，共同推进业务连续性管理在我国的应用和发展。

《中国业务连续性管理发展研究报告 2017》较全面地阐述了业务连续性管理知识体系，首次对业务连续性管理与风险管理、应急管理和危机管理的关系进行了梳理及归纳，是本书的一大亮点。所提供的多个案例对深入学习和理解业务连续性管理具有很重要的作用，值得学习和借鉴。相信该书的出版发行将对推动业务连续性管理具有重要的现实意义和深远影响。

范维澄
中国工程院院士
清华大学公共安全研究院院长
（中国）公共安全科学技术学会理事长
2017 年 7 月 10 日

前　言

为传播业务连续性管理理念，加快业务连续性管理在我国的推广和应用，中国应急管理学会委托公共安全标准化专业委员会组织编写《中国业务连续性管理发展研究报告》。该报告是中国应急管理学会蓝皮书系列之一，具有其权威性和代表性。蓝皮书将着力反映我国业务连续性管理在标准制定、政策法规、行业应用、人才培训、体系认证等方面的情况，并介绍一些案例和前瞻性的发展研究成果。

本书重点是对业务连续性管理的基本概念、理论方法等进行详细描述，并特别对业务连续性管理与应急管理、风险管理和危机管理，以及与灾难恢复之间的关系进行梳理和归纳。

业务连续性管理相关标准和规范介绍也是本书的重要内容之一。其中，2013 年发布的《公共安全　业务连续性管理体系　要求》（GB/T 30146—2013）将业务连续性管理提升到了公共安全的高度，是我国业务连续性管理发展史上的里程碑事件。

业务连续性管理相关案例也是读者普遍关注的内容。本书介绍了金融、制造业、能源等领域的实施案例，以及一些国内外突发事件应急处置案例，这些案例对实施和应用业务连续性管理都具有良好的启发及帮助作用。除此之外，本书还从互联网上搜集了一些典型的灾难事件，希望能够引起广大读者的警觉。

陈建新

中国应急管理学会公共安全标准化专业委员会名誉主任

2017 年 6 月

目录

第 1 章　业务连续性管理基础

业务连续性管理在发达国家已经得到了广泛推广和应用，但在我国尚处于起步阶段，还属于比较超前的理念，对业务连续性管理理念的认知和普及还很不够，与发达国家的业务连续性管理应用水平还存在着较大差距。为了加快业务连续性管理的推广和应用，须先理解什么是业务连续性管理，以及推广业务连续性管理的重要意义。

1.1　业务连续性管理的概念

业务连续性管理及其相关概念、术语是在应对灾难的实践过程中不断提炼、总结而成的。在实践过程中，不同的学者和组织机构都对业务连续性管理给出了各自的定义。其中，国际灾难恢复协会（Disaster Recovery Institute International，DRII）给出的定义是：业务连续性管理是一个整体性的管理流程，它用来识别对组织的潜在威胁，如果这些威胁出现的话，针对其采取措施，并提供一个有效的体制以建立一个有效的组织提供应变能力，来保障关键的业务程序连续工作。英国业务持续协会（Business Continuity Institute，BCI）给出的定义是：业务连续性管理是一个一体化的管理流程，通过这一流程可以识别那些威胁组织机构的潜在冲击，并提供一个指导性的框架来建立组织机构为有效应对冲击而必备的恢复能力，从而保护利益相关者的资产、组织机构的信誉、品牌及其创造价值的活动。尽管对业务连续性管理的定义有所不同，但核心思想还是基本一致的。

为了便于业务连续性管理的推广，国际标准化组织（International Organization for Standardization，ISO）综合考虑了相关组织机构的意见，给出了国际通用的业务连续性管理的标准定义：业务连续性管理是识别对组织的潜在威胁及这些威胁一旦发生可能给业务运行带来的影响的一整套过程。该过程为组织建立有效应对威胁的自我恢复能力提供了框架，以保护关键相关方的利益、声誉、品牌和创造价值的活动。（参见 ISO 22301：2012）

1.2 业务连续性管理的发展历程

1.2.1 国外发展现状及趋势

业务连续性管理的发展与计算机技术的发展密不可分。随着人类生产生活对计算机的依赖性越来越强，信息系统的安全性要求也逐渐增长。在 20 世纪 60 年代末，计算机系统在解决系统连续运行的问题时，率先对单点故障采用了冗余措施。这是最早体现业务连续性管理思想的方法，虽然那时并没有出现业务连续的清晰概念，但部件冗余、容错等方法的采用，为增强计算机应用系统连续运行的能力提供了重要的保障。

业务连续性管理起源于 20 世纪 70 年代的容灾恢复计划。在那个时代，灾难恢复的活动由数据处理经理来管理。如果出现大的故障或危机，中断是以天而不是以小时计算。金融组织，如银行和保险公司，大都建设了另外的后备站点，备份磁带存储在远离主中心的地点。恢复活动经常是针对由火灾、水灾、暴风或其他原因造成的物理损坏。

20 世纪 70 年代末 80 年代初，大量计算机系统应用于不同的企业业务流程，同时政府机构在数值计算、数据处理中也有大量应用。业务部门对信息系统的连续运行提出了更高的要求,一些重大的系统宕机事故所导致的业务中断给业务部门造成了重大的损失。在这种情况下，专业的灾难恢复服务商应运而生，为企业提供计算机运行中断后的灾难恢复专业外包服务，并逐渐形成了以信息系统灾难备份与恢复为主业的外包服务领域。

从 20 世纪 80 年代后期的灾难恢复到 21 世纪今天的业务连续性管理，这个专业领域经历了近 30 年的发展。1997 年国际灾难恢复协会率先发布了世界第一个业务连续性管理从业者的最佳专业惯例，标志着业务连续性管理的实施方法在一定程度上达成了共识。此后业务连续性管理开始在各个领域逐步得到应用。2000 年后，部分国家开始制定业务连续性管理国家标准（如美国的 NFPA 1600、英国的 BS25999、澳大利亚的 HB221/HB292/HB293、新加坡的 SS540、日本的业务持续计划制定指导方针等）。2012 年，业务连续性管理国际标准 ISO 22301 及 ISO 22313 正式发布，这标志着业务连续性管理在全球各行业的应用成熟度达到了一个新的高度。自此，业务连续性管理的应用进入了一个较快速的发展期。许多经济发展较快的国家已把业务连续性管理作为各企业开展业务和提供服务的基本要求，某些国家的行业监管机构也把业务连续性管理能力作为考核企业服务能力的重要指标。部分发达国家的政府机构还把业务连续性管理方法论应用于对公共突发事件的处置。

2016 年，全球业务连续性管理领域著名的专业媒体和资讯共享平台 Continuity Insight 及全球著名的咨询机构 KPMG（毕马威）联手对来自世界各行各业的 349 名业务连续性管理从业者进行了采访调查，并根据访谈结果给出了一份分析报告。

该调查报告表明，实施了业务连续性/灾难恢复（business continuity/ disaster recovery，BC/DR）及相关恢复策略的企业几乎覆盖了所有行业和领域，业务连续性管理已成为普遍接受的应对突发事件的管理手段。这些受访者中，有 2/3 来自 1000 人以上的企业和组织，1/3 来自 1000 人以下的企业。甚至其中有 13%的受访者来自 25 人以下的小企业。这意味着业务连续性管理已不仅仅被大型企业和组织接受，小型企业同样也采用业务连续性管理方法来保护企业的关键业务和服务。这也反映了业务连续性管理在某些领域应用的普及和成熟。

从该调查报告中还可看出这些建立了业务连续性管理体系的组织中有近 80%是企业（包括上市公司和非上市公司），而政府所辖机构和相关组织仅占约 10%，其他机构（如非营利社团组织）约占 10%。这说明企业具有更强烈的动力来全面实施业务连续性管理。报告中的数据还表明，这些企业或组织开展业务连续性管理规划最主要的动力来自企业需要保护自身的生产运营和市场声誉，其次才是政府的监管规定及合规性要求。其他诸如已发生的事故教训、审计中发现的问题、客户的要求等因素也是企业建立业务连续性管理体系的重要动力。可见，发自企业自身的“我要做”这种主动因素已成为国际上多数企业制订业务连续性管理规划的主要驱动力，而不是来自政府监管的“要我做”这种被动因素。这也是业务连续性管理发展较高成熟度的表现。

调查数据还表明，这些制订了业务连续性管理规划的企业多半都是营业收入在 1 亿美元，甚至 100 亿美元以上的企业，可以看出这些公司是国家的经济支柱。而且这些企业大部分都已经有 5 年以上的业务连续性管理实践经验，部分企业甚至超过了 20 年。这些企业主要集中在经济和社会相对发达的地区及国家，如美国、英国、加拿大、澳大利亚、法国、德国、瑞士、荷兰、西班牙及亚太地区的一些国家（如日本、新加坡及中国等）。可见业务连续性管理应用成熟度与经济发展速度和发达程度是紧密相关的。经济发展越快越发达，就越需要相关企业和组织具备抵御风险并持续运营的能力。

毫无疑问，推广业务连续性管理方法最有效的手段就是建立相关标准。2012 年，ISO 发布了两个重要的业务连续性管理国际标准——ISO 22301《公共安全 业务连续性管理体系 要求》和 ISO 22313《公共安全 业务连续性管理体系 指南》。此后，业务连续性管理在各行各业得到了较迅速的发展。更多的业务连续性管理相关国际标准也随后陆续发布，例如，2013 年发布了 ISO 22398《公共安全 演练指南》，2015 年发布了 ISO/TS 22317《公共安全 业务连续性管理体系 业务影响分析指南》及 ISO/TS 22318《公共安全 业务连续性管理体系 供应链连续性指南》，2017 年又正式发布了 ISO 22316《安全与弹性 组织的弹性 原则和属性》。

这些国际标准的发布极大地推动了各行业业务连续性管理体系的建立，同时也给组织提供了评估其业务连续性管理水平的依据。根据这些标准，也可对业务连续性管理从业者的能力进行考核和认证，有效地帮助企业培养了业务连续性管理专业人才队伍。

依据这些国际标准，一些国家也陆续建立和完善了业务连续性管理国家及行业的相关标准，并开展了对组织和个人的专业能力评估与认证，使得组织的业务连续性管理规划流程符合国际标准和行业规范，从而确保组织制定出有效的恢复策略和应急预案并得到及时更新维护，进而使组织应对风险事件和保障持续运营的能力满足要求。

今天大多数组织的业务和运营依赖于技术，包括计算机系统、网络环境和应用软件。随着不断创新的技术生产力诸如物联网、车联网、大数据应用、工业 4.0、人工智能等新技术的不断发展，生产和服务会越来越智能化，我们的生活也会越来越依赖于技术的发展。高度依赖于技术的同时，技术本身也会带来许多新问题。一个简单的技术故障就会造成业务中断，企业运营就会部分或全部停止，甚至会影响到人们的日常生活。

根据对近年来灾害事件造成的影响所做的分析可以看出，除了那些我们熟知的自然灾害和电力中断，其他特别让人关注的事件都与信息技术（information technology，IT）相关，包括网络安全、系统故障等。这一方面说明信息技术在现代经济生活中所占的分量，另一方面也反映出其存在的脆弱性。

以我们最熟悉的现代交通工具之一——飞机为例，这已经是当今全球商务或个人在长途旅行工具上的首选。航班的安全运行、准点和舒适是航空公司的基本要求。航空公司的运营和服务及其质量都有赖于其完善 IT 系统，每年航空公司在 IT 方面的投入大约为营收利润的 1.5%。尽管如此，近两年 IT 故障给航空公司造成巨大损失的事件还是时有发生。

商业收款机这类问题并不仅限于航空或运输业，其他行业同样也不乏这类案例，例如，超大规模网络提供商（Google Compute Engine 和 Amazon Web Services）在 2016 年发生重大中断，影响了其云计算客户的基础运行环境；美国国家气象局通信系统于 2016 年 7 月宕机了 4 小时，随后经过了几个小时才恢复正常运作，造成一些气象台不得不改为利用社交媒体发布即将到来的风暴信息；2015 年的"网络星期一"，Target 百货公司遭受网络中断故障，对这一网上最繁忙的购物日造成严重影响；2015 年 4 月 24 日，星巴克的零售终端（point of sales，POS）系统在美国全国范围宕机，可能使该公司当天的收入损失了 300 万美元。

随着应用程序和基础设施已经从单机系统转移到松耦合和分布式系统，终端、组件间互连数量增多使得故障概率迅速成倍地增加，并使小故障的影响的半径呈爆炸式扩大。小型或小规模 IT 故障最终可能导致整个业务停止运营。

为应对这些影响规模大并且相互关联的技术问题，应用开发团队，IT 灾难恢复小组和运营管理者开始使用新的综合 IT 运营管理模式，并应用 IT 风险管理和现场可靠性功能监控工具，构建一种简化 IT 应用系统并实现 IT 故障自动化监测和恢复的方法，从而使企业的技术平台实现更高水平的恢复能力和容错能力，以使企业 IT 系统避免重大故障并减少轻微操作故障造成的影响。

IT 自动化恢复平台将成为新一代工具，该工具将多种功能融合在一起，提供 IT 智能运维、灾难恢复、IT 风险管理、IT 服务管理等，并应用机器学习（machine learning，ML）和人工智能（artificial intelligence，AI）技术进行补充。

IT 部门使用的其他工具和系统包括网络防火墙也已经采用了这种模式，正如 Gartner 在 2009 年预测的那样，IT 智能运维和自动化恢复平台将会是市场重点关注的下一代产品。这一领域目前取得了许多重大进展，包括使用机器学习功能和流量监控技术来提升 IT 故障预测能力，从而增强企业 IT 运行的连续性水平。

根据国际权威机构的研究报告，我们可以预期业务连续性领域及其从业人员未来所面临的挑战。

国际灾难恢复协会的未来展望委员会每年都会发布对下一年国际安全形势的分析预测，从不同的角度来分析世界安全局势对未来的影响，并提醒业务连续性管理从业人员将面临的挑战及应关注的未来可能发生的风险事件。

这些基于国际政治和经济大环境变化趋势而做出的一些预测，对企业和组织是非常有意义的，尤其是对跨国公司、跨国组织、全球性的制造厂家保障其供应链的业务连续性能力具有重要的指导意义。

2015 年底，该委员会对 2016 年做了 10 项预测。以下是这些预测、结果及其得分。

预测 1　将有更多的私营和公共机构联合游说政府安全港立法，以达到更安全的信息共享。

结果：在美国，“网络情报共享和保护法”（Cyber Intelligence Sharing and Protection Act，CISPA）是五个正在施行的网络安全法案之一。该法案要求在美国政府和全球技术公司之间共享互联网流量数据，这涉及了安全与隐私等核心问题，因而存在很多争议。苹果和美国政府对于获取恐怖分子手机内容的争议在 2016 年是一个重大的全球性事件，这种冲突在 2017 年将会越来越普遍。

预测得分：6/10。

预测 2　至少有一个面临倒闭或遭“贱卖”的国际企业被救出，以避免其破产导致供应链失败的直接结果。

结果：由单一事件或原因直接导致企业破产是很少见的。2016 年虽然没有一起被高度关注的事件可以完全归因于一个具体的供应链问题，但几乎可以肯定供应链管理的削弱会导致企业的失败。黑莓从智能手机这个高度创新业务中撤出，引起了全球的关注和分析。更令人惊讶的是，在同一个领域，三星与其新的三星 Galaxy 7 的棘手问题就可能使其成为市场领导者的愿望灰飞烟灭。由于快餐零售商 Chipotle 供应链政策的变化，其产生的质量问题直接导致了其盈利能力和股价遭受严重损害。

预测得分：6/10。

预测 3　在西方国家将有一个大规模的“中心地带”攻击，攻击并不针对首都和政府，而是人口稠密的居民区。

结果：虽然许多人可能认为这是一个很容易得分的预测，但我们还要强调在巴黎、布鲁塞尔、伊斯坦布尔和尼斯的攻击，以及对欧洲和美国城镇的大量随机恐怖袭击，不仅仅只是为了确认我们的这种恐惧。

预测得分：10/10。

预测 4　洪水将是气候变化最明显的表现，而且会有很多灾害发生在此类事件传统上很少发生的地区。

结果：洪水在几乎所有地方发生的可能性变得越来越大。美国联邦紧急事务管理局（Federal Emergency Management Agency，FEMA）需要在一年内不同时间对这样的问题做出响应，包括春天的路易斯安那州、夏天的威斯康星州、秋天的明尼苏达州和密西西比州。澳大利亚新南威尔士州遇到了特大洪水，使得这个国家的大部分地区失去了电力。澳大利亚南部地区 2016 年也遭受了有史以来空前的洪灾。飓风“马修”摧毁了海地的一些地区，并在巴哈马和佛罗里达造成了严重的破坏。

预测得分：10/10。

预测 5　大型私营企业组织将更加积极主动地进行自我保护，积极应对敌对网络的攻击，并加强自己反攻击的安全措施。

结果：这是一个难以准确衡量的预测，因为具体的公司不太可能公开讨论它们的安全措施和主动性战术，特别是当其中的一些内容可能面临法律条款的挑战时。然而，该委员会通过与现场专家非正式的讨论表明，大型企业的这种更积极的立场已经在贯彻。某个不愿透露名字的金融服务公司据说在 2016 年一个月内被外国黑客摧毁了 100 台服务器。

预测得分：7/10。

预测 6　欧元区不会崩溃，但货币将跌至对美元的最低水平，有时接近平价。

结果：虽然担心出现另一个希腊纾困危机（意大利仍然面临全面银行崩溃的更严重的风险），但欧元区并未崩溃。尽管欧元区复苏相对疲弱，美国经济表现好于预期，但全年欧元汇率仍与美元基本持平。这其中的部分原因也许可由英国的 Brexit 投票后英镑价值的不确定性所解释。然而，欧元的根本缺陷是结构性的，不太可能在短期内解决，因此对汇率的压力将继续。

预测得分：5/10。

预测 7　亚洲至少会发生一次重大的自然灾害，涉及广泛的生命损失、环境破坏和经济困难。

结果：2016 年内，亚洲部分地区出现了日益严重的自然灾害——台风遍布日本、中国大陆东南部沿海地区和台湾地区，被描述为有史以来最严重的气候灾害。中国东南部的大规模滑坡造成了大面积的环境破坏和生命财产损失。印度尼西亚经历了严重的火山爆发，菲律宾再次遭受严重的洪灾。

预测分数：8/10。

预测 8　将需要关键的政府机构响应服务，如福利支出，并导致大规模的内乱。

结果：澳大利亚南部遭遇极端天气，狂风天气席卷整个南澳大利亚州，逾 11 万家庭、企业断电。澳大利亚政府机构的响应失败表明，即使在世界上较为发达的地区，其基础设施服务也可能失效。大风暴使整个南澳大利亚州电力中断，而与国家电网的连接需要重新启动。南澳大利亚整个州被洪水淹没，火车停运、电力设施瘫痪大约 6 小时，只有配备柴油发电机的机构仍可运行，如医院和机场。

预测分数：8/10。

预测 9　提高对供应链的要求，强调选择具有弹性和可靠连续性能力的企业作为合作伙伴，将有利于大型企业，并增加兼并和收购（mergers and acquisitions，M&A）活动。

结果：虽然这种趋势可能发生，但很难监控，因为显然有许多其他原因，使得个别企业选择特定的合作伙伴。兼并和收购活动也因国情而异。例如，在英国，小型和初创企业的失败率相对较高，一些人认为这是由于合规成本和监管增加。

预测得分：5/10。

预测 10　风险管理将是主要学科，并将监督各种弹性主题领域的整合和巩固。

结果：这种整合并没有像我们预期的那么快，因为企业更多地关注重要的运营和安全问题，而不是重组支持功能。然而，这是一种趋势，我们确实希望继续。还有人担心风险管理报告的开放性及黑客可以访问的信息存在潜在的安全隐患。

预测得分：5/10。

这些预测的价值在于它们的观察角度和思维过程。其结果在时间上很可能是随机的，但没有一个预测是不合理或错误的，并且所有的预测都可能发生在不久的将来，即使它们没有在 2016 年出现。

这些针对国际大环境宏观风险因素的预测中有许多同样可用于对未来的预测（尽管在 2016 年尚未发生），应该引起相关行业的企业管理者足够的重视。这些预测为企业管理者制定应对风险的策略提供了参考依据，促使他们提早做好预防准备，同时为企业业务连续性管理专业人员提供了进行业务连续性管理规划的指导方向。面对未知风险的挑战并运用业务连续性管理方法来应对风险正是所有业务连续性管理从业者的使命和职责。

1.2.2　国内发展现状及趋势

业务连续性管理作为一个相对比较新的概念，在我国起步较晚，政府机构、学术界、专业媒体和企业界对业务连续性管理的重要性尚未引起足够的重视。

长期以来，各行业解决连续性问题都是沿用信息系统容灾备份、“双活”①、两地三中心②等保障手段，习惯着力于具体的实施方案，而很少构建一整套有理论指导、机构建立、人员培养，并辅以具体架构实施的系统方案，来应对各种突发事件导致的业务中断，甚至从不可抗拒的天灾和暴乱事件中快速恢复正常的业务水平。

在严重急性呼吸综合征（Severe Acute Respiratory Syndromes，SARS，以下简称“非典”）事件之后，伴随应急管理的施行，业务连续性管理相关理念与方法也开始影响并进入中国，为了采用和借鉴国外的成功经验，进一步提高我们抵御突发性事件的能力，中国信息化推进联盟顺应历史的发展和社会的需求，于 2004 年 7 月 15 日，在政府相关部门的支持下，成立了中国业务持续管理专业委员会（China Business Continuity Management Professional Committee，CBCM）。

回顾历史，在 CBCM 成立之前，政府就已经非常重视信息系统的安全保障问题，银行、证券、保险、电力、铁路、民航、国税和海关等行业的信息系统（被称为八大重要信息系统）及电子政务系统已成为国家重要基础设施，这些信息系统的安全运行直接关系到国家安全和人民利益，关系到社会的稳定。因此，如何快速将中断的信息系统恢复到正常或可接受水平就成了至关重要的问题。

2004 年 10 月，国务院信息化工作办公室组织有关单位起草了《重要信息系统灾难恢复指南》，指南的起草既参考了国际有关标准，又结合了我国信息化和信息安全保障的实际情况，其内容覆盖了灾难恢复工作的主要环节。

2007 年，在《重要信息系统灾难恢复指南》的基础上，第一个灾难备份的国家标准——GB/T 20988—2007《信息安全技术 信息系统灾难恢复规范》出台，随后，2008 年人民银行出台了 JR/T 0044—2008《银行业信息系统灾难恢复管理规范》，标志着信息系统灾备系统建设的国家标准和行业规范逐渐完善。

除银行业外，保险业、证券期货行业、民用航空等行业也相继出台了一些指引、规范，指导本行业信息系统灾难恢复建设。

---

① 此处指数据中心双活，即两个数据中心同时处于运行状态，且相互之间作为备份。

② 两地是指本地和异地；三中心是指生产中心、同城灾备中心、异地灾备中心。

2011 年，中国银行业监督管理委员会（以下简称银监会）下发了《商业银行业务连续性监管指引》，该指引对业务 RTO 给出了要求，同时要求将业务连续性管理纳入风险管理综合评估范围。并规定商业银行应当于每年一季度向银监会或其派出机构提交业务连续性管理报告，包括上一年度业务连续性管理的评估报告与审计报告。该指引的下发大大加快了我国银行业灾备系统的建设速度。我国的银行业的业务连续性保障工作，从单一的数据备份，开始走向综合性的业务连续性管理。

中华人民共和国质量监督检验检疫总局和中国国家标准化管理委员会（以下简称国标委）也联合发布了一系列业务连续性管理国家标准。我国在大力推进业务连续性管理标准化工作的同时，也开始积极推动业务连续性管理体系（Business Continuity Management System，BCMS）认证工作。目前，中国信息安全认证中心（China Information Security Certification Center，ISCCC）和英国标准协会（British Standards Institution，BSI）获准在国内开展业务连续性管理体系认证工作，该认证的实施基于国际标准 ISO 22301（GB/T 30146）。

如今，国内一些意识超前的大型企业也已经对自己的合作伙伴提出了业务连续性管理相关要求。特别是外资企业或与外资企业有业务往来的国内企业，为满足合作伙伴的要求，也已经开始建设业务连续性管理体系。随着“一带一路”国家战略的实施，将会有越来越多的企业走出国门参与国际合作与竞争。中国企业要“走出去”，就必须遵守国际通用规则，建立业务连续性管理体系并通过相关认证，业务连续性管理的发展将迎来空前的机遇。

“他山之石，可以攻玉”，中国业务连续性管理要快速发展，必将借鉴国外发达国家的成功经验，并与国内外相关组织展开合作，共同为提高我国业务连续性水平、为中华民族的伟大复兴贡献力量。

1.3 业务连续性管理实施的必要性

业务连续性管理作为一门新兴的管理学科，日益受到世界各国政府、企业和学术界的高度重视，有其特定的必要性。

第一，频发的天灾人祸严重威胁着人类的安全与企业的生存发展。进入 21 世纪，全球范围内出现了一系列重大威胁和危机，从世纪交接之际出现的计算机“千年虫”问题、“9 · 11”恐怖袭击事件到“非典”疫情，从印度洋海啸到汶川大地震，再到百年不遇的金融危机，各种突发性灾害事件威胁到了世界上的每个人和组织。

第二，传统的应对危机、保障组织持续发展的策略已经落伍。传统的信息安全技术无法抵御大的灾难风险，而灾难恢复技术往往从技术的角度出发，仅仅保证信息系统的快速恢复和重新运行，但无法从更高的业务系统层面上保证业务的快速恢复和持续运行。世界各国的实践表明，在企业关键业务的正常运作高度依赖信息技术的今天，如果不充分考虑到信息系统灾难恢复的特殊性和重要性，传统的业务管理方法及流程往往无法满足业务持续运作的需要，甚至导致业务永久无法恢复，给组织带来灭顶之灾。

第三，现代企业对信息技术的高度依赖使企业经营风险渐大。随着社会信息化的发展，现代企业的正常运作越来越依赖于其信息系统的安全运行。然而，信息系统本身的复杂性使其自身的脆弱性大大增强。信息系统的失效造成业务数据丢失、业务系统中断情况不容小觑。

第四，建立健全的企业内控制度，实施风险与危机管理，已经成为发达国家公司治理的重要手段和企业可持续发展的关键。企业内部控制出现问题，很容易导致风险暴露，进而导致内部沟通不顺畅，经营效率低下，最终使企业和股东严重受损。业务连续性管理与加强企业内部控制的目的一致，都在于防范和控制企业风险，提升企业价值。良好的内部控制对于改善企业管理、提高信息披露质量、降低企业风险、实现企业可持续发展都有着重要的意义。

第五，随着企业在全球市场渗透率的不断加深，供应链管理的风险不断增大。当今全球经济一体化进程不断加快，产品和技术生命周期不断缩短，企业之间的竞争在某种程度上也逐步转变为供应链之间的竞争。尤其是在全球性金融危机爆发的情况下，企业的供应链极不稳定。特别是一些进出口企业，不但受到国内自然环境、社会环境及经济环境的影响，同时还面临着国际上诸多风险的挑战。只有供应链中全体贸易伙伴共同承担起业务持续的责任，才能实现最低的供应链费用，为客户、消费者带来更大的价值，为企业自身赢得更广阔的发展空间。

总之，任何事件，无论大小，自然的、意外的或蓄意的，都可能会使组织的运营及其交付产品和服务的能力发生严重的中断。因此，只有在中断事件发生前而不是发生后实施业务连续性，才能确保组织在所受影响尚未严重到不可接受之前恢复业务的运行。

能够造成活动中断的事件非常多，其中很多事件难以预测和分析。业务连续性在处理突发中断事件（如爆炸）和渐进中断事件（如流感大暴发）时都是有效的。做好了适当的业务连续性准备的组织还能将高风险转化为机会。

图 1.1 显示了通过有效的业务连续性管理可以减轻突发中断事件的影响。

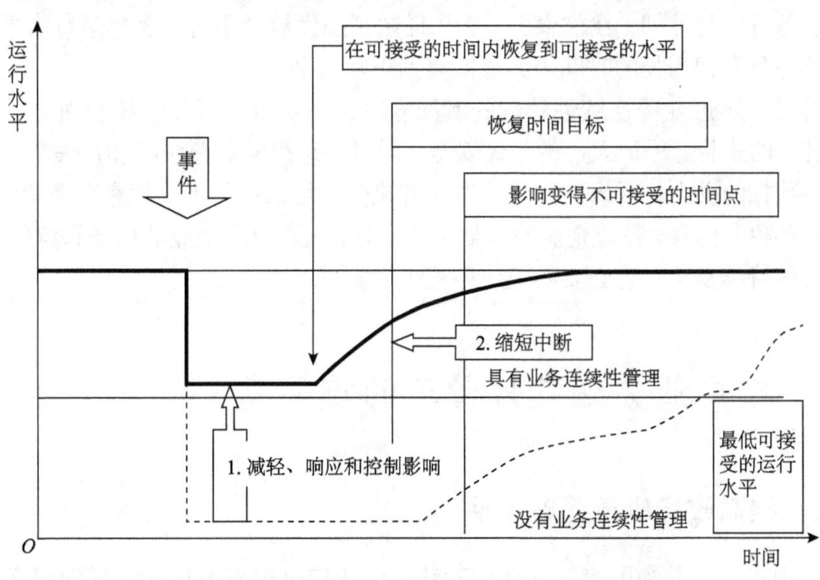

图 1.1　业务连续性应对突发事件中断有效的图解

图 1.1 中，实施了业务连续性管理的组织在遇到突发中断事件后，运行水平急剧下降或中断，但能够保证在可接受的时间内恢复到可接受的水平。组织实施了业务连续性管理可以通过减轻、响应和控制影响等手段，大大缩短运行中断的时间，并快速恢复到正常水平。

图 1.2 显示了通过有效的业务连续性管理减轻渐进中断事件的影响。

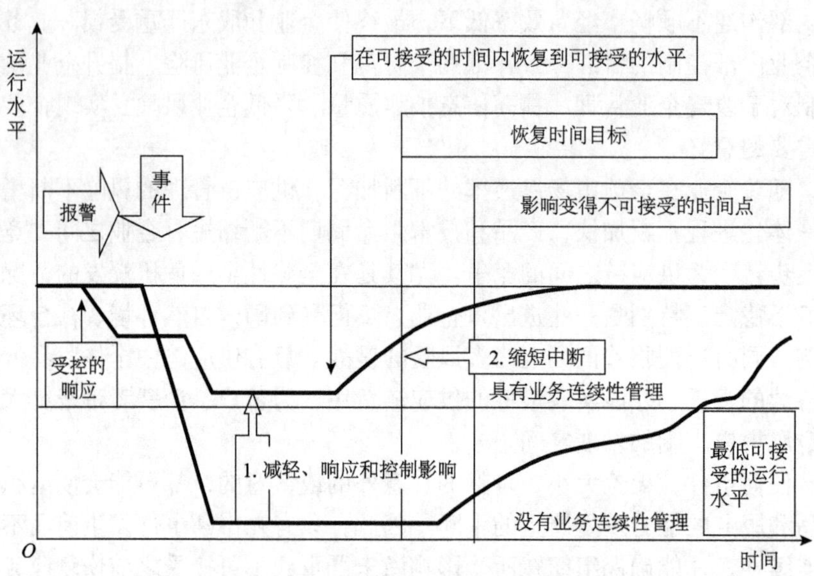

图 1.2 业务连续性对渐进中断有效的图解

图 1.2 中，实施了业务连续性管理的组织在遇到渐进中断事件后，可以提前预警，并通过事先准备好的响应计划，控制运营水平在可接受的水平或在可接受的时间内恢复到正常的水平。而对于没有实施业务连续性管理的组织，在遇到渐进中断事件的时候，由于没有事先准备好应对计划，往往束手无策，任由事态发展到不可接受的运行水平，或彻底中断运行，并且在相当长的时间内无法恢复到正常水平。

由此可见，通过业务连续性管理的实践应用，不仅可以帮助组织增强应对灾难的能力，预防潜在的威胁，保护人员的生命安全，同时使组织的业务中断和损失最小化，最大限度地减小数据的丢失、收入的损失、客户的流失，增强投资者、股东和消费者的信心，维护企业的形象和信誉，完善企业的日常经营管理，从而提高企业的信誉和竞争力。因此，组织要保持可持续发展，有必要实施业务连续性管理。

1.4 推广业务连续性管理的重要意义

1.4.1 提高政府应急管理水平

按照《中华人民共和国突发事件应对法》的规定，突发事件应对活动包括“预防与应急准备”“监测与预警”“应急处置与救援”“事后恢复与重建”等四个阶段。我国政府要求应急管理工作要逐步实现“关口前移”，加强“预防与应急准备”工作。这不仅要求加强物资方面的预防与准备，更需要从理念和技术准备上，加强对突发事件、承灾载体和应急管理三者的特点及相互联系的分析。

业务连续性管理系列标准能够在突发事件应急管理的“预防与应急准备”环节提供科学、明确的技术指导。对突发事件的特点、影响在什么时候开始、多少损失可以承受、可以选择的恢复途径、怎样重建业务功能、复原计划的成本、需要多少资源等关键技术问题给出分析方法，从而为提高我国政府的应急管理水平提供标准化的技术支撑。

1.4.2　提高网络安全保障水平

业务连续性管理是网络安全保障的核心理念，从单一的数据备份提高到综合性的业务连续性管理水平。业务连续性是一种预防性机制。它明确一个机构的关键职能及可能对这些职能构成的威胁，并据此采取相应的技术手段，制订计划和流程，确保这些关键职能在任何环境下都能持续发挥作用。在网络安全保障方面，业务连续性包含三个领域：业务状态数据的备份和复制、业务处理能力的冗余和切换、外部接口冗余和切换。相比之下，灾难备份只是一种尽可能减少宕机损失的工具或者策略。从单一的数据备份到综合性的业务连续性管理，这一理念的飞跃和技术标准的规范，为提高网络的安全保障水平提供了标准化的技术支持。

1.4.3　提高企业业务连续性水平

近年来的自然灾害对企业业务连续性造成了巨大的冲击。2006 年台风引起的广东水灾造成了沿海部分银行的歇业。2006 年底的海底光缆中断事件除了对互联网造成重大影响外，也给部分外资企业的远程网络应用造成了致命影响，依赖于远程企业资源计划（enterprise resource planning，ERP）应用的企业不得不停产。而 2008 年初的郴州暴风雪更是导致全地区停电停水、银行停业，给社会和企业造成了巨大的财产损失。这些都迫使企业必须建立应急预案体系和灾备体系，将企业业务连续性风险降到最低程度。2008 年汶川地震和 2013 年的雅安地震更是给国内各行业和全体国民留下深刻的印象，其造成的灾难使很多企业、机构蒙受了巨大的损失。另外，这些灾难性事件也加深了企业对业务连续性管理的重视程度。

企业是业务连续性管理系列标准最重要的实施主体，由于近年来公共安全事件频发，企业业务中断事件越来越多，给企业带来的影响也越来越大。业务连续性管理的目的是保证企业业务在任何时候及任何需要的状况下都能保证持续运行。通过业务连续性管理体系的实施，企业能够梳理出哪些是企业的核心业务，并评估其所面临的潜在冲击及冲击可能造成的影响、可以采取的减小影响的相关措施等关键问题，有针对性地做好预防准备和应急处置工作。业务连续性管理系列标准在企业层面的宣贯和实施，将有效提高企业的业务连续性保障水平。

第 2 章　业务连续性管理标准及规范发展概况

业务连续性管理的推广离不开相关组织和各国政府机构的大力支持，国际上一些比较权威的机构已经制定出成型的业务连续性管理相关标准和具体的行业规范。这些标准和规范的出台大大加快了业务连续性管理的推广和应用。

2.1　主要发达国家业务连续性管理标准概况

立足于全球视角来看，以英国、美国、新加坡、日本等国为代表的发达国家成为业务连续性管理的主要推动力，这种推动力主要体现在国家层面的法律法规、行业层面的规范及企业层面的实施几方面。这些国家均已制定业务连续性管理方面的国家标准，指导和规范各自国家的业务连续性管理发展。

2.1.1　英国

2003 年由英国标准协会发布 PAS56：2003《业务连续性管理指南》，在英国业务持续协会的《业务连续性管理：最佳惯例指南》基础上，说明了业务连续性管理的过程、原则和术语，描述了确定业务连续性管理过程中的活动和结果，并提供了一系列关于最佳业务连续性管理的建议、事件预期、事件反映、评估技术/标准。2006 年底，PAS56：2003 升级为英国标准 BS25999-1 第一部分：业务连续性管理实践指南-指引文件，帮助企业建立相应的准备机制。2007 年 11 月正式发布了 BS25999-2 第二部分：业务连续性管理规范，对标准第一部分所要求的认证过程做出规范。BS25999 在 100 多个国家得到实践，并在 43 个国家获得认可，随着《公共安全 业务连续性管理体系 要求》（ISO 22301：2012）的发布，BS25999 于 2012 年 9 月正式被 ISO 22301：2012 取代。

2.1.2　美国

美国国家消防协会（National Fire Protection Association，NFPA）标准委员会于 1991 年成立了应急管理技术委员会来制订应对灾难的预案、响应和恢复指南。该委员会于 1995 年发表了 NFPA1600 第一版，称为“用于灾害管理的推荐惯例”（Recommended Practice for Disaster Management），该版本仅针对地方政府机构在灾难管理领域应该做些什么给出了一个正式的说明。1996 年，国际灾难恢复协会和业务持续协会被邀请参与了该标准的制定过程。在 2000 年后，开始将业务连续性管理的内容引入进来，并将这一推荐惯例修改为 NFPA1600“关于灾难/应急管理与业务连续规划的标准”（Standard on Disaster/Emergency Management and Business Continuity Programs）。美国“9・11”特别调查委员会于 2004 年同意将 NFPA1600 引入联邦法律。到 2007 版的 NFPA1600 标准，已对其中的术语和内容做了很大的改进，并扩充了灾难/应急管理与业务连续规划的指导性框架，在以前版本的减小、准备、响应及恢复四个方面内容的基础上将预防作为一个独立的内容增加进来，从而使业务连续性管理的指导思想充分地融合到这一应急管理标准中。NFPA1600（2007 版）于 2006 年 12 月 20 日被正式批准为美国国家标准。美国联邦金融机构检查委员会（Federal Financial Institutions Examination Council，FFIEC）于 2008 年 3 月发布了美国金融机构业务连续性计划（Business Continuity Plan，BCP）实施和检查手册。该手册是针对美国金融机构的业务运营而制定的，为保障金融机构的业务连续性提供了重要的技术支撑。

2.1.3　新加坡

发布于 2008 年的新加坡业务连续性管理标准 SS540：2008（Singapore Standard for Business Continuity Management）是由业务连续性管理技术委员会按照管理体系标准委员会（Management System Standards Committee，MSSC）的规范而制定的正式标准。此标准是由业务连续性管理技术参考 TR19：2005（Technical Reference for Business Continuity Management）发展而来的。

TR19：2005 是由新加坡标准、生产力与创新局（SPRING Singapore）于 2005 年发布的关于业务连续性管理的试行标准。这一技术参考是由负责业务连续性管理的技术委员会按照管理体系标准委员会的规范而制定的。新加坡商业联合会、经济发展局，以及新加坡标准、生产力与创新局制定此业务连续性管理技术参考（TR19）的目的是最终建立一个通用的最佳惯例标准。这一工作得到了主要的行业机构和政府部门的支持。经过两年的试行，技术委员会开始对 TR19 进行重新审查，以确定其转变为新加坡标准的可行性，并最终完成了 SS540：2008 的制定，从而取代了 TR19。

新加坡业务连续性管理标准（SS540：2008）适用于所有规模的组织机构，所有这些机构都会关注其所面临的生存威胁，该标准主要强调这些机构的连续性管理及关键业务运行的恢复。同时，新加坡采取国家补贴的方式积极鼓励推进企业建立业务连续性管理体系。

2.1.4　日本

“9 · 11”事件之后，欧美各国及新加坡等国家加快了业务连续性管理的理论研究和实践活动，日本政府开始高度重视业务连续性管理在本国的发展，投入了大量的人力、物力制定了一系列的危机管理和业务连续性管理的标准指南，其目的在于为企业经营者建立一个共识和准则，以便于企业参照执行，从而提高企业抵御灾难的能力。从日本业务连续性管理标准指南的发展过程可以看出，日本政府对业务连续性管理发展的指导是业务连续性管理得以快速发展的重要因素之一。

1996 年，日本金融情报系统中心（Financial Information System Center，FISC）制定了《金融机构等应急响应计划纲要》，针对金融机构信息系统安全问题规定了紧急情况下的响应计划及运用原则等。2002 年 3 月，日本银行发布了《假定金融机构据点受灾的业务连续计划方案》。2002 年 4 月，日本情报处理发展协会（Japan Information Processing and Development Center，JIPDEC）发布了《情报安全管理体系（ISMS）适用性评价制度》。2003 年 7 月，日本银行制定了指导性文件《关于完善金融机构的业务连续体制》，对金融机构的业务连续性管理建设提出了具体的要求。

2004 年 10 月 23 日，日本新潟发生 6.8 级强烈地震，造成了重大生命、财产损失。灾后调查表明，预先准备好了业务连续性计划的企业所受到的损失明显小于没有业务连续性计划的企业，充分说明了业务连续性管理的重要性。因此，从 2004 年起，日本从中央政府到企业对业务连续性管理的重视程度发生了质变。日本对业务连续性管理的实际应用也进入了一个快速发展的新阶段。2005 年 7 月，日本政府对《防灾基本计划》进行了修订，明确写进了“制订业务连续性计划是企业防灾工作的关键环节”。此后，一系列关于业务连续性管理的标准指南相继出台。

2.2　国际标准化组织业务连续性管理标准概况

近年来，自然灾害和人为事故频繁发生，组织环境的不确定性和风险大幅度增加，加强组织业务连续性管理成为打造最佳应急预案的必然选择。为了满足组织对统一的业务连续性管理国际标准的需求，2006 年 ISO/TC 223（公共安全标准化技术委员会）开始着手组织制定业务连续性管理相关的一系列国际标准。

ISO 于 2006 年成立 ISO/TC 223 开展公共安全领域基础、通用标准的研制工作，其中业务连续性管理相关标准的制定一直是该技术委员会的核心工作内容之一。2014 年 ISO 以 TC 223 为基础整合 ISO/TC 247（欺诈的对策和控制）和 ISO/PC 284（私人安保公司的质量管理体系-操作指南）等技术委员会，成立新的安全与韧性标准化技术委员会（ISO/TC 292）。ISO/TC 292 下设 6 个工作组，分别是术语工作组（WG1）、连续性与韧性工作组（WG2）、应急管理工作组（WG3）、欺诈对策与控制工作组（WG4）、公共与社区韧性工作组（WG5）、安全工作组（WG6）。

业务连续性管理相关标准的制定工作均在 WG2 中开展。业务连续性管理系列标准作为一整套管理体系标准，与其他的管理体系一样，遵循了传统的 PDCA 模型，即策划（plan）—实施（do）—检查（check）—改进（act），PDCA 模型的采用在一定程度上保证了与其他管理体系标准如 GB/T 19001 质量管理体系、GB/T 24001 环境管理体系等的一致性，从而支持与相关管理体系整合后的实施及运行。2012 年 5 月 ISO 正式颁布了《公共安全 业务连续性管理体系 要求》（ISO 22301：2012）。ISO 22301：2012 致力于提高组织弹性，其管理体系框架能够帮助组织制订一套一体化的管理流程计划，使组织对潜在的灾难加以辨识，帮助其确定可能发生的冲击对组织的运营造成的威胁，并提供一个有效的管理机制来阻止或抵消这些威胁，减少灾难事件给组织带来的损失。继 2012 年 5 月正式发布 ISO 22301 标准后，2012 年 12 月 ISO 发布了 ISO 22313：2012《公共安全 业务连续性管理体系 指南》，说明了企业为满足 ISO 22301 国际标准的要求所需采取的行动步骤，作为 ISO 22301 的补充标准，ISO 22313 提供了额外的信息和案例，帮助组织更好地理解业务连续性管理的好处，以及如何在组织内部实施 ISO 22301。2014 年 12 月发布了 ISO/IEC TS 17021-6《合格评定 管理体系审核和认证机构的要求 第 6 部分：业务连续性管理体系审核与认证能力要求》，为 ISO 22301 的认证打下基础。2015 年 ISO 相继发布了 ISO/TS 22317《公共安全 业务连续性管理体系 业务影响分析指南》和 ISO/TS 22318《公共安全 业务连续性管理体系 供应链连续性指南》两项技术规范，这两项技术规范为组织建立业务连续性管理体系提供了关键技术支撑。

2.3　国内业务连续性管理标准概况

我国的业务连续性管理标准化工作主要是由全国公共安全基础标准化技术委员会（SAC/TC 351）（以下简称 TC 351）组织开展的。国家标准化管理委员会于 2008 年批准成立了 TC 351，对口 ISO/TC 292，负责全国公共安全领域基础、通用及应急标准的制修订工作，秘书处设在中国标准化研究院。TC 351 基于 ISO/TC 292 的标准体系框架，结合目前国内公共安全标准体系的实际情况，在充分调查研究和广泛征求意见的基础上，建立了所负责技术领域内的国家标准体系框架，如图 2.1 所示。目前标准体系框架由以下七个部分组成。

（1）通用标准。本部分包括公共安全术语、分类编码及图形标识等内容。

（2）连续性标准。本部分包括组织机构的业务连续性管理体系相关标准等内容。

（3）应急管理标准。本部分包括预防与应急准备、监测与预警、应急处置与救援和事后恢复与重建过程中的管理标准内容。

（4）欺诈对策与控制标准。本部分包括反欺诈相关标准。

（5）韧性标准。本部分主要包括城市、城市单元社区及关键基础设施的韧性标准。

（6）安全保障基础标准。本部分主要包括安全保障中应急装备保障及供应链安全保障相关的技术标准等。

（7）民营安保服务标准。本部分主要是针对民营安保服务相关的技术标准。

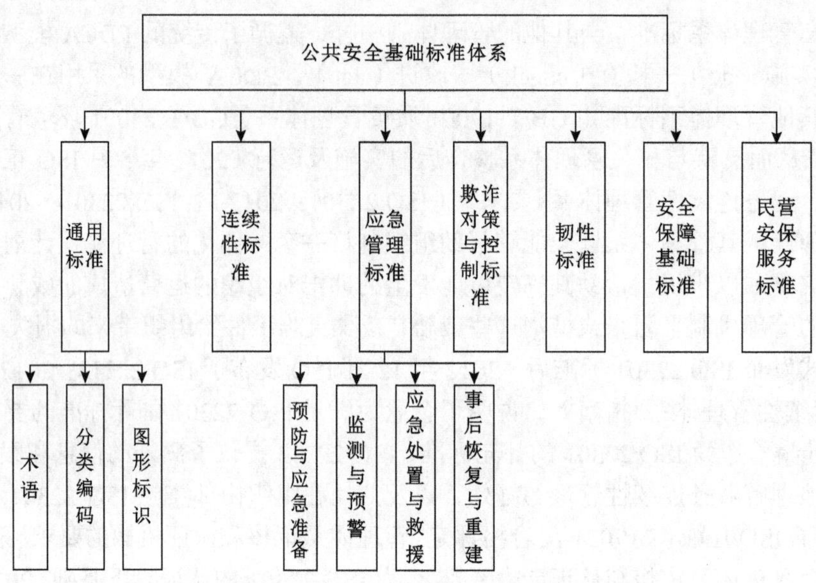

图 2.1 全国公共安全基础体系框架

针对七个部分，TC 351 分别设立了七个工作组，其中 WG2（连续性标准化工作组）主要负责业务连续性管理相关标准的制修订工作。WG2 根据业务连续性管理体系标准的特点建立了自身的标准子体系框架，如图 2.2 所示。

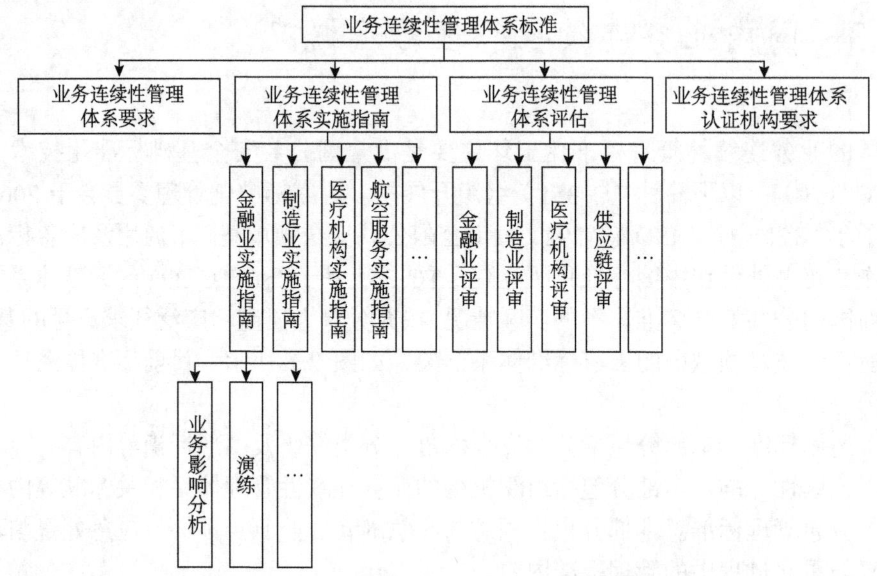

图 2.2 连续性标准化工作组标准子体系框架

在此标准体系框架的指导下，2013 年 12 月发布了 GB/T 30146—2013《公共安全 业务连续性管理体系 要求》，2015 年 5 月发布了 GB/T 31595—2015《公共安全 业务连续性管理体系 指南》。这两项标准的发布、实施推动了我国业务连续性管理体系认证工作的开展，目前经过国家认证认可监督管理委员会批准，已有多家机构获准在我国开展业务连续性管理体系的认证业务。2016 年新立项了三项业务连续性管理国家标准，分别是《公共安全 业务连续性管理体系 业务影响分析》《公共安全 业务连续性管理体系 供应链连续性指南》《公共安全 业务连续性管理体系 业务连续性管理能力评估》，这三项标准的发布、实施将对组织机构建立和评价业务连续性管理体系提供关键技术支撑。

为了更好地促进业务连续性管理体系相关标准的实施，TC 351 于 2013～2015 年连续三年举办了三届规模在 120 人左右的“业务连续性管理技术标准交流会”，邀请了国际灾难恢复协会、业务连续协会、英国标准协会专家，行业主管部门领导，国内知名学者及企业良好实践者在会上进行了精彩的分享，有力地推动了业务连续性管理相关标准的落地实施。

2.4　国内相关行业规范概况

业务连续性管理的发展，除了需要有标准进行指导外，还离不开政府和行业监管部门的支持。这些年来，各行业监管部门也纷纷出台了一些规范和指引，指导该领域业务连续性管理体系建设。部分规范和指引如下。

2.4.1　国务院信息化工作办公室①

2005 年 4 月发布了《重要信息系统灾难恢复指南》，规定了重要信息系统的灾难恢复建设应遵循的基本要求，包括灾难恢复范围的确定，组织的建立，灾难恢复需求分析，灾难恢复策略的制定，灾难备份中心的建设，灾难恢复预案的制订、落实和管理等相关要求。

2.4.2　银监会

2006 年 8 月下发了《银行业金融机构信息系统风险管理指引》（银监发〔2006〕63 号），明确提出金融机构应制订信息系统应急预案，并定期演练、评审和修订，省域以下数据中心至少实现数据备份异地保存，省域数据中心至少实现异地数据实时备份，全国性数据中心实现异地灾备。

2008 年 4 月下发了《银行业重要信息系统突发事件应急管理规范（试行）》（银监办发〔2008〕53 号），明确了信息系统突发事件的处置原则，组织架构，突发事件分级，风险防范操作要求，应急预案编制与演练要求，应急事件报告和响应流程，应急保障机制的建立、持续改进。

2009 年 6 月下发了《商业银行信息科技风险管理指引》，原指引同时废止。新指引将信息科技治理作为首要内容提出，充实并细化了对商业银行在治理层面的具体要求；重点阐述了信息科技风险管理和内外部审计要求；对商业银行信息科技整个生命周期内的信息安全、业务连续性管理和外包等方面提出了高标准、高要求，使可操作性更强。

2010 年 4 月下发了《商业银行数据中心监管指引》（银监办发〔2010〕114 号），

① 2008 年国务院机构改革后原国务院信息化工作办公室职能合并至国家工业和信息化部。

对商业银行数据中心建设提出了指导意见,并要求总资产规模1000亿元人民币以上且跨省设立分支机构的法人商业银行，以及省级农村信用联合社应设立异地模式灾备中心，重要信息系统灾难恢复能力应达到GB/T 20988—2007《信息安全技术 信息系统灾难恢复规范》中定义的灾难恢复等级第5级（含）以上，同时对数据中心选址提出了要求。

2011年6月下发了《银行业信息科技“十二五”发展规划监管指导意见》（银监办发〔2011〕214号）：银行机构应强化信息科技风险防范和信息安全保障能力，根据业务发展战略，从国家战略安全出发，参考“两地三中心”或“多中心互备”等数据中心布局模式，加强基层设施规划和风险防控；应将业务连续性管理纳入全面风险管理范畴，建立业务连续性管理组织架构，明确业务连续性管理体系建设策略、管理流程、阶段性目标与实施路径。

2011年12月下发了《中国银监会关于印发商业银行业务连续性监管指引的通知》（银监发〔2011〕104号），对业务RTO给出了要求，同时要求将业务连续性管理纳入风险管理综合评估范围，并规定商业银行应当于每年一季度向银监会或其派出机构提交业务连续性管理报告，包括上一年度业务连续性管理的评估报告与审计报告。

2.4.3 中国人民银行

2006年4月下发了《关于进一步加强银行业金融机构信息安全保障工作的指导意见》（银发〔2006〕123号），要求全国性大型银行原则上应同时采用同城与异地灾难备份和恢复策略；区域性银行可采用同城或异地灾难备份和恢复策略。

2008年2月下发了《银行业信息系统灾难恢复管理规范》（JR/T0044—2008），规范和引导银行业信息系统灾难恢复工作，防范银行业信息系统风险，对银行业重要信息系统灾难恢复的规划和准备工作基本要求进行了描述。该规范规定了银行业的灾难备份指导标准，主要包括规范灾难恢复的流程、提供灾难恢复预案的模板等，并明确规定了银行业信息系统恢复时间目标/恢复点目标（recovery time objective/recovery point objective，RTO/RPO）与灾难恢复能力等级的关系。

2.4.4 保监会①

2004年10月下发了《关于做好重要信息系统灾难备份工作的通知》，通知虽然要求保险企业需要确定本单位的灾难恢复目标和建设模式，制订完善的灾难恢复计划，但没有具体内容描述和参考指标。

2008年3月下发了《关于印发〈保险业信息系统灾难恢复管理指引〉的通知》（保监发〔2008〕20号），对各保险公司、保险资产管理公司信息系统灾难最低的灾难恢复能力等级进行了详细描述和规定，第一次对保险机构信息系统灾备建设进度和灾难恢复能力进行了明确要求：“保险机构应统筹规划信息系统灾难恢复工作，自本指引生效起五年内至少达到本指引规定的最低灾难恢复能力等级要求。”

① 全称为：中国保险监督管理委员会。

2.4.5　中国证券业协会

作为金融业中对业务连续性要求最为迫切的行业之一，2009 年，中国证券业协会先后发布了《证券公司网上证券信息系统技术指引》《证券营业部信息技术指引》等多个指引，其中都强调了信息系统灾难恢复、应急预案及进行应急演练的重要性。在 2009 年 9 月颁布的《证券营业部信息技术指引》中还明确要求证券营业部应每年至少进行两次应急演练，并留存演练记录。

2.4.6　证监会

2011 年 4 月下发了《证券期货经营机构信息系统备份能力标准》（JR/T 0059—2010），明确了证券期货经营机构信息系统备份能力的含义，定义了备份能力的等级，是证券期货经营机构信息系统备份能力建设的设计标准，用于指导信息系统备份能力建设工作。

2.4.7　中国民用航空总局

2005 年 1 月下发了《民用航空重要信息系统空难备份与恢复管理规范》（MH/T 0026—2005），规定了民用航空重要信息系统灾难备份与恢复的管理规范。

从上述已经下发的行业监管规范和指引来看，业务连续性管理理念行业层面接受度最高的是金融机构。将来必定会有越来越多的监管机构及行业自律组织开始制定本行业的业务连续性管理实施规范和指导意见，共同促进业务连续性管理体系的推广应用。

第3章　业务连续性管理方法论

业务连续性管理的理论和方法基本上是在其他的一些应对灾害事件的理论基础上发展起来的，如风险管理、应急管理、危机管理等。因此，有的欧美学者从这个意义上认为，业务连续性管理理论的发展历史已有40年了。然而，业务连续性管理的理论研究和实际应用只是在20世纪90年代后才得到了真正的重视，尤其是2001年“9·11”恐怖袭击事件后，业务连续性管理开始快速地发展。2003年国际业务连续性管理权威组织国际灾难恢复协会和业务持续协会联合发布的业务连续性管理专业人士所用的国际最佳惯例标志着完整的业务连续性管理知识体系的形成。

这套生效于2003年8月28日的业务连续性管理最佳惯例包含了10个部分，它构成了完整的业务连续性管理知识体系，并且已经成为各国业务连续性管理专业人员研究业务连续性管理方法、进行业务连续性管理实践的理论基础。

3.1　业务连续性管理知识体系

任何应对危机或灾难事件的活动都包含事前、事中、事后三个基本阶段，业务连续性管理作为帮助组织机构应对灾难的有效方法，更是对这三个阶段进行了全面的规划，并开展一系列有计划的行动。在国际业务连续性管理权威组织国际灾难恢复协会和业务持续协会的组织领导下，世界各国的业务连续性管理专家经过共同努力，通过总结多年来在这三个阶段所进行的实践活动和理论研究，将业务连续性管理的知识体系归纳为10个国际最佳专业惯例。现代业务连续性管理理论和方法的研究基本上都是在这10个最佳惯例的基础上展开的。例如，业务连续性计划（business continuity plan，BCP）编制的生命周期（国际灾难恢复协会的八个步骤）、业务连续性管理的生命周期（业务持续协会的六个步骤）、业务恢复的6R模型（业务恢复的生命周期）等，这些内容构成了现代业务连续性管理方法论的核心思想。

3.1.1　灾难恢复与业务连续性

业务连续性管理的主要内容应该包含事前的预防准备、事中的应对响应及事后的重建返回。其中，在事中的应对响应过程中，包括两个重要方面，即灾难恢复和业务连续性。

1. 灾难恢复

灾难恢复（disaster recovery，DR）是指以一种临时的满足最低要求的运行方式，使支持业务功能的技术设备和系统恢复到正常（稳定）运行状态的过程，是为了使损失最小化，并保障组织机构的关键业务功能在灾难事件发生时能够连续运行，而必须事先计划和提前做好的技术准备。它属于业务连续规划的技术方面。由于在现代信息社会中，信息系统已经成为重要行业、企业和政府机构高度依赖的运行平台，也成为企业资产安全、运营安全和服务保障中最为重要的组成部分，人们往往将灾难恢复看作专门针对信息系统的。然而，业务连续性管理方法论中灾难恢复的含义更加广泛一些，其恢复的对象不仅包含信息系统，还包含其他各种支持业务运行所必需的技术环境和设施。

2. 业务连续性

业务连续性（business continuity，BC）是指组织机构在事件发生时使关键业务功能在任何情况下都保证持续运行的能力，是通过预先准备好的计划和程序使组织机构能够以某种方式对事件做出响应，从而使关键业务功能够根据事先计划的最低要求来保持连续运行的过程。

在全球经济一体化的大背景下，业务连续性已经上升为现代企业组织的一项基本要求。由于灾害发生的不可预见性和灾难损失的快速扩散的特点，以及现代组织和组织之间的关联异常紧密，突发事件和灾难带来的危害及损失有日益扩大的危险。为保障企业组织的资产安全、运营安全和连续服务能力，有必要在企业正常运行中，将业务连续性的要求纳入企业的发展战略，并根据外部风险的状况，制订有预见性的、可行的企业连续性发展规划，在实际运作过程中，通过不断演练、培训、流程优化、协作和充分的信息披露，使业务连续性管理成为现代企业管理的必要组成部分，并嵌入企业文化，成为企业长远发展的有机组成部分，增强企业抵御风险、可持续发展的能力。

灾难恢复和业务连续性组成了业务连续性管理的核心内容，灾难恢复提供了业务连续性管理的技术保障，而业务连续性则保证了关键业务功能或流程在灾难发生时的连续运行，因此，针对灾难恢复和业务连续所制订的计划也是业务连续性管理规划的主要内容。当然，完整的业务连续性管理规划中还应包括其他必要的响应计划或预案，如应急响应计划、危机沟通计划等，通常这些计划或预案是在业务连续性管理的指导框架下，结合应急管理的要求来制订的。根据业务连续性管理的方法论，所有这些计划都应进行统一协调，有机地集合成为业务连续性管理的整体响应计划。

3.1.2　业务连续性规划与业务连续性计划

业务连续性规划与业务连续性计划虽都简称为 BCP，但其含义是不同的，应该加以区别。业务连续性规划（business continuity planning，BCP）是业务连续性管理具体活动的体现，通过业务连续性规划来完成组织机构的业务连续性管理项目的管理，以及风险分析（risk analysis，RA）和业务影响分析（business impact analysis，BIA），从而制定出适当的业务恢复策略和应急响应计划，并连续地开展认知培训及演练维护活动，以使组织机构具备能够应对危机事件的有效的业务连续性计划（business continuity plan，BCP）。可见，业务连续性计划是业务连续性规划的结果。

一个完整的业务连续性计划应该包含了灾难发生前（事前）的预防准备计划，灾难发生时（事中）的应急响应计划和业务恢复计划，以及灾难过去后（事后）的灾后重建和返回计划。组织机构的各个小组及其成员在这些计划中都应该规定了明确的任务和职责，以确保组织机构的全体人员都了解自己在危机事件发展的整个过程中（事前、事中、事后）所应承担的责任和行动，从而确保组织机构有效地应对灾难事件并连续运行。要想制订出完整有效的业务连续性计划，组织机构就必须确保能够按照业务连续性管理方法论来进行全面的业务连续规划。

通常把专门为保护数据和信息系统而进行的业务连续性管理活动称为灾难恢复规划（disaster recovery planning，DRP），由于灾难恢复规划完全是按照业务连续性管理方法论而进行的，灾难恢复规划应属于业务连续规划的一部分，同样，灾难恢复计划也应是业务连续性计划的一部分。事实上，灾难恢复计划只有融入完整的业务连续性计划中并与其他响应计划和程序协调一致，才能真正发挥作用。

3.1.3　业务连续性管理的三个基本阶段

按照事件发展的生命周期，业务连续性管理的所有活动都是按照事前、事中、事后三个基本阶段来展开的。这三个方面显然是所有应对灾难的方法（如风险管理、危机管理及应急管理）都需要考虑的。

1. 事前

为了减小风险，事件发生前企业应做好一系列准备工作。在此阶段，企业应通过风险分析和业务影响分析，识别出企业可能会受到的威胁和潜在风险，以及这些风险可能对业务造成的损失，从而采取必要的控制措施来防范风险，并使其影响降到最低。事前的准备还包括各种预案的制订及其贯彻实施。此阶段对应于 6R 模型中的“reduce”（减小）。

2. 事中

为了减少损失，事件发生期间企业应采取一系列的应对措施。在此阶段，企业不仅要按计划对事件进行响应（抢救人员和财产），还要对业务将会受到的损失程度进行评估，以决定是否要启动部分或全部业务连续性计划，从而确保灾难发生期间关键业务功能或流程能够连续运行，使企业所受的损失降到最低。此阶段对应于 6R 模型中的“respond”（响应）、“recover”（恢复）及“resume”（重启）。

3. 事后

为了完全将业务运行恢复正常，事件发生后企业应该施行灾后重建计划。灾难过后，或者当关键业务功能的运行已恢复到稳定状态后，企业应按计划开始进行灾后重建，尽快将业务运行返回到永久中心，从而全面恢复正常运行。此阶段对应于 6R 模型中的"restore"（重建）和"return"（返回）。

3.1.4　10 个国际最佳惯例

业务连续性管理三个基本阶段涉及的各项活动被总结为业务连续性管理的 10 个国际最佳惯例（参见"Professional Practices for Business Continuity Practitions"），这 10 个国际最佳惯例具体如下。

1. 项目启动与管理（project initiation and management）

确定业务连续性管理的需求，包括弹性策略、恢复目标、业务连续性、操作风险管理注意事项和危机管理计划，还包括获得管理层支持，以及组织和管理项目使其符合时间和预算的限制。

2. 风险评估与控制（risk evaluation and control）

确定那些可能会给组织机构及其设施造成中断及灾难的具有不利影响的事件与外部环境，以及这些中断和灾难可能会造成的损害及所需采取的控制措施，从而防止潜在的损失或将其影响降到最低，并提供成本效益分析来论证为减小风险应采取的控制措施所需要的投资。

3. 业务影响分析（business impact analysis）

确认那些由中断和灾难情形发生时所产生的、能够影响组织机构的冲击，以及能够用来定量及定性地衡量这些冲击的技术方法。确认关键的业务功能及其优先级别（priorities）和互依赖性（inter-dependency），支持这些功能所需的资源和重要记录等，从而可以设定其 RTO 和 RPO。

4. 制定业务连续策略（developing business continuity strategies）

指导关键业务恢复策略的选择，确认进行策略选择时应考虑的事项。通过成本效益分析，并与业务连续性管理的结果相比较，从而确定最佳的业务连续性策略，以使关键业务的连续满足 RPO 及 RTO 的要求，最终实现组织机构的业务连续目标。

5. 应急响应和措施（emergency response and operations）

制定和贯彻执行用于意外事件发生后进行响应并使状态得到稳定的流程，包括事件升级程序、通知程序、人员和财产保护计划等，并建立和管理紧急运行中心（Emergency Operations Center，EOC），该中心作为危机管理领导小组在紧急情况时期的指挥中心。

6. 编制和贯彻执行业务连续性计划（developing and implementing business continuity plans）

根据组织要求确定的业务连续性恢复目标，设计、编制和贯彻执行业务连续性计划。

7. 认知和培训计划（awareness and training programs）

准备一个计划来建立和维护组织机构的人员对业务连续性管理的认知并提高所要

求的技能，从而制订和贯彻执行业务连续性管理计划或流程，包括认知和培训对象的确定，认知和培训计划的制订，认知和培训的方法和工具，以及认知和培训效果的评价等。

8. 维护和演练业务连续性计划（maintaining and exercising business continuity plans）

预先设计及协调业务连续性计划的演练，并对业务连续性计划演练的结果进行评价和归档记录。制定维护连续能力和计划文档更新的流程，以符合组织机构的战略方向。通过与适当的标准进行比较来验证计划的有效性，并以简明的方式报告结果。

9. 危机沟通（crisis communications）

制订、协调、评估和演练沟通计划，这些计划用于与内部利益相关者（员工、企业管理层等）、外部利益相关者（客户、股东、供应商、厂商等）、外部机构（行业监管机构、公共救援机构等），以及媒体（出版社、广播电台、电视台、互联网等）的沟通。

10. 与外部机构的协调（coordination with external agencies）

建立适当的流程和指导方针，以便与外部机构（从国家到地方的各级应急响应者）协调进行连续和恢复活动，从而有效地减小组织机构的受灾损失，并确保符合相应的法令法规。

3.1.5　业务连续性管理的生命周期方法

由于业务连续性管理活动是一个连续不断的过程，在业务连续性管理方法论中，常常采用生命周期方法来描述这一周而复始的活动规律。例如，业务连续规划生命周期（business continuity planning lifecycle）、业务连续性管理生命周期（business continuity management lifecycle）、业务恢复生命周期（business recovery lifecycle）等。这些生命周期的步骤或阶段划分虽有所不同，但都从不同角度描述了业务连续性管理整个循环往复的活动规律和特征。

1. 业务连续规划生命周期的八个步骤（国际灾难恢复协会）

业务连续性管理作为一个应对灾难并拯救组织机构的一体化管理流程，不是一个简单的一次性项目，而是一个连续不断的（ongoing）、保持生命活力的循环过程。因此，作为业务连续性管理主要内容的业务连续规划也应该是一个循环往复的过程。图 3.1 是国际灾难恢复协会提出的业务连续规划生命周期的八个步骤，是一个始终不断进行的循环过程。

1）项目规划

项目规划主要是确定业务连续性管理项目的需求和所需资源，以及获得高管层的支持，并成立业务连续性管理组织机构，制订和管理业务连续性管理项目各阶段的规划。高管层的积极支持和得力的业务连续性管理组织机构是确保业务连续性计划项目成功的关键。

2）风险分析与评估

风险分析与评估主要是识别组织机构可能面临的风险和威胁，并估算其发生的可能性，以及应该采取的控制措施，从而避免或减小所产生的损失。预防为主是永恒的真理。进行充分的风险分析与评估，采取合理的预防措施，是使企业免受灾难的首要任务。

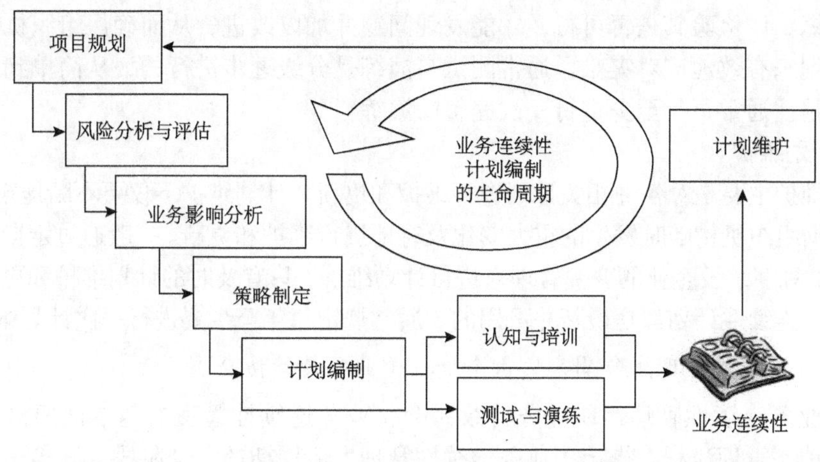

图 3.1　业务连续性计划编制的生命周期

3）业务影响分析

业务影响分析主要是确认组织机构的关键业务功能或流程及其相互关系，以及支持这些功能运行所需的资源和重要记录，并对这些功能或流程在灾难发生时可能受到的冲击进行定量或定性的评估，从而确定其 RTO、互依赖性和优先级别等。业务影响分析的结果是否准确和全面是能否制定出有效恢复策略的决定因素。此步骤并非一定在上一步骤（风险分析与评估）完成之后进行，也可能同时进行，应根据具体情况而定。

4）策略制定

策略制定主要是根据业务影响分析的结果来为整个组织机构制定可行的业务连续和恢复的策略。在此步骤中，通过对各种满足业务影响分析结果的策略（或解决方案）及其所需资源进行成本效益分析，经过综合考虑后最终选出最合适的业务恢复策略，并向高管层汇报，以得到批准。

5）计划编制

计划编制主要是编写业务连续、恢复及重建所需的各种计划和程序，包括业务连续性计划、灾难恢复计划、应急响应计划和程序、危机沟通程序等。所有计划应涵盖业务恢复生命周期（6R 模型）的各个方面，还要确保各计划之间的协调一致性。还应制定计划分发和控制的规则，从而保证计划得到贯彻执行并达到安全保密要求。

6）认知与培训

认知与培训主要是使组织机构的全体人员都能参与业务连续性管理活动并充分了解各种相关计划。通过广泛的认知活动及必要的培训，使员工提高对业务连续性管理的认识，并掌握必要的相关技能。然而，认知与培训活动并非仅限于此步骤中，而是应该贯穿业务连续性管理活动的全过程。有计划的认知与培训活动是确保业务连续性计划得到贯彻实施，并使业务连续性管理融入企业文化中的重要手段。

7）测试与演练

测试与演练就是对所制订的业务恢复和连续计划进行各种测试与演练。没有经过测试与演练的计划是不可靠的，甚至是有害的，因此只有通过对各种相关计划进行定期的测试和演练，以检验其是否可行，才能发现问题并加以改进，从而确保组织机构能够使用这些计划来有效地应对灾难。通常测试与演练是分级逐步进行的，从简单到复杂，从部分到完整。通常每年至少进行一次完整的演练。

8）计划维护

计划维护主要是对各种相关计划进行维护和更新。计划维护不仅要不断地定期进行，还应该根据组织机构随时发生的重大变化及时地进行维护和更新。一般通过定期的检查和审计、测试和演练及企业的变更管理来进行计划维护。只有及时的计划维护和更新才能确保所有业务连续性计划都是最新并可用的。通常规定每年至少要进行一次计划维护。

2. 业务连续性管理生命周期的六个阶段（业务持续协会）

英国业务连续性管理组织业务持续协会将业务连续性管理的基本框架描述为一个一体化的动态管理流程，提出了业务连续性管理生命周期的六个阶段，其描述虽与国际灾难恢复协会提出的业务连续性规划生命周期的八个步骤有所区别，但二者的核心思想还是基本一致的，都是以 10 个国际最佳惯例为基础的。当然，它们的侧重点还是有所不同的。例如，业务持续协会更强调对组织机构自身业务的分析，因此业务持续协会建议以业务影响分析为主，在确认了关键业务功能和流程后，再通过风险分析方法来分析这些关键业务功能和流程可能会受到的威胁。而国际灾难恢复协会则认为风险分析与业务影响分析应该同时考虑，虽然业务影响分析是决定业务恢复策略的核心基础，但风险分析却是防患于未然的必要手段。另外，业务持续协会更加明确地提出认知与培训必须贯穿于业务连续性管理的全过程，并强调了将业务连续性管理融入组织机构的文化中的重要性。具体如图 3.2 所示。

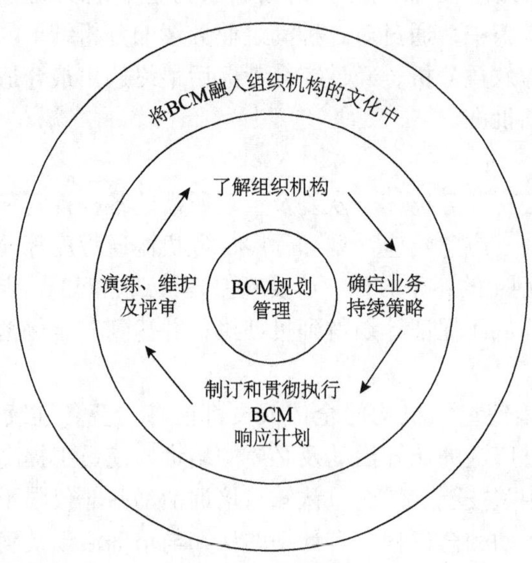

图 3.2　业务连续性管理的生命周期的六个阶段

业务连续性管理简称 BCM

1）业务连续性管理规划管理

由组织机构的高管层对该机构的业务连续性管理指导方针做出书面说明，以使业务连续性管理得到高度重视。指导方针中提供一个框架来设计和建立业务连续性管理体系，它描述了业务连续性管理规划的范围，并指定了各小组人员的相应任务和责任。

在规划过程中，要确定业务连续性管理过程的需求，向高管层汇报并获得高管层的批准；建立一个业务连续性管理指导委员会和危机管理小组（crisis management team，CMT），确定角色和职责、机构的类型及成员；制订业务连续性管理项目计划和预算；协调和组织管理业务连续性管理项目，使其符合时间和预算的限制；制定业务连续性管理程序管理的有关规定、标准和指导方针，以对项目进行有效的评估、控制和审计，使业务连续性管理项目管理贯穿于整个业务连续性管理过程中。

2）了解组织机构

为了制订适当的业务连续性管理规划，首先必须了解组织机构及在哪些紧急情况下业务活动和流程发生中断后需要马上重启。

通过业务影响分析来确认关键业务和流程及其“最大可容忍中断时间”（maximum tolerable period of disruption，MTPD）。通过风险分析来确认能够引起业务中断的各种特定威胁发生的可能性及其造成的冲击。风险分析主要应针对业务影响分析中所确定的关键业务功能。

明确业务目标，识别关键业务流程，并确认业务流程得以实现的关键因素；进行风险分析，识别可能造成关键业务中断的灾难或具有负面影响的事件等因素，确认可控的风险与超出控制范围的风险，确定由这些风险可能造成的直接经济损失；确定业务系统的脆弱性，明确防范和控制风险的技术及管理措施；确定业务中断的影响程度，进行业务影响分析，识别关键业务及业务的优先级，识别由业务中断造成的直接和间接后果，确定可以接受的损失范围、关键业务恢复的优先顺序及 RTO。

3）确定业务持续策略

本阶段与确定和选择业务连续性管理策略有关，这些策略能够用来使组织机构的业务活动和流程在中断期间得以连续运行。依据 MTPD 确定各业务活动的 RTO，并选择相应的策略，包括企业总体策略、具体行动策略，以及汇总所需的资源。

确定和指导业务恢复运行策略的选择，以便在 RTO 范围内恢复业务和信息技术，并维持组织机构关键功能的运行。应该强调的是选择灾难恢复策略时必须考虑成本，并确定当前系统恢复能力与 RTO 的差距；结合风险分析和业务影响分析的结果，确定灾难恢复所需的各种资源，结合技术手段、投资成本、管理方式、获得的收益等多方面因素确定不同的解决方案和措施，形成企业级、功能和流程级、资源恢复级三个层次的业务持续策略。

4）制订和贯彻执行业务连续性管理响应计划

本阶段中所包含的各种计划，其目的就是要尽可能地确认那些必要的行动和所需的资源，以使组织机构能够控制任何原因引起的中断。这些计划包括突发事件管理计划（incident management plan，IMP）、业务连续性计划及各种业务部门计划（business unit plans，BUP）。

确定计划制订的需求，确认和定义构成计划的要素及其格式和结构，建立计划分发和控制的规则。根据所制定的策略，设计、制订及贯彻实施一系列的业务连续性计划，以便在 RTO 范围内完成业务恢复，包括业务连续性计划、危机管理计划（crisis management plan，CMP）、资源恢复计划（resource recovery plan，RRP）、灾难恢复计划（disaster recovery plan，DRP）、业务恢复计划（business recovery plan，BRP）、危机通信计划（crisis communication plan，CCP）、紧急撤离计划（emergency evacuation plan，EEP）、应急响应计划（emergency response plan，ERP）、人力资源计划（human resource plan，HRP）等（不仅限于此）。每一项计划的侧重点不同，应根据具体情况来设计，其核心目标都是要有效地保障组织机构的业务连续运行。

5）演练、维护及评审

预先对计划和计划间的协调性进行演练，并评估和记录计划演练的结果，检验组织机构的业务连续性管理能力及水平，并且不断地改进，以确保业务连续性计划保持有效和实用，从而符合业务连续的要求。通过与适当标准的比较来检验业务连续性计划的有效性，并使用简明的语言来报告检验的结果。

业务连续性计划应该定期地、不断地进行演练、维护和评审。应根据实际情况来设计演练维护计划，一般是由简单到复杂，由局部到全面。还应注意要使演练对正常业务运行的影响最小。通常每年至少要进行一次完整的演练和维护。只有经过了演练、维护和评审，业务连续性管理的能力才能被认为是可靠的。

6）将业务连续性管理融入组织机构的文化中

建立业务连续性文化对于使各级人员保持热情、做好准备并有效地响应是非常重要的。通过教育、培训和认知将业务连续性管理融入组织机构的文化中。

确定认知和培训的目标，制订针对管理层、关键岗位、新员工岗前和现有员工的认知及培训计划，提供专题研讨会、专业培训课程、专业出版物和相关的专业网站等各种类型的培训项目。针对组织机构全体人员开展业务连续性管理认知活动，并对各业务小组相关人员进行专门的业务连续性技能培训。

应在业务连续性管理规划的全过程中始终贯穿着业务连续性管理的认知、教育和培训活动，将业务连续性管理融入组织机构的常态管理中，成为组织机构文化的一部分，以使业务连续性计划能够得到充分的贯彻实施和维护，并确保业务连续性计划在危机事件发生时能够得到有效执行。

3. 业务恢复生命周期的 6R 模型

在业务连续性管理的三个基本阶段（事前、事中、事后）中所进行的活动可采用业务恢复生命周期的 6R 模型来说明。业务恢复生命周期的 6R 模型是组织机构在应对灾难进行业务恢复（business recovery）时通常所应遵守的六个循环步骤（reduce，respond，recover，resume，restore，return）。事实上，大多数应对危机或灾难事件的过程都可由这六个步骤组成。要使组织机构有效地应对任何灾难事件，保持业务连续，就要确保组织机构的业务连续性计划包含了所有 6R 过程中的各项行动计划，并使这些行动计划相互协调一致，从而有效地完成 6R 模型中每一步骤的要求。换句话说，组织机构的业务连续性计划就是为了进行 6R 模型中每一步骤所要求的行动而制订的。

业务恢复生命周期的 6R 模型是由六个不同步骤按时间序列而组成的。图 3.3 表明了这六个步骤随着时间变化而转化的逻辑顺序。

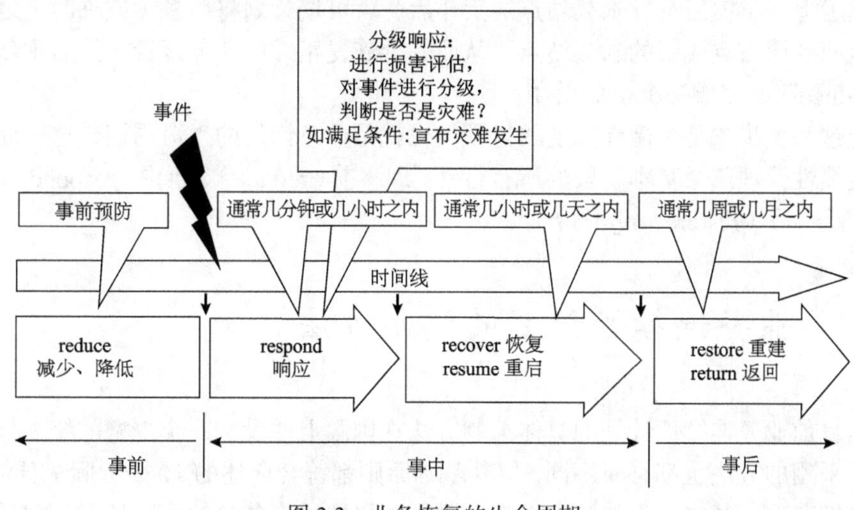

图 3.3　业务恢复的生命周期

1）reduce（减小）

事件发生前，通过风险分析来识别潜在的威胁和可能产生的风险，并采取必要的防控措施进行预防，以减小风险发生的可能性。通过业务影响分析来确认业务可能会受到的冲击，从而制订出各种响应和恢复计划，并有效地贯彻执行，为应对灾难做好准备。

2）respond（响应）

事件发生时，按照计划进行响应，危机管理小组（业务连续性管理的最高管理组织）启动 EOC 并进行指挥，同时对业务可能受到的冲击进行评估，从而判定事件是否已成为灾难，并确定所需采取的相应控制行动（启动相应的计划）。在损害评估过程中，应该对事件进行分级（如 1～4 级等），从而可进行分级响应，以确保既不反应迟钝，也不反应过度。

3）recover（恢复）

当事件确认为灾难后，根据各业务所具有的优先级别启动相应的恢复计划来使相关流程和支持功能恢复到稳定的运行状态。此步骤通常是在后备（或临时）地点完成的，主要是为下一步业务重启（resume）做好技术和支持系统方面的准备。

4）resume（重启）

当事件确认为灾难后，按照优先级别重新启动事先确定的关键业务运行。此步骤通常是与上一步恢复（recover）相配合进行的。此时的业务运行是非正常时期（灾难发生期间）的运行，通常是在后备（或临时）地点进行。

5）restore（重建）

当灾难过去后，或者当关键业务功能恢复到稳定的运行状态后（此时灾难可能尚未完全结束），开始执行相关程序来修复或重建原站点（primary site）或新的永久站点（permanent site）及其内容，为返回原来的正常运行做好准备。

6）return（返回）

完成了上一步灾后重建永久站点的工作后，就可按计划将后备（或临时）地点的业务运行返回到原站点或新的永久站点，从而完全恢复正常的业务运行。然后重新开始第一步“reduce”，完成一个生命周期。

以上这六个步骤是个循环往复的过程，也就是业务恢复的生命周期，这一周期覆盖了业务连续性管理三个基本阶段的所有行动，即事前（reduce）、事中（respond，recover，resume）及事后（restore，return）。

3.2 业务连续性计划的编制方法

虽然目前业务连续性计划的具体编制方法在国际上并没有一个严格的统一标准，不同国家所采用的方法也都有所不同，但其基本原则都符合前述的 10 个国际最佳惯例，只是在具体细节上、某些步骤的顺序上有些区别，以便适应各自的实际情况（包括文化背景、习惯及所应遵守的相应法规等）。然而，不管采用什么方法进行业务连续性计划的编制，最终要殊途同归，所得到的业务连续性计划都必须能够有效地完成业务恢复生命周期（6R 模型）中各步骤所要求的行动。

3.2.1 项目规划与管理

按照前述 10 个国际最佳惯例中第一个惯例“项目启动与管理”的要求，应将业务连续性管理作为一个项目来规划和管理，包括业务连续性管理的立项和启动，以及对整个业务连续性规划过程进行跟踪管理。高管层的支持力度是业务连续性管理项目成败的关键。

此阶段应实现的主要目标是确定业务连续性管理的需求和业务连续性计划编制的目的，获得高管层的支持（包括所需资源和预算），向高管层提交业务连续性管理立项报告，明确计划编制者的任务，建立业务连续性管理组织，包括业务连续性管理指导委员会（BCM Steering Committee）、业务连续性计划编制小组及相关支持小组，并明确其各自的职责和权力等。在此阶段，还应确定项目的范围、前提假设及最坏情景假设，以及计划编制的主要步骤、方法及工具，并明确项目各阶段的时间表及项目进展的定期报告规则。

1. 业务连续性计划编制的目的

1）保护人员的生命安全

保护人员的生命安全应该是任何企业在灾难发生期间的首要任务，人员也是企业得以生存的首要因素，因此像其他应对灾难的计划一样，保护人员的安全是一个有效的业务连续性计划的首要目的。

2）保护财产

企业的财产是企业生存和发展的基础，因此业务连续性计划的重点就是在灾难发生时如何使企业的财产损失降到最低。

3）保护关键业务功能和流程的连续运行

如前所述，业务连续的实质就是在非正常情况下（灾难发生期间）保持关键业务功能和流程的连续运行，因此，确保关键业务功能和流程的连续运行，就是业务连续性计划的主要内容。

4）满足法规要求

目前越来越多的国家都已制定了相关法规，要求企业必须具备完善的业务连续性计划，并需通过相关的审计，否则可能会受到相关法规的处罚。

2. 业务连续性管理组织及其职责

1）高管层

高管层的参与和支持是业务连续性管理成功的关键，因此，企业的高管层应该始终参与、指导和支持业务连续性管理的建设。

2）业务连续性管理指导委员会

这是一个常设机构，由高管层成员、业务连续负责人及各业务部门负责人等组成，是业务连续性管理的决策和指导团队，负责提供和分配人、财、物等资源，以确保业务连续性计划的顺利制订和贯彻执行。

3）业务连续经理/协调员

业务连续经理/协调员通常也是业务连续性计划的编制者，这是业务连续性管理的中坚力量。虽然他们不一定是业务或行业专家，但他们却在整个业务连续性管理过程中始终不断地推动、组织、协调业务连续性计划的编制、贯彻、演练、维护及其执行。其中，业务连续经理通常也是业务连续性管理指导委员会的成员。

4）各响应小组

事件发生时，由相关的响应小组首先进行事件响应处理。这些响应小组包括应急响应小组、损失评估小组、危机沟通小组等。

5）各业务部门项目小组

在业务连续性计划编制过程中，它们参与业务连续性计划编制小组的工作。当发生灾难时，它们通常作为业务部门的功能恢复小组。

6）各支持部门项目小组

无论在业务连续性计划编制过程中，还是当灾难发生时，支持小组都是必不可少的。它们往往还必须首先准备好，并恢复正常，其他业务小组才能开始恢复。例如，IT或通信部门常常就是如此。

以上只是业务连续性管理组织中常见的组成部分，不同企业的业务连续性管理组织可能也会有所不同。

3. 统一业务连续性管理术语和定义

对于业务连续性计划中所用的术语，应该统一名称，明确含义。尽管目前国际上不同国家和地区尚未完全统一业务连续性计划中的所有术语，但对于一个企业来说，必须规范和统一其相关业务连续性管理计划及文件中的所有术语和定义，这样才能保证业务连续性计划在企业内贯彻执行时不至于造成混乱。

3.2.2 风险分析与评估

根据 10 个国际最佳惯例中第二个惯例——“风险评估与控制”的阐述，在业务连续性管理的事前预防准备阶段（业务连续性管理三个基本阶段的第一阶段），风险分析是一种有效的方法，可用来识别那些可能会对企业及其人员和设施造成伤害甚至灾难的潜在不利事件（威胁和风险），并确定这些事件可能产生的损失，从而建议为防止这些潜在的事件或使其造成的损害最小化而需要采取的控制措施。通过对可用的控制措施进行成本效益分析，来确定为减小风险所应选择的控制措施。

通常风险分析与评估应该与业务影响分析结合起来进行，从而使风险评估重点关注那些可能会对关键业务功能或流程产生冲击的风险。这也正是业务持续协会建议在业务影响分析之后进行风险分析的理由。

1. 风险的因果关系

要讨论风险的因果关系，就必须先对风险（risk）、威胁（threat）及脆弱性（vulnerability）这三个概念进行说明。

1）风险

在风险管理理论中，不同学者对风险的定义也不尽相同，我们在此引用国际灾难恢复协会的定义：面临损失的可能性，这与经济学家的定义基本一致。

2）威胁

威胁指能够引起风险的不利事件，包括可能发生的人为的和自然的破坏性事件。

3）脆弱性

脆弱性指受到威胁的可能性，通常指自身存在的薄弱环节。

图 3.4 显示了风险的因果关系。

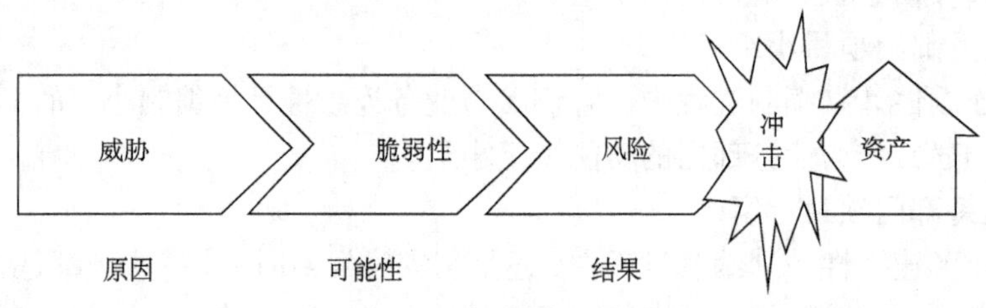

图 3.4　风险的因果关系图

从图 3.4 可知，威胁是引起风险的根本原因（相对于受影响事物本身而言，我们通常可认为威胁是外部原因，简称外因），脆弱性则是事物自身存在的可能会受到威胁的薄弱环节（相对而言，我们通常可认为脆弱性是事物本身受影响的内部原因，简称内因），而风险则是由于威胁（外因）和脆弱性（内因）的存在而导致的结果（事物本身所受到的影响）。例如，暴雨是可能引起道路交通中断这一风险（结果）的威胁（原因，即外因），而缺乏有效的道路排水系统则是可能会受此威胁的脆弱性（可能性，即内因）。而风险的产生则可能对资产（包括人和物）带来冲击。

2. 数据收集和分析

数据收集的渠道可分为外部（包括公共救援机构，如消防部门、应急部门等；研究机构，如气象部门、地震部门等；公共信息部门：如资料馆、信息库、国际标准等）和内部（包括企业的管理部门、各业务部门、员工、合作伙伴等）。

数据收集的方法主要有问卷调查、面谈、小型研讨会、企业的文件资料分析、历史数据分析、实地考察等。

在数据收集和分析的过程中，应该充分利用行业专家和权威机构的帮助。

通过以上数据收集和分析，识别出可能存在的威胁事件，并进行定性和定量的分类和分级。常用的分析方法有风险分级矩阵法、年损失期望值（ALE）计算法、事件树分析法（ETA）、矩阵计算法和相乘计算法等。

3. 控制措施及其评估

根据以上定性及定量的分析结果，提出建议的相关控制措施来预防可能的风险或将其降到最低，并对已有的控制措施或需增加的控制措施进行成本效益评估，从而选择适当的控制措施，来避免或降低可能的损失。通过这些预防和控制措施来完成业务恢复生命周期 6R 模型中的 reduce 和 respond 两个步骤的要求。

3.2.3　业务影响分析

业务影响分析是业务连续性计划编制过程中非常重要的步骤，是依据 10 个国际最佳惯例中第三个惯例——“业务影响分析”的要求而进行的。业务影响分析的主要目的就是要确认企业的关键业务功能和流程（critical business functions & processes）。由于这些功能和流程通常对时间非常敏感，比如，某些业务流程有高峰期和低谷期等，它们受到的冲击往往也随时间的变化而产生较大变化，所以常常被称为时间敏感流程（time sensitive processes）。

业务影响分析除了要确认关键业务功能和流程外，还要确定这些业务功能之间、业务部门之间、内部与外部之间的互依赖性及恢复它们的优先级别（priorities）和恢复时所需的资源。通常这些资源之间的相互关系也是需要考虑的。

在进行业务影响分析时，有两个时间参数尤其重要，这就是 RTO 和 RPO。它们是划分关键业务功能和流程的优先级别及制定相关恢复策略的基础。

1. RTO

不同机构（如国际灾难恢复协会和业务持续协会）对 RTO 定义的描述不尽相同，但基本含义还是一致的。在此只引用国际灾难恢复协会的定义：业务功能或应用系统从中断点恢复到其最低可接受程度所需要的时间，从而使中断产生的冲击最小化，见图 3.5。

RTO 这一参数在整个业务连续性计划编制和执行过程中有着特殊意义。每一业务功能、流程及应用系统都应有其对应的 RTO 值，根据它们的 RTO 值的不同来决定其恢复的优先级别，从而制定相应的恢复策略。

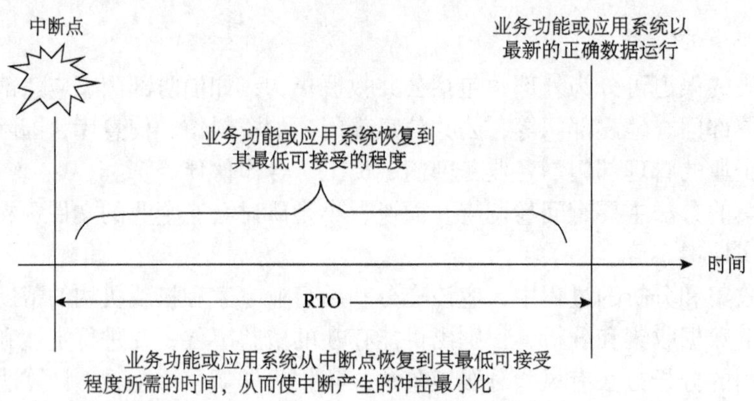

图 3.5 RTO 示意图

另外，在业务连续性管理流程中，RTO 值还是用来判断所发生的事件是否是灾难的依据，当预计某事件造成某业务功能中断的时间将大于其 RTO 值，则认为该事件对于该业务功能来说就是灾难，即需要启动应对灾难的业务连续性计划。当然此时灾难的含义是针对具体业务功能和流程的，与灾难的通用定义有所不同，这就意味着，某个事件对某些业务功能和流程是灾难，需要启动相关的业务连续性计划，而对另一些业务功能和流程可能还不到灾难的程度，暂时就不必启动其对应的业务连续性计划，而只需进行响应和监控。采用 RTO 作为判定灾难的依据，有利于业务连续性管理的各子计划（部门级计划、功能级计划等）的有效执行，并通过它们之间的互依赖性进行统一协调。业务连续性管理的这一特点是为了确保企业面临灾难时，既不能反应迟钝，也不能反应过度，而是做出合理适当的响应。

2. RPO

中断发生后系统及数据必须恢复到中断发生前某时间点（如中断发生前一天作业处理结束时刻）的状态。RPO 通常作为制定信息系统备份策略的基础，以及用来决定系统或功能恢复后需要重建的数据量。对于 IT 依赖较强的业务和流程，恢复计划中通常要将 RPO 与 RTO 一起考虑，但如果业务和流程不太依赖 IT，则可能不必考虑 RPO。

3. 业务影响分析的基本过程

业务影响分析的主要过程如下。

1）业务影响分析项目规划

业务影响分析是业务连续性计划编制过程中的重要一步，也是一个非常复杂的过程，因此为使业务影响分析获得成功，首先要对业务影响分析进行项目规划，确定参加业务影响分析过程的各小组成员（应有各业务部门的核心人员）及其职责，明确工作计划和时间表等。

2）数据收集

与风险分析类似，数据收集也是业务影响分析的主要工作之一，通常也采用问卷调查、面谈、小型研讨会及综合方式。

3）数据分析

针对各业务功能和流程可能受到的冲击进行定量和定性的分析，以确定关键业务功能和流程，同时分析它们的互依赖性和时效性（即与时间的关系），从而确定它们的 RTO 值及恢复的优先级别，以及恢复时所需的最小资源。在此过程中，业务专家（subject matter experts，SME）的作用非常重要。

4）整理归档并验证结果

将以上数据分析的结果整理分类和归档，并通过多种方式对结果进行验证，以确保结果的一致性和完整性。

5）向高管层汇报

根据以上整理的结果起草业务影响分析报告，征求各小组对报告草稿的修改意见并进行修改完善。将报告提交给高管层，以得到高管层对业务影响分析结果的认可，并批准和指导下一步进行相关策略的制定。在整个业务影响分析过程中，应定期向高管层汇报进展情况，以保持高管层的参与和支持。

3.2.4 策略制定

按照第四个国际惯例"制定业务连续策略"的描述，在本阶段，将根据前述业务影响分析及风险分析的结果，制定企业的恢复策略，包括企业级策略和部门级（功能级）策略。根据业务影响分析的结果，确定关键业务功能的 RTO 及恢复的优先级别，并确认可选的恢复策略，然后通过成本效益分析来进行策略评价，从而选出符合要求的恢复策略。

1. 常见的策略

（1）什么也不做。灾难发生时，不采取任何行动。这意味着在灾难发生时，不需要恢复任何业务，其 RTO 值没有要求。这当然是成本最低的策略。

（2）延迟行动。灾难发生后才开始行动。这意味着其 RTO 值要求不高，有较充足的时间来恢复业务。这也是成本较低的策略。

（3）人工（或临时）处理。灾难发生时，通过人工方式或某种临时方式完成业务处理。这种策略适合于对业务恢复水平（处理速度、处理容量等）要求不太高的情况。人工或临时的业务处理能够降低启动后备站点所要求的 RTO 值，这就可大大降低恢复策略的成本。

（4）自建后备中心。虽然较可靠，但其费用也较昂贵。这种策略适合于对业务恢复水平及 RTO 值要求较高的情况。

（5）服务降级。降低服务级别，如可能会临时停止供货或某些服务。有时这确实是一种经济实用的策略。

（6）互惠/合作协议。当互惠/合作双方的设施环境类似、业务特点相近时，一方的设施临时发生运行中断，其工作可由另一方的设施接管。通常是利用对方的工休时间。这种策略的好处是成本低廉（有时是零成本）。缺点就是时间没有保障（谁也不能保证事件发生时正好是对方的工休时间）。另外，一方设备配置发生变化，无法保证另一方会做相应的变化，这就可能造成双方设备不兼容。

（7）商业外包恢复中心。这是由第三方外包服务商提供的恢复服务，包括热站点、温站点、冷站点及移动恢复中心等。这是当前国际上越来越流行的恢复策略，既能快速高效地恢复关键业务，又比较省钱。

（8）业务恢复中心。即具有业务恢复所需技术和通信支持能力的场地环境，并提供相关办公支持能力的工作场所。这是与灾难恢复中心相配套的必要的后备中心。

（9）客服中心。提供类似呼叫中心或客户服务的商务服务。在灾难发生后，提供相关的信息服务（如人员联络、通知等）。

（10）与硬件供应商的快速发货协议。与能快速发货的供应商事先签订相关协议以保证重要的设备和备件能够快速地供货，从而使关键的运行环境和系统能够更快、更高效地建立起来。

（11）设施恢复。提供所需的后备设施、房屋等。灾难发生后，提供工作环境。

2. 策略需求分类

根据业务的重要性及其对时间的敏感性，可将业务对恢复策略的需求进行分类，见表 3.1。

表 3.1　策略需求分类

分类	第一类	第二类	第三类
重要性	非常重要	重要	一般
时间敏感性	极高的时间敏感性	有一定的时间灵活性	也许可延缓
业务举例	重要记录、IT 系统、语音和数据	生产制造、安全、产品库存	人力资源、企业培训
行动	需马上制定策略	需随后制定策略	暂不需要制定策略

3. 策略评估

应制定统一的评估方法，通常包括以下几个方面：①评估策略的可靠性；②评估策略的成本效益；③比较内部与外部的解决方案；④评估每一恢复策略的风险。

表 3.2 是对几种常见的恢复策略评估示例。

表 3.2　常见的恢复策略评估

评价内容	什么也不做	互惠设施	冷备站点	热备站点	双路设施
正常生产	5	4	4	4	2
测试能力	1	2	2	4	2
恢复的可靠性	1	2	2	4	3
成本	5	4	4	3	3
达到目标的能力	1	2	2	5	3
策略评分	13	14	14	20	13
评分说明	5=完全符合标准	4=较好符合标准	3=符合标准	2=基本符合标准	1=不符合标准

表 3.3 是对几种常见商业恢复策略的评估示例。

表 3.3　常见商业恢复策略的评估

恢复站点	成本	软/硬件设备要求	通信要求	设置时间	地点
冷	低	无要求	无要求	长	固定
温	中	部分	部分/全部	中	固定
热	中/高	全部	全部	短	固定
移动	高	依情况而定	依情况而定	依情况而定	不固定
镜像	高	全部	全部	无	固定

4. 成本效益分析

由以上策略评估的例子可知，选择恢复策略需要综合考虑。采用成本效益分析方法，就是为了在可用的策略中，综合恢复效果和成本投入两方面的因素来找到一个平衡点。图 3.6 是一些常见恢复策略的成本效益关系曲线。

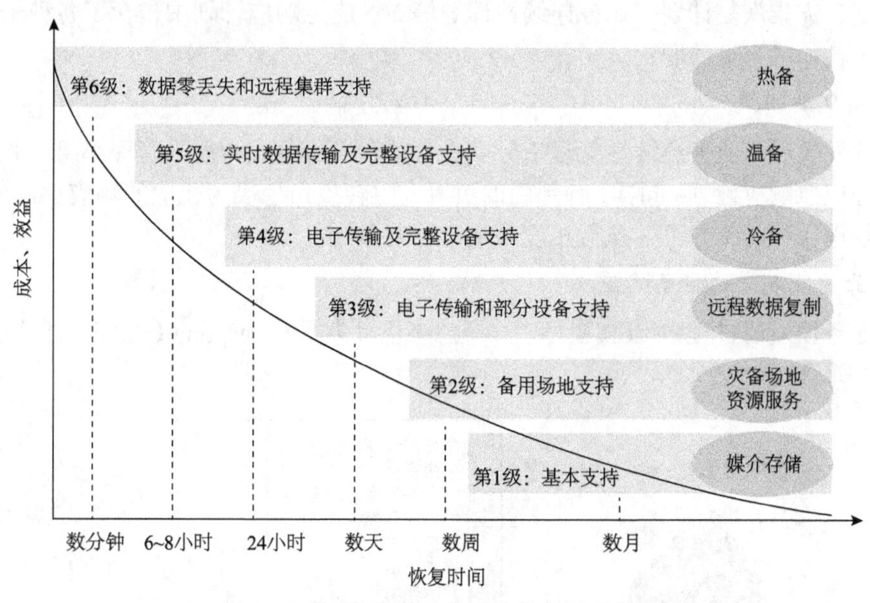

图 3.6　常见恢复策略的成本效益关系曲线

由图 3.6 可见，恢复时间越短，恢复成本就越高。因此，只有在恢复成本与恢复时间的平衡点附近才能找到合适的恢复策略。

5. 确定适当的恢复策略

根据以上成本效益分析的结果，选出适当的恢复策略，并充分考虑各种策略之间的一致性和协调性，从而决定出组织机构最终的业务恢复策略（当然，所选的最终策略必须满足业务影响分析的结果）。这些策略可能包括企业级策略（共享策略，包括应急响应策略、危机沟通策略等）和部门级策略（包括各种功能和流程恢复策略，以及支持资源恢复策略），另外，可能还包含某些人工（或临时）的策略。综合考虑这些不同级别的恢复策略并加以合理运用，将会大大降低最终策略的整体成本。

将最终选定的业务恢复策略整理成简洁明了的书面报告，并向高管层进行汇报，以获得批准，从而形成业务连续性计划中的各项恢复计划。

这些恢复策略主要是为了满足业务恢复生命周期 6R 模型中的 recover 和 resume 两个步骤的要求。这也是业务连续性管理的实质要求，即在灾难发生时期（非正常时期）保持业务的连续运行。可见，制定适当的恢复策略是决定业务连续性管理成功的关键要素。

3.2.5　应急响应计划

应急响应计划是在业务连续性管理的指导框架下结合应急管理的要求制订的，它在事件发生时进行业务连续性管理响应活动过程中有着非常特殊的地位。在第五个国际惯例“应急响应和措施”中，规定了应急响应计划的内容和职责，它不仅是事件发生后需要首先启动的计划，用来对事件立刻做出响应和处理，同时还负责监控事态的发展，判定事件的性质（是否是灾难），并根据事件分级响应的原则逐步启动其他计划（如危机沟通计划、灾难恢复计划、业务连续性计划等）。应急响应计划中包含了各种子计划，还规定了各相关小组的职责。

1. 角色的转换

事件发生后，业务连续性管理指导委员会就转换角色成为危机管理小组，并负责启动和管理应急响应计划。同样，各部门的负责人也转换角色成为相应的响应小组负责人，在危机管理小组的领导下，执行相应的响应计划。

2. 业务恢复中的应急响应

在业务恢复的过程中（6R 模型），应急响应计划是从 respond（响应）开始启动的，如图 3.7 所示。

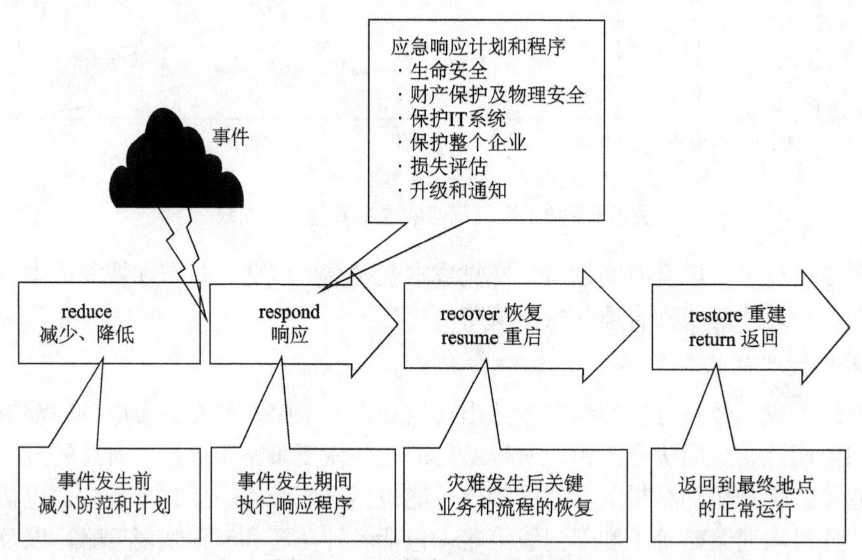

图 3.7　业务恢复中的应急响应

可见，在应急响应过程中，要执行一系列计划和程序，同时还要进行损失评估，并决定是否是灾难，如果符合灾难的条件（预计中断时间将大于 RTO 值），则需宣布灾难发生（通常由危机管理小组来宣布），并启动相关的各种恢复和重启计划。

3. 应急响应计划的组成

应急响应计划是由一系列子计划组成，主要有：事件升级程序、紧急通知程序、生命保护程序、撤离计划、财产保护及物理安全计划、IT 系统保护计划、整个企业的保护计划、应急响应演练计划。

4. 各小组及其职责

（1）应急响应小组：在事件发生时，负责提供人员保护及现场救援。

（2）人力资源小组：在事件发生时，负责清点受灾人员，并维护受伤人员的信息或提供其他灾难时期的相关服务。

（3）风险管理及保险小组：在事件发生时，负责通知事件保险代表人员并协助他们参与现场检查及初步的评估。

（4）媒体及公关小组：在事件发生时，负责在整个中断期间控制信息流及内容的发布。

（5）安保小组：在事件发生后，负责对现场马上进行保护，以及对撤离的设备或损坏的设备进行保护。

（6）重要记录管理小组：在事件发生后，负责通知异地存储地点的小组成员到岗并提供所需的支持（根据损害评估，如需启动异地存储系统）。

5. 启动 EOC

EOC 是事件发生后危机管理小组进行应急响应指挥的集中工作场所，在这里危机管理小组对设在事件现场的指挥中心（Incident Command Center，ICC）进行指挥。EOC 应位于事件发生地点的安全距离之外，并事先设计和配备好必要的装备（如通信系统、视频会议系统等），同时，在应急响应计划中，制定好 EOC 的启用、工作时间表、安全管理，以及 EOC 的关闭等相关流程。通常应为该中心指定一个后备的场地，作为备用。

6. 与外部机构的协调

在应急响应过程中，与外部机构的协调是非常重要的，尤其是那些较大的灾难事件（如火灾、爆炸等），通常都需要外部救援机构（如消防部门、公安部门、医疗卫生部门等）的救助和指导。在第十个国际最佳惯例“与外部机构的协调”中，要求建立相关的指导方针和可用的程序以协调外部机构在灾难发生时进行损失挽救和业务连续的活动，从而提高组织机构的生存能力，并确保遵从现行的法令法规要求。同时还应该建立与外部机构的长期合作关系，定期与外部机构配合进行演练。

3.2.6　危机沟通计划

危机沟通计划是指在灾难发生期间，为了与各种群体（包括内部群体和外部群体）

进行有效的沟通而制订的计划。在第九个国际最佳惯例"危机沟通"中，要求建立与不同对象或听众（外部利益相关者、内部利益相关者及媒体等）进行沟通的计划，并对计划进行演练和评价。

1. 危机沟通的目的

危机沟通的目的就是要确保正确的人员在正确的时间和正确的地点，收到正确形式的正确信息。

2. 危机沟通的 3T 原则

危机沟通的 3T 原则是由英国危机公关专家里杰斯特（Regester）提出来的，具体如下。

（1）主动沟通（tell your own tale）。组织机构主动将与危机有关的信息对外披露，以控制主信息沟通渠道，避免谣言四起。

（2）全部沟通（tell it all）。组织机构将所知道的信息全部对外公布，以示坦诚，取得公众的信任。

（3）快速沟通（tell it fast）。组织机构在第一时间快速地进行沟通，取得主动，不给谣言可乘之机。

3. 沟通计划的组成

在危机发生期间，一个有效的沟通计划应包括以下三个方面的内容。

（1）How——如何与不同听众进行沟通。

（2）Who——谁来与不同听众进行沟通。

（3）What——什么内容需要与不同听众进行沟通。

4. 危机沟通的对象

制订危机沟通计划时，首先要确定沟通的对象或听众，通常有以下几类沟通对象。

（1）内部利益相关者。内部利益相关者通常包括企业的董事局、高管层、业务连续性管理指导委员会、各分支机构和业务部门、内部员工及退休人员等。

（2）外部利益相关者。外部利益相关者通常包括股东和投资者、重要客户、员工的亲属、供应商、合约人、行业协会及相关社团组织等。

（3）外部公共机构。外部公共机构通常包括政府应急响应机构、消防部门、公安部门、医疗卫生部门、环境保护部门、公共设施服务部门（如水、电、气等）及相关行业监管部门等。

（4）新闻媒体。新闻媒体通常包括报纸、杂志、广播、电视及互联网等。

在危机沟通计划中，应该事先根据不同的沟通对象来指定相应的发言人，并预先准备好有关信息，以及设计好恰当的沟通方式。还应对危机沟通计划进行定期的演练、评价和改进，以确保沟通计划的成功。

需要特别引起重视的就是针对"无冕之王"新闻媒体的危机沟通。因为新闻媒体是一个敏感的特殊机构，尤其是当前互联网使得信息的传播既快又广，如果处理不当，就很有可能扩大危机，甚至引发新的危机。反之，如果处理得当，就对减小危机、控制事态有所帮助。因此，对于所有要发布的消息都必须慎重考虑，并得到高管层的批准。

3.2.7　计划的启动流程

当紧急事件发生时，应该由计划中事先指定的人员来分别启动相应的响应计划。计划的启动流程是按照计划中预先规定的事件分类与分级响应流程和步骤来启动的。

1. 事件的分类和分级

从业务连续性管理响应的角度通常可将事件分为以下两大类。

（1）显性事件（overt）。事件发生时，不需经过特别的评估和宣布，大多数人员都可自然感觉到。例如，地震、洪水、台风等。

（2）隐性事件（covert）。事件发生时，初始阶段情况并不明朗，无法马上预测出其发展的速度和规模，需要经过调查评估后才能做出判断。例如，疾病传染、化学污染物泄漏等。

需要说明的是，这种分类也是相对而言的。例如，台风中心离企业所在地较远，目前对企业的业务影响还很小，此时台风事件就属于隐性事件。同样，发生在关键业务工作区内的化学污染泄漏将会严重影响业务运行，就属于显性事件。

根据事件的分类及其危害程度，可对事件进行分级，一般建议尽量与国家已有规范分级相对应，以便人们识别。例如，我国将突发事件分为一至四级，分别用红色、橙色、黄色、蓝色标示。通常显性事件一发生就具有较高级别（一、二级），而隐形事件开始时级别较低（三、四级）。

2. 分级响应和计划启动

根据对事件的分级进行响应，并启动相应的计划。按照以上分级方法，可有以下四种响应。

（1）引起注意。灾难尚未发生，但需提醒大家密切注意事态发展，要求相关响应小组做好准备。通常使用蓝色标示（四级）。

（2）报警监控。灾难可能会发生，要求大家做好准备，相关响应小组进行处理。通常使用黄色标示（三级）。

（3）部分启动。宣布灾难发生，启动部分恢复计划，调动部分人员参加。通常使用橙色标示（二级）。

（4）全部启动。启动全部恢复计划，动员全体人员参与。通常使用红色标示（一级）。

以上四种响应也可能随时间变化而不断升级转化。采用事件分级响应的好处是，可有效地做到既不反应迟钝，又不反应过度。

图 3.8 表明了业务恢复生命周期的 6R 模型所对应的计划启动流程。

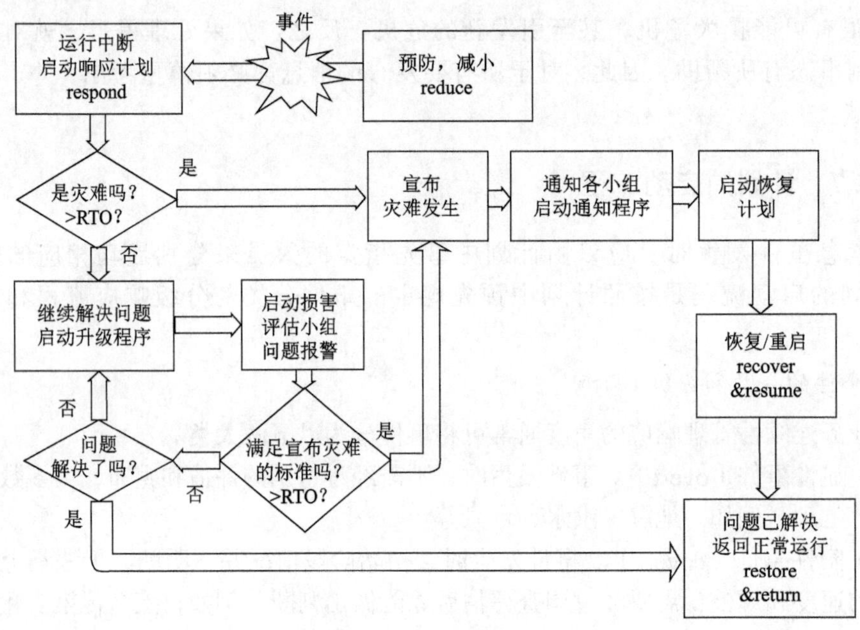

图 3.8　计划的启动流程

3.2.8　计划编制

通过前几节介绍的风险分析、业务影响分析及策略制定的分析方法，已能够确定预防和减小风险的控制措施，制订出各种业务恢复计划和响应计划（如灾难恢复计划、业务连续性计划、应急响应计划、危机沟通计划等），并对计划的启动流程及事件的分级响应方法进行了讨论。这些计划和流程就是构成一个完整业务连续性管理计划的主要组成部分。如何确保这些计划相互协调一致，并能满足企业的业务连续目标，当事件发生时能够有效地得到应用，这就需要将这些计划进行合理集成，并按一定的格式编写出相关的计划文档，以便有效地管理这些计划（如分发和控制、维护和更新），从而确保这些计划能够得到充分贯彻执行。

1. 业务连续性管理计划的关键要素

一个完整的业务连续性管理计划应包含以下三个关键要素。

（1）人员：与企业有关的各种人员，包括员工、来访者、交货人、现场服务人员、其他承租人等。

（2）流程：企业中的各种流程，包括生产、销售、运输、财务、人力资源等。

（3）场地：企业执行这些流程所需要的相应场地。

2. 计划的主要组成部分

通常一个业务连续性计划文档包含的主要内容有：概述、事件管理程序、各小组及其任务、关键工作场地及后备场地情况、关键业务流程、关键联系人、所需技术支持、重要记录在本地及异地存储情况、所需设备及日常办公用品清单、计划维护策略及相关附录等。

3. 计划的文档格式

虽然业务连续性计划的文档格式并没有一个统一的标准，各企业可根据自己的实际情况和已有的规范来制定其格式，但为了确保业务连续性计划的可用性，还是有一些通用的基本要求，如结构简单、逻辑清晰、文字简练及术语统一等。

图 3.9 是一个可供参考的文档格式示例，包括以下几部分。

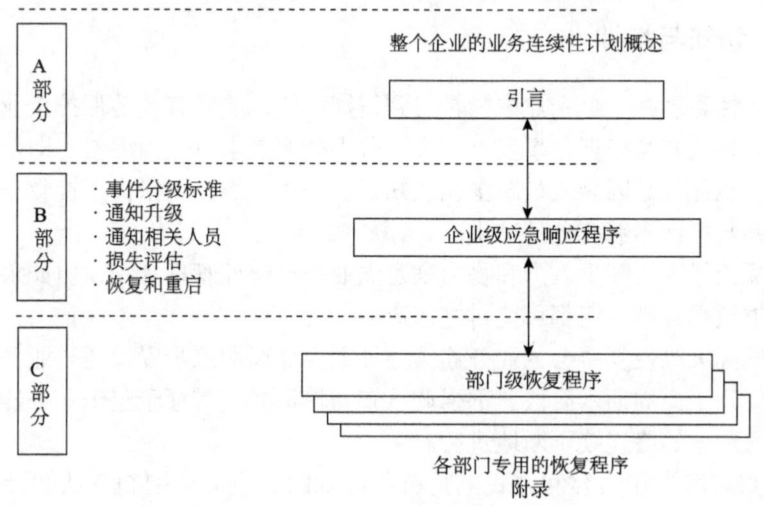

图 3.9　业务连续性计划文档格式示例

（1）引言（A 部分）：对整个企业的业务连续性计划进行概述，包括目的、目标、术语等。

（2）企业级应急响应程序（B 部分）：事件分级标准，各种企业级响应计划和程序，包括企业共享服务的恢复程序等。

（3）部门级恢复程序（C 部分）：各种部门级业务恢复计划和程序，包括业务功能和流程的恢复程序，所需资源及支持响应的程序等。

通常 C 部分还包含一个附录，包括各小组成员名单及其任务、所有相关联系人的通讯录、重要记录的目录、后备场地的布局图、所需资源的清单，以及相关服务商的合同等。

4. 计划的分发和安全控制

为使所有相关人员能够及时得到与其有关的计划文本，并保证计划文本的安全机密，需要制定一个计划分发和控制程序，以确保计划得到批准后，能够及时分发给相关人员，并对文件的签收及保密加以控制。

5. 计划的评审

计划编制完成后，应对其认真地评审，以确保其与业务影响分析的结果相一致，并保证各计划之间的一致性和完整性，以及所需资源是否有所保障，等等。

6. 计划的贯彻执行

为确保计划有效贯彻执行，需要明确落实相关人员的任务和责任，并制定定期的计划审计、更新及汇报程序。

7. 计划的维护

为使计划始终保持最新及有效的状态，需制定出连续不断地维护时间表并明确相关人员的责任。同时，还应始终保持得到高管层的支持，以获得足够的人力和物力，并配合演练、认知及培训计划，从而及时地更新和维护计划。

3.2.9 认知与培训

业务连续性管理在一个企业中能否得到贯彻实施，能否有效地保护企业的生存，最关键的环节就是认知与培训。事实上，大部分事故都是来自人为因素，即使是自然灾害引起的损失，也往往是因为人员缺少相关知识，处理不当，而错失了挽救损失的机会，这些都是认知与培训不够充分的结果。

所以，无论投入了多少人力和物力来建立业务连续性管理计划，但如果认知与培训没有得到足够重视，则一切都可能付之东流。

无论是国际灾难恢复协会的业务连续性计划生命周期八步骤，还是业务持续协会的业务连续性管理生命周期六阶段，都强调认知与培训必须贯穿于整个业务连续性管理的过程中，并且应该始终连续不断地进行。

由于认知与培训在内容和方式上是有所区别的，应该分别制订认知计划与培训计划，并管理好计划的实施。

1. 什么是认知

认知就是知道或认识现实。认知是通过警示、观察，或者加入你能看到的、听到的、感觉到的等内容来传达某种知识。

可见，认知主要是通过宣传手段来传达、灌输知识。认知活动可使企业的全体人员增强风险意识，加深对业务连续性管理的认识，普及应对危机事件的常识。

2. 业务连续性管理认知计划的主要内容和方式

业务连续性管理认知计划的主要内容包括业务连续性计划的组成、业务连续性计划的重要性、如何获得业务连续性计划的信息、何时演练和启用业务连续性计划、如何演练和启用业务连续性计划等。

业务连续性管理认知的方式主要有召开动员大会、员工入职培训、业务连续性管理认知宣传周、专门的宣传网站、视频宣传片、宣传手册、海报、宣传陈列柜等。

3. 什么是培训

培训就是通过一定的流程或方法进行教育。通过循环反复的方式来达到所希望的结果，并提供指导，以使学员达到熟练或合格。

可见，培训是一种系统的学习过程。培训可使企业的相关人员了解并掌握业务连续性管理响应计划，从而为应对灾难事件的发生做好充分准备。

4. 业务连续性管理培训计划的主要内容和方式

业务连续性管理培训计划的主要内容包括如何识别和报告紧急事件、如何采取安全保护措施、熟悉相关场地及公共紧急设备的使用等知识，还应该包括了解各小组的任务和职责，了解和掌握各种响应程序，如通知程序、升级程序、撤离程序等。

业务连续性管理培训的方式主要有课堂教学、计算机网络培训、利用演练开展的培训、委托外部专业机构进行的培训等。

5. 认知与培训计划的管理

应该对认知与培训计划进行有效管理，才能确保认知与培训计划的实施效果。预先制订好年度的培训计划，包括培训对象、培训内容及培训时间表。另外，当企业发生重大变化时，要及时进行培训。

6. 效果评价和总结

在认知与培训活动后应该对其结果进行评价和总结，做好书面记录并将其保存好，以便对员工掌握业务连续性管理相关知识的程度及运用这些知识的相关能力进行评价。通过评价和总结，确认哪些方法是有效的，哪些方面还存在不足，以便今后不断进行改进。

7. 成功的要素

要使业务连续性管理的认知与培训计划取得成功，就应该将业务连续性管理的认知与培训计划包含在新员工培训计划之中，并确保认知与培训经费成为整个企业预算的一部分，以及在每年的员工考核流程中进行业务连续性管理知识掌握程度的评价。

3.2.10　测试与演练

业务连续性管理计划只有经过测试与演练，才能发现问题并得到改善，从而成为能够使企业幸免于难的有效计划。测试与演练并不是一次性的工作，而是需要定期不断地进行（通常每年最少一次，有些计划也许要求进行更多次的测试与演练，如每季度一次）。没有经过测试与演练的业务连续性计划是不可靠的，对企业来说是没有真正价值的，甚至是有危害的。

1. 测试与演练的区别

测试主要是针对技术和设备进行的，如设施、技术方案、服务器、网络系统、通信系统、电源设备等。

演练主要是针对人员和流程进行的，如各小组人员、全体员工、对后备场地的熟悉及各种计划和程序（包括撤离程序、呼叫树、通知程序、升级程序、恢复计划、危机沟通计划等）。

2. 测试与演练的实质

测试与演练的真正目的不仅是要确认计划能否工作，更重要的是要发现其不能工作的原因。发现存在的问题要比试图证明测试成功更为重要。

3. 测试与演练的目的

测试与演练的主要目的就是评价计划的可行性，在灾难发生前对计划和流程进行演练，从而发现存在的问题并确认需要改进的地方，使业务连续性管理计划保持更新和可用。通过测试与演练可以说明企业所具备的恢复能力，并提供维护和更新计划的机制，从而满足法规及审计的要求。

4. 测试与演练的方法

首先要确定测试与演练的种类和目标，以及评价标准，并预先准备好测试与演练计划的各个部分和计划时间表，然后从简单到复杂逐步进行各项测试和演练，在每一测试和演练完成后，应及时对结果进行评价并提出改进意见。对改进后的计划再进行测试和演练，如此循环往复，使计划得到不断完善和更新。

通常要求每年至少进行一次测试与演练（有些程序要求更频繁的测试与演练，如呼叫树程序等），或者当企业发生重大变化时，及时进行测试与演练。因此，应该确保具有长年不断的业务连续性管理测试与演练计划和预算。

在进行测试与演练时，应该使测试与演练中的程序和实际事件发生时所要求的相一致，并确保必要的后勤保障及所需的帮助（人员和物资）。同时，还要注意使测试与演练时对正常工作的影响最小，并且应该注意保密性要求，以确保测试与演练结果中机密的数据得到保护。

5. 测试与演练计划的设计

应事先设计好测试与演练计划。在计划中，应明确测试与演练的种类、范围及时间表，确定执行与监控的程序及结果评估和衡量的标准，设计好结果记录文档和表格，以便提交预计结果与测试结果的对比报告及维护改进建议等。

测试的种类通常有静态测试（针对基础设施）、动态测试（针对设备）及功能测试（针对程序）等。

演练的种类通常有预先告知的或非告知的演练，包括计划检查、桌面演练、通知演练、预排演练、模块和部分演练、功能和流程级演练、模拟演练及完整演练等。

6. 测试与演练的步骤

一般测试与演练的步骤总是先从简单的测试开始，掌控情况以后再逐步增加演练复杂度，最后完成完整的演练；参与的人员方面，也是由涉及重要功能的相关人员开始，然后逐渐加入所有其他相关的人员。

图 3.10 表明了测试与演练的步骤对应业务连续性计划生命周期的发展变化。

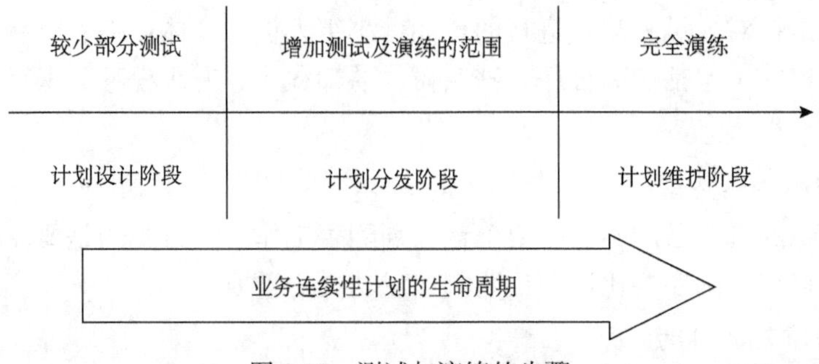

图 3.10 测试与演练的步骤

7. 结果评价和计划改进

对测试与演练结果的评价是有效进行计划检查及更新的关键。业务连续性计划小组与审计部门应该协同工作来评价测试与演练的结果。评价的方面包括将预期结论与实际结果相比较，将实战演练的结果与预演的结果相比较，将分析信息汇总并提供给参加测试与演练的人员进行修改意见的反馈。

将最终的演练结果和改进建议整理成书面报告，上报管理层以获得批准。再根据批准后的改进意见，对业务连续性计划进行更新。

3.2.11 计划维护与更新

业务连续性管理计划不同于其他管理计划（如人事制度、产品质量检测等），它是用来应对突发事件，使企业幸免于难，从而继续连续发展的特殊计划，因此它必须时刻保持有效和更新。通常计划的维护与更新总是和前节所述的测试与演练紧密配合的。

1. 业务连续性管理计划维护的目标

业务连续性管理计划维护的主要目标就是制定计划维护的流程，评价业务连续性管理计划的一致性（包括各计划内部的一致性、各计划之间的一致性及计划与企业当前特征之间的一致性）。

2. 业务连续性管理计划维护的范围

业务连续性管理计划维护的范围包括变更控制与管理，连续不断进行的认知与培训，测试与演练（由简单开始，逐步增加复杂性，直至高级阶段），以及计划的评审。

3. 计划维护的基本方法

1）明确维护人员的任务和职责

通常参与计划维护的人员包括业务连续专业人员、审计师、计划所有者及部门负责人、业务连续性计划相关的各小组人员及高管层和其他特定人员（如指定的专家顾问）等。应该向各责任人分配相关的维护更新任务及时间表，并按期检查完成情况。

2）确定计划维护更新的内容

根据发生事件的记录来确定需要更新的事项，并针对相关计划进行相应的更新，以使演练结果所要求的变更得到落实，确保下次演练的内容中包含前次结果所反映的问题。

3）定期的计划评审

通过定期的计划评审，以确认业务连续性计划是否满足企业的目标，相关人员的任务和职责是否明确，有关信息是否完整，各种计划的一致性及其文档的规范性是否符合要求，等等。

4）不断进行计划维护和更新

计划维护的时间通常有预定的（按预定的时间安排，每年至少一次）及非预定的（由发生的事件决定及当企业发生重大变更时）。计划的维护更新是一个连续不断的循环过程。

5）利用必要的维护工具

软件工具常常能提高维护的工作效率，所以可选择适当的软件工具来辅助维护。

6）制定变更管理和更新监控的流程

通过变更管理流程及时获得变更信息，从而对计划进行更新。同时对更新活动进行监控，以确保计划更新的安全可靠。计划维护的所有记录也必须妥善保存。

7）计划文档的分发和控制

确定计划文档的分发名单（包括高管层、业务连续经理、部门业务连续协调员、部门经理、支持小组经理，以及安全、设施、行政、人力资源、法律、风险及保险管理、通信及公关等部门的人员），指定专人来维护分发名单，并确定计划变更的审批人。

确保所有的分发都有备忘录，其中记录了插入和删除资料页的说明，并保留计划的所有变更维护记录。

对所有计划文档的版本号加以控制，并确定每一文档的所有者及其负责人，旧文档应该交回并销毁。对不同的人员，分发文档的相关部分（或全部），并保存好所有的签收记录。

在业务连续性管理方法论中，认知与培训、测试与演练、维护与更新是确保业务连续性管理计划的有效性和可用性的重要步骤，并且这些步骤必须连续不断地、定期循环地进行，只有这样才能使业务连续性管理计划真正成为企业有效应对灾难、保持业务连续的有力武器。

第4章　业务连续性管理与其他管理体系的关系

要使业务连续性管理方法能够为我国大多数组织机构所掌握和应用，就必须充分地吸取国际上业务连续性管理应用的先进经验，并结合我国的实际情况来研究实用的业务连续性管理理论和方法，加快业务连续性管理在各行各业的认知和推广，同时制定适合我国国情的业务连续性管理标准和规范，加强政府机构对业务连续性管理应用的支持和监督力度，提高各组织机构应对灾害事件的能力，从而促进业务连续性管理在我国的全面发展。

由于大多数灾难的发生原因、演变机理及应对方法都是非常复杂的，围绕灾难问题所展开的理论研究和实践方法也非常多，例如，风险管理、危机管理、应急管理及针对信息系统的灾难恢复等，所有这些理论和方法都是各有所长，各有侧重点。业务连续性管理作为一种保护组织机构业务持续运行、提高组织机构抗灾能力的方法，必然与这些理论和方法有着紧密的联系，因此，业务连续性管理在将来的实践中会越来越多地融入这些方法的思想和成果。

4.1　业务连续性管理与风险管理

4.1.1　什么是风险管理

风险是指损失的不确定性，是各种造成损失的风险事故发生的不确定性。这里的损失是指对人、企业和政府等经济主体的生存权益或者财产权益产生不利影响的事故。

对于风险的含义，目前比较普遍的看法有以下四种。

（1）风险是损失发生的可能性。

（2）风险是损失的不确定性。

（3）风险是实际结果与预期结果的偏差。

（4）风险是实际结果偏离预期结果的概率。

从这四个认知方面可以看到，风险就是可能性和不确定性两个主要方面，从可能性的角度看，是可能发生，或者可能会出现预期结果偏离实际结果；从不确定性角度看，则是是否损失与损失多少不确定，或者损失数量与预期的不同。

风险的类型多种多样，具体如下。

（1）按风险后果划分：①纯粹风险。纯粹风险是指风险导致的结果只有两种，即没有损失或有损失（不会带来利益）。②投机风险。投机风险是指风险导致的结果有三种，即没有损失、有损失或获得利益。纯粹风险一般可重复出现，因而可以预测其发生的概率，从而相对容易采取防范措施。投机风险重复出现的概率小，因而预测的准确性相对较差。纯粹风险和投机风险常常同时存在。

（2）按风险来源划分：①自然风险。自然风险是指由自然力的不规则变化导致财产毁损或人员伤亡，如风暴、地震等。②人为风险。人为风险是指由人类活动导致的风险。人为风险又可细分为行为风险、政治风险、经济风险、技术风险和组织风险等。

（3）按风险的形态划分：①静态风险。静态风险是由自然力的不规则变化或由人的行为失误导致的风险。从发生的后果来看，静态风险多属于纯粹风险。②动态风险。动态风险是由人类需求的改变、制度的改进，以及政治、经济、社会、科技等环境的变迁导致的风险。从发生的后果来看，动态风险既可属于纯粹风险，又可属于投机风险。

（4）按风险可否管理划分：①可管理风险。可管理风险是指用人的智慧、知识等可以预测、可以控制的风险。②不可管理风险。不可管理风险是指用人的智慧、知识等无法预测和无法控制的风险。

（5）按风险的影响范围划分：①局部风险。局部风险是指由某个特定因素导致的风险，其损失的影响范围较小。②总体风险。总体风险影响范围大，其风险因素往往无法加以控制，如经济、政治等因素。

（6）按风险后果的承担者划分：①政府风险；②投资方风险；③业主风险；④承包商风险；⑤供应商风险；⑥担保方风险等。

（7）按风险对目标的影响划分，按照项目目标系统的结构进行分析：①工期风险；②费用风险；③质量风险；④市场风险；⑤信誉风险；⑥人身伤亡、安全、健康及工程或设备的损坏；⑦法律责任。

风险管理指通过风险源辨识、预测、监控、报告来管理风险，采取有效策略有计划地处理风险，以保障组织顺利运营。风险管理的过程包括风险识别、风险预测、风险评价、风险控制和风险效果评价等环节，重点关注风险分析、风险评价和风险控制等。

风险识别的方法常用的有：风险清单分析法、现场调查法、德尔菲法、流程图法、因果图法和事故树法等。

风险衡量是在风险识别的基础上对风险进行定量分析和描述，是对风险识别的深化。一般情况下，风险的衡量主要包括对损失频率和损失程度的衡量。风险衡量往往需要充分有效的统计数据，并借助概率和统计分析工具来完成。常用方法有中心趋势测量、变动程度测定、损失概率分布等。

风险评价是指按照科学的程序和方法，对潜在的危险及严重性进行预先的安全分析与评估，并在条件许可的前提下，以既定的指数、等级或概率做出定量的描述，为制定基本的防护措施和安全管理提供依据。

风险管理是各经济、社会单位在对其生产、生活中的风险进行识别、估测、评价的基础上，优化组合各种风险管理技术，对风险实施有效控制，妥善处理风险所致的结果，以期以最小的成本达成最大的安全保障的过程。

随着社会的发展和科技的进步，现实生活中的风险因素越来越多，无论企业还是家庭，都日益认识到进行风险管理的必要性和迫切性。人们想出种种办法来对付风险，但无论采用何种方法，风险管理的一条基本原则是：以最小的成本获得最大的保障。

4.1.2 风险管理的目标

风险管理从理论起源上看，先出现保险学，后出现风险管理学。保险学中关于保险性质的学说是风险管理理论基础的重要组成部分，且风险管理学的发展在很大程度上得益于对保险研究的深入。同时，风险管理学后来的发展也在不断促进保险理论和实践的发展。从实践看，一方面，保险是风险管理中最重要、最常用的方法之一；另一方面，通过提高风险识别水平，可以更加准确地评估风险，风险管理的发展对促进保险基数水平的提高起到了重要的作用。

风险管理的基本目标是以最小的经济成本获得最大的安全保障效益，以实现保障人们经济利益和社会稳定的基本目的。这又可以分为以下三种情形。

第一，损失发生前的风险管理目标——避免或减少风险事故发生的概率。

第二，损失发生中的风险管理目标——控制风险事故的扩大和蔓延，尽可能减少损失。

第三，损失发生后的风险管理目标——努力使损失的标的恢复到损失前的状态。

风险管理过程包括以下几个基本环节：①风险识别；②风险评估；③风险管理方式选择；④实施风险管理决策；⑤风险管理效果评价。

4.1.3 风险处置方法

对风险的处理有回避风险、预防风险、自留风险和转移风险等四种方法。

1. 回避风险。

回避风险是指主动避开损失发生的可能性。例如，考虑到游泳有溺水的危险，就不去游泳。虽然回避能从根本上消除隐患，但这种方法明显具有很大的局限性，因为并不是所有的风险都可以回避或应该进行回避。如人身意外伤害，无论如何小心翼翼，这类风险总是无法彻底消除的。再如，因害怕出车祸就拒绝乘车，车祸这类风险虽可由此完全避免，但将给日常生活带来极大的不便，实际上是不可行的。

2. 预防风险

预防风险是指采取预防措施，以减少损失发生的可能性及损失程度。兴修水利、建造防护林就是典型的例子。预防风险涉及一个现时成本与潜在损失比较的问题。若潜在损失远大于采取措施所支出的成本，就应采用预防风险手段。以兴修堤坝为例，虽然施工成本很高，但与洪水泛滥造成的巨大灾害相比，就显得微不足道。

3. 自留风险

自留风险是指自己非理性或理性地主动承担风险。

“非理性”自留风险是指对损失发生存在侥幸心理或对潜在的损失程度估计不足从而暴露于风险值。

“理性”自留风险是指经正确分析，认为潜在损失在承受范围之内，而且自己承担全部或部分风险比购买保险要经济合算。自留风险一般适用于对付发生概率小，且损失程度低的风险。

4. 转移风险

转移风险是指通过某种安排，把自己面临的风险全部或部分转移给另一方。通过转移风险得到保障，是应用范围最广、最有效的风险管理手段，保险就是其中之一。

4.1.4 业务连续性管理与风险管理的关系

风险管理是通过对风险的识别、衡量和控制，以最小的成本使风险所致损失达到最低程度的管理方法。

风险管理专家认为，在风险管理三阶段（事前防范、事中控制、事后处理）中，风险的可控率分别为90%、60%、40%。所以，风险的预防和控制是风险管理的核心内容。风险管理在风险的识别、预防和控制上有许多成熟的理论和方法。业务连续性管理专业人员在进行业务连续性管理规划时，常常会借助于这些风险管理的方法来完成业务连续性管理方法论的重要步骤之一“风险分析与评估”。这也是业务连续性管理十大国际最佳惯例中的重要部分之一。

因此，业务连续性管理方法论在实践中必然会结合许多风险管理的理论和方法，同样，风险管理的许多研究成果也能在业务连续性管理规划中得到充分利用。

4.2 业务连续性管理与应急管理

4.2.1 什么是应急管理

应急管理通常是为了有效应对可能出现的突发公共事件，降低其可能造成的损失和影响，对突发公共事件的原因、过程及后果进行一系列有计划、有组织的管理，以达到优化决策的目的。

应急管理在国际上最早是起源于保护国家和人民安全的民防需要，因此，应急管理工作一直就是在政府主导下进行的。虽然现代应急管理已将重点转移为救灾（尤其是突发公共灾害），但政府主导这一特点并未改变。我国的应急管理同样是在政府主导下为应对突发灾害事件而开展的救灾活动。

我国学者对现代应急管理有如下定义：现代应急管理（modern emergency

management，MEM）是为了降低突发灾难性事件的危害，基于对造成突发事件的原因、突发事件发生和发展过程及所产生的负面影响的科学分析，有效集成社会各方面的资源，运用现代技术手段和现代管理方法，对突发事件进行有效的监测应对、控制和处理。

应急管理目前主要是针对威胁公共安全的突发事件而进行的，这与政府主导救灾的性质不无关系。然而，在国际上（尤其是欧美国家），应急管理的发展趋势是在政府主导下，全社会参与的防灾救灾活动。

关于突发事件，《中华人民共和国突发事件应对法》中明确指出，其是指突然发生，造成或者可能造成严重社会危害，需要采取应急处置措施予以应对的自然灾害、事故灾难、公共卫生事件和社会安全事件。

2003 年，在抗击“非典”取得决定性胜利之后，我国全面加强应急管理体系建设的工作也随之起步，其核心内容被简要概括为“一案三制”，“一案三制”为我国的应急管理提供了法律和政策依据。

“一案”是指制订修订应急预案；“三制”是指建立健全应急的体制、机制和法制。

应急预案是应急管理的重要基础，是中国应急管理体系建设的首要任务。

应急管理体制是指由国家建立统一领导、综合协调、分类管理、分级负责、属地管理为主的应急管理体制。

应急管理机制是指突发事件全过程中各种制度化、程序化的应急管理方法与措施。

应急管理法制是指在深入总结群众实践经验的基础上，制订各级各类应急预案，形成应急管理体制机制，并且最终上升为一系列的法律、法规和规章，使突发事件应对工作基本上做到有章可循、有法可依。

2003 年 7 月 28 日，在抗击“非典”取得胜利的表彰大会上，党中央、国务院第一次明确提出，政府管理除了常态以外，更要重视非常态管理。这是政府第一次把非常态管理提上日程，国家提出加快突发公共事件应急机制建设的重大课题。

2003 年下半年开始，政府开始编制突发公共事件的应急预案。2005 年 1 月，通过了《国家突发公共事件总体应急预案》。

2006 年，制订了《“十一五”期间国家突发公共事件应急体系建设规划》。

2007 年 8 月，《“十一五”期间国家突发公共事件应急体系建设规划》正式开始实施。

4.2.2　应急管理的目标

应急管理的目标是指政府及其他公共机构在突发公共事件的事前预防、事发应对、事中处置和善后管理过程中，通过建立必要的应急机制，采取一系列必要措施，保障公众生命、财产安全，促进社会和谐健康发展的有关活动。

应急管理对象可分为以下几种类型。

（1）自然灾害：洪涝、干旱、台风、冰雹、沙尘暴等气象灾害，地震、山体滑坡、泥石流等地质灾害，海啸、赤潮等海洋灾害，农作物病虫等生物灾害，森林草原火灾等。

（2）事故灾难：工矿商贸企业等各类安全事故，铁路、民航、公路、水运等交通运输事故，城市水、电、气、热等公共设施和设备事故，核辐射事故、环境污染和生态破坏事件等。

（3）公共卫生事件：传染病疫情，群体性不明原因疾病，食品安全和职业危害，动物疫情，以及其他严重影响公众健康和生命安全的事件。

（4）社会安全事件：群体性事件，重大刑事案件，恐怖袭击事件，经济安全事件，民族宗教事件，涉外突发事件等。

4.2.3　应急管理的过程

应急管理是突发公共事件的全过程管理，根据突发公共事件的预警、发生、缓解和善后四个发展阶段，应急管理可分为预测预警、识别控制、紧急处置和善后管理四个过程。

应急管理又是一个动态管理过程，是政府的核心职能之一。它涵盖四类活动：一是预防，减少突发事件的发生；二是处置，应对突发事件；三是控制，减轻突发事件的社会危害；四是清理、消除突发事件的影响。归纳起来，应急管理就是围绕突发事件而展开的预防、响应、处置、恢复的活动。均体现在管理突发公共事件的各个阶段。

从内涵来看，应急管理侧重于响应和恢复两个层面。响应指拯救生命，减少财产损失；恢复指通过一系列决策和措施进行灾后重建或使灾区恢复到正常运行的状态。可以用四个“R”来表示应急管理的四个阶段（图 4.1），被称为应急管理“4R”模型。

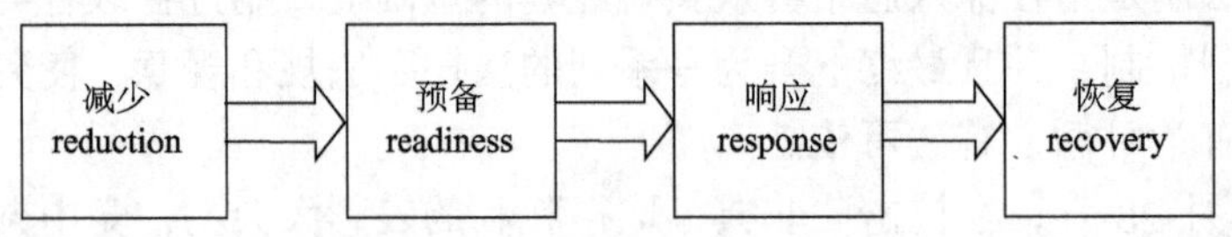

图 4.1　应急管理的四个阶段

在减少阶段，需要及时汇总分析可能发生的突发事件隐患和预警信息，必要时组织相关部门、专业技术人员及专家学者进行会商，对发生突发事件的可能性及其可能造成的影响进行评估，并向相关机构通报。在事件发生前和发生后，定期向社会发布与公众有关的突发事件信息和分析评估结果，并对相关信息的报道工作进行管理，及时按照有关规定向社会发布可能受到突发事件危害的警告，宣传避免、减轻危害的常识。

在预备阶段，国家应该建立一套高效的突发事件信息系统。各级地方政府建立一个统一的突发事件信息系统，汇集、储存、分析、传输有关突发事件的信息，并与相关的信息系统实现互联互通，加强跨部门、跨地区的信息交流与合作。

响应是应急管理中最核心的阶段，又可以将其细分为以下四个阶段：信息获知、有效反应、重点应对、快速恢复。信息获知是应急响应的第一步，主要的途径包括：根据监测系统捕获的预警信号发生本质性变化的信息而得知；相关人士采用电话、网络、短信、面对面等方式报警；事件演化出其他事件，应对主体根据事件之间的逻辑关系推断而得知。在信息获知完成后，往往会由于重要信息缺失甚至是错误等原因，出现应急响应不当、盲目的现象，为此需要从以下几个方面来尽可能地进行有效反应：对所获知的事件发生信息进行分析处理，并从多个渠道验证消息的确实程度；将事件相关信息传达给恰当的人员；随时准备接收更多的相关信息，并形成决策辅助建议；能够清楚处置该事件所需的资源，以及资源的可获取性；在尽可能小的成本投入下，基本完成应急处置的各种准备。之后，便是重点应对，即进行现场处置与相应的救援，尤其是针对重点受灾区域和人群实施重点应对。

最后一个阶段是恢复，指在应急管理过程中的恢复，它能够帮助受灾人群保持基本的生活和工作秩序，并为下一步的全面恢复提供一个良好的基础。图 4.2 显示了应急响应的四个主要过程。

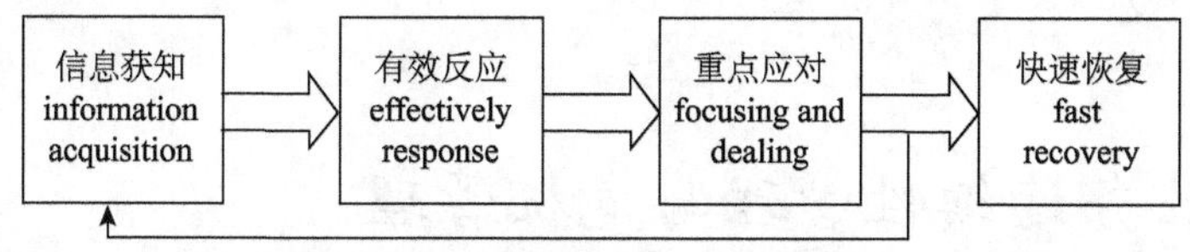

图 4.2　应急响应的四个主要过程

在恢复阶段，首先应当停止执行应急状态下的一些措施，同时采取必要措施防止发生次生灾害。然后对灾害造成的损失进行评估，制订恢复重建计划，进行具体的救助、补偿、抚慰、抚恤、安置等善后工作，及时组织和协调公安、交通、铁路、民航、邮电、建设等有关部门恢复社会治安，尽快修复被损坏的公共设施。需要时，可以向上一级政府提出恢复重建的资金和资源支持的请求，或制定扶持该地区有关行业发展的优惠政策。

因此，应急管理的关注重点是对任何可能给组织带来生命和财产损失的突发事件本身包括内部和外部进行响应和处置，即使这些事件暂时不会使业务受到严重影响，例如，发生人员伤亡事件时，即使业务未中断，也必须进行响应。

4.2.4　业务连续性管理与应急管理的关系

业务连续性管理与应急管理存在着一些不同点。业务连续性管理是根据业务中断的时间是否或超过 RTO 来判断是否构成灾难事件，来决定是否需要启动业务连续性计划。而应急管理则是根据事件是否会对生命和财产造成损失来决定如何响应。

在业务连续性管理的 6R 模型中，重点在于响应、恢复和重续运行。在响应阶段，除了需要应急救援外，更重要的则是对损失进行评估，从而判断是否达到灾难的条件，以决定是否需要启动业务连续性计划。如果不符合灾难的条件，则仅需进行应急响应。

应急管理中的四个阶段（4R）和业务连续性管理的六个阶段（6R）具有一定的对应关系，但应急管理中没有业务连续性管理中的业务恢复内容。应急管理的重点是对事件本身的响应和处置。

一般情况下，如果常规性突发事件得不到及时的应急响应，事件可能转化升级为灾难，从而影响业务甚至引发业务中断。总的来说，在实践中二者是相互补充的，对于业务连续性管理，如果没有有效的应急响应，对灾难事件处置不尽如人意，要做到业务及时恢复基本是不可能的；反之，仅对事件本身处置，而不能实现业务持续，则很有可能达不到应急管理的目标。

在美国，强调全社会参与的具体表现就是要求所有的组织机构（包括公营和私营）建立完善的业务连续性管理机制，提高自身的抗灾能力，并配合政府的救援行动。这就必然要求业务连续性管理与应急管理在方法上相互结合、在实践中相互配合。这也正是美国新修改的 NFPA1600 国家标准把应急管理与业务连续性管理统一为一个标准的原因。

业务连续性管理和应急管理在我国的发展都处于起步阶段，借鉴国际先进经验，少走弯路，使业务连续性管理与应急管理尽早在实践中得到融合，这对我国的应急管理工作具有重要的意义。

4.3　业务连续性管理与危机管理

4.3.1　什么是危机管理

危机是对一个社会系统的基本价值和行为准则架构构成严重威胁，并且在时间压力和不确定性极高的情况下必须对其做出关键决策的事件。危机事件一般具有突发性和紧急性、高度不确定性、影响的社会性和决策的非程序化的特征。

危机管理是企业为应对各种危机情境所进行的规划决策、动态调整、化解处理及员工培训等活动过程，其目的在于消除或降低危机所带来的威胁和损失。危机管理是专门的管理科学，它是为了应对突发的危机事件，抗拒突发的灾难事变，尽量使损害降至最低点而事先建立的防范、处理体系和对应的措施。危机事件按照其类型划分，可分为如下几种。

（1）按影响程度划分：①一般危机；②重大危机。

一般危机，如组织个别员工服务态度或售后服务不佳而与消费者产生的纠纷，组织个别员工违反岗位职责或其他过失而导致的一般事故或造成的不良影响，组织个别员工因工资待遇而与领导发生纠纷或产生员工之间的纠纷等。一般危机不会对组织的生存和发展产生影响，通常依靠正常的管理制度就可以得到解决。但如果一般危机处理不当，也会发展成重大危机。

重大危机列举如下：自然灾害，如地震、洪水、冰雹、火灾、台风等；环境污染，如废水、废气、核电站泄漏等；商业危机，如竞争对手突然冲击市场、金融危机、产品信誉危机等；交通能源事故，如飞机失事、火车脱轨或相撞、轮船沉没、能源供应中断等；生产失误，如重大工伤事故、质量事故、厂房倒塌、有关人员贪污渎职、决策失误、资金周转困难等；人为灾害，如重大失窃案、凶杀事件、他人对组织陷害或破坏等；劳资纠纷，如罢工停产、游行示威、静坐。

（2）按可预见性划分：①可知性的、可预知的；②突发性的、不可预知的。

（3）按危机事件引起因素划分：①由外部因素引起的危机；②由内部因素引起的危机。

（4）从危机影响主体划分：①政府危机，如政府官员信誉危机、政府机构危机、政府公共危机；②企业危机，如品牌危机、事件危机、诚信危机、质量危机、安全危机、财务危机、人事危机、广告危机、客服危机；③个人危机。

危机事件有四大特点：①意外性。危机事件爆发的具体时间、实际规模、具体态势和影响深度是始料未及的。②聚焦性。进入信息时代后，危机的信息传播比危机本身发展要快得多。媒体对危机来说，就像大火借了东风一样。③破坏性。由于危机常具有“出其不意，攻其不备”的特点，不论什么性质和规模的危机，都必然不同程度地给企业造成破坏，造成混乱和恐慌，而且决策的时间及信息有限往往会导致决策失误，从而带来无可估量的损失。④紧迫性。对企业来说，危机事件一旦爆发，其破坏性的能量就会被迅速释放，并呈快速蔓延之势，如果不能及时控制，危机会急剧恶化，使企业遭受更大损失。

危机管理是指组织或个人通过危机监测、危机预控、危机决策和危机处理，达到避免、减少危机产生的危害，甚至将危机转化为机会的目的。

不同学者对危机管理有不同的表述，但都具有两个共同点：一是危机管理是一个时间序列，包括危机爆发前及爆发后的管理；二是危机管理的目的是减少乃至消除危机可能带来的危害。

简单而言，危机管理是针对危机事件的管理。对于危机管理与应急管理的混淆首先便体现在危机与突发事件的关系中。危机事件是包含在突发事件之内的。危机是突发事件按照事件的严重程度分类中那些极端的、特别重大的突发事件。图 4.3 显示了突发事件与危机的关系。

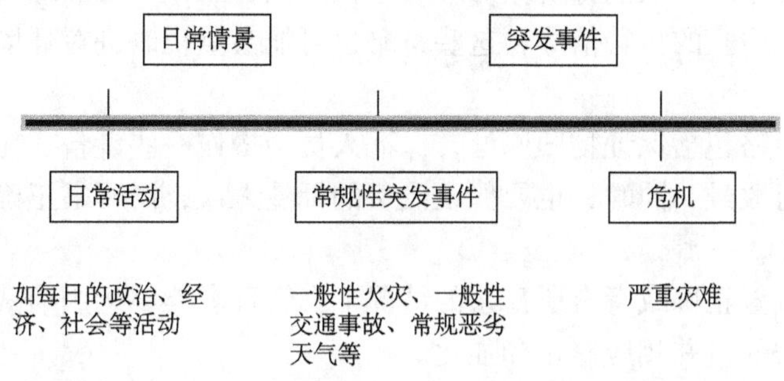

图 4.3　突发事件与危机关系图

4.3.2　危机管理的目标

危机管理是为应对各种危机情境所进行的规划决策、动态调整、化解处理及培训等活动过程，其目的在于消除或降低危机所带来的威胁和损失。通常可将危机管理分为两部分：危机爆发前的预计、预防管理和危机爆发后的应急善后管理。

危机管理是专门的管理科学，它是为了应对突发的危机事件，抗拒突发的灾难事变，尽量使损害降至低点而事先建立的预防、处理体系和对应的措施。

企业危机管理是指当企业面临与社会大众或顾客有密切关系且后果严重的重大事故的时候，为了应付危机的出现，在企业内预先建立防范和处理这些重大事故的体制及措施。

政府危机管理则是政府以突发性危机事件为目标指向，对突发性危机事件及其关联事物的管理活动，目的是通过提高政府危机发生前的预见能力、危机发生时的反应能力与控制能力、危机发生后的救治能力，及时、有效处理危机，恢复社会正常秩序。

4.3.3 危机管理的过程

美国危机管理专家罗伯特·希斯（Robert Heath）在《危机管理》一书中提出了危机管理 4R 模式，即由减少（reduction）、预备（readiness）、响应（response）、恢复（recovery）四个阶段组成。需要主动将危机工作任务按照 4R 模式划分为四类——减少危机情境的攻击力和影响力，做好处理危机情况的准备，尽力应对已经发生的危机及从中恢复。

虽然危机管理与应急管理的四个阶段名称一致，但涉及每个阶段的具体内容却是有差异的。

1. 减少阶段

危机减少是危机管理的核心内容，对于任何有效的危机管理而言，危机缩减管理是其核心内容。因为降低风险，避免浪费时间，摊薄不善的资源管理，可以大大缩减危机的发生及冲击力。缩减危机管理策略主要从环境、结构、系统和人员几个方面去着手。

1）环境

准备就绪状态意味着人们都要做好应对危机的预备工作，因而缩减危机策略能够建立和保证与环境相适宜的报警信号，这些策略也可能会重视改进对环境的管理。

2）结构

缩减危机的策略包括保证物归原处，保证人员会操作一些设备。在某些时候，还要根据环境需要进行改进。同时，也要保证设备的标签无误，说明书正确、易读、易懂。

3）系统

在保证系统位置正确或者有所富余的情况下，管理者能够运用缩减危机策略确定哪些防险系统可能失效，并相应修正和强化。

4）人员

当反应和恢复的人员能力强，能够有效控制局面的时候，人员就成为降低风险发生概率和缩减其冲击的一个关键因素。这些能力是通过有效的培训和演习得到的。这些培训提高人的预见性，让人们熟悉各种危机情况，提高他们有效解决问题的技能。缩减策略还包括建设性地听取汇报，这些汇报是决定如何改进反应和恢复措施，甚至试图找到消除或者降低危机之道，这是一种集思广益的决策方式。

2. 预备阶段

预备阶段主要是进行危机的防范工作。可组建由各方面的专家构成的危机管理团队，制订危机管理计划和进行日常的危机管理。同时，为了能清楚地了解危机爆发前的征兆，还需要有一套完整而有效的危机预警系统。通过培训和演习，每个员工掌握一定的危机处理方法，具备从容应对危机的能力。

预警系统的功能有：危机始发时能更快反应（不良变化被注意到并传递出去）；

保护人和财产（通过发布撤离信号和开通收容系统）；激活积极反应系统（如抑制系统）。

完善的危机预警系统可以很直观地评估和模拟出事故可能造成的灾难，以警示相关者做出快速和必要的反应。

3. 响应阶段

响应阶段主要是进行危机的应对工作。即如何能够获得更多的时间以应对危机，如何能够更多地获得全面真实的信息以便了解危机波及的程度，如何在危机来临之后以最小的损失应对危机。

应对危机时的管理策略一般可以分为四个步骤：确认危机、隔离危机、处理危机、总结危机。在处理危机时，合理地运用沟通管理、媒体管理、企业形象管理等方法可以收到事半功倍的效果。

4. 恢复阶段

危机一旦被控制，迅速挽回危机所造成的损失就上升为危机管理的首要工作了，在进行恢复工作前，先要对危机产生的影响和后果进行分析，然后制订出针对性的恢复计划，尽快摆脱危机的阴影，恢复以往的运营状态。同时，要抓住危机带来的机遇，进行必要的探索，找到能够反弹得比危机前更好的方法。

有效的危机管理是对 4R 模式所有方面的整合，其中，缩减管理贯穿于整个危机管理的过程。在预备模块中，运用缩减管理的风险评估法可以确定哪些预警系统可能会失效，就可以及时地予以修正或加强。在响应模块中，缩减管理可以帮助管理者识别危机的根源，找到有利于应对危机的方法。在恢复模块中，缩减管理可以对恢复计划在执行时可能产生的风险进行评估，从而使恢复工作产生更大的反弹效果。

4.3.4　业务连续性管理与危机管理的关系

危机管理对事件进行管理的过程可用美国学者罗伯特·希斯提出的 4R 模型来表达：减少（reduction）、预备（readiness）、响应（response）、恢复（recovery）。而业务连续性管理方法所强调的正是事件的全过程管理（包括事前、事中及事后），因此，其方法自然要借鉴许多危机管理的思想。事实上，业务连续性管理方法论中所提出的业务恢复生命周期 6R 模型正是在危机管理 4R 模型的基础上发展而来的。

危机管理在实践中应用较普遍的就是危机公关，而业务连续性管理十大国际最佳惯例中的一个重要部分就是危机沟通，其中更是充分地结合了危机公关的方法和技巧。

4.4　四种管理理论比较

尽管四种管理理论都是与灾难应对相关的理论，其最终目标都是减少甚至避免灾难的发生或减少灾难带来的不利影响，但各自的侧重点不同。

风险管理与业务连续性管理强调防患于未然，但风险管理旨在避免风险的发生，或将风险发生的损失降到最低；而业务连续性管理的目标是确保业务不中断，或在允许的时间内恢复业务的运行。显然这一目标离不开风险管理，因此，业务连续性管理在一定程度上是风险管理的延伸或风险管理在实践中的应用。

与风险管理和业务连续性管理防患于未然有所不同，应急管理与危机管理的目标则是强调突发事件响应的快速性和有效性。

从时间限度而言，应急管理针对事件响应时间，强调救援的速度。这取决于灾害本身的严重程度和实施主体的应急准备与救援能力两大层面,因此无法量化或统一化时间,一般要求越快越好。

但业务连续性管理在应对突发事件时，除了确保人身和资产安全外，还要求关键业务的中断时间不能超过组织所能承受的时间限度，以保障业务可持续。

表 4.1 显示了几种管理理论的对比。

表 4.1　几种管理理论对比

项目	风险管理	应急管理	危机管理	业务连续性管理
对象	风险	突发事件；风险转化为突发事件	危机，危机是最受重视的一类突发事件	所有可能导致业务中断的因素
主体	所有组织	以政府为主，越来越强调政府与其他组织建立伙伴关系，共同应对灾害	所有组织，政府也包括在其中，但企业是最为普遍的一类组织	所有组织
内容	常态管理	非常态管理	非常态管理	常态管理
目标	避免风险的发生或使损失降到最低	尽可能降低突发事件带来的损失和影响，对已造成的损失无法弥补	提高企业成员的风险意识、危机管理意识和企业素质，尽量降低可能出现的风险	确保业务可持续，避免造成损失，防患于未然
理论方法	reduction（减少）	reduction（减少） readiness（预备） response（响应） recovery（恢复）	reduction（减少） readiness（预备） response（响应） recovery（恢复）	reduce（减少） respond（响应） recover（恢复） resume（重启） restore（重建） return（返回）
关注重点	风险的分析、预防和控制； 偏重有形资产、忽视无形资产	突发事件的应对和处置	危机事件中的应对和处置； 考虑对企业品牌的影响力	灾难中企业的生存； 确保在可接受时间内恢复关键业务； 以业务为导向，是组织的整体行为
时间限定	—	应急响应时间越快越好	—	RTO

从表 4.1 可以看出，四种管理理论之间关系密切，在许多方面如主体、目标等有很大的重叠性，在今后的发展中，四者之间的差异会越来越模糊，应该“求同存异”，既要吸收应急管理、危机管理和风险管理的优点，同时也要坚持业务连续性管理所独有的内容。

第5章 业务连续性管理与信息系统灾难恢复

和国际上业务连续性发展过程基本一致，我国的业务连续性管理的发展也是从信息系统的容灾备份建设开始的。尽管我国已经出台了一些业务连续性管理相关的标准和行业规范。但仍有许多人对二者的概念有所混淆，认为信息灾难恢复就是业务连续性管理，甚至认为企业建设了灾备系统，就等同于实施了业务连续性管理。

本章将简单介绍信息系统灾难恢复相关知识，以说明信息系统灾难恢复与业务连续性管理的区别。

5.1 什么是灾难恢复

灾难恢复侧重于发生诸如自然灾害、恐怖袭击、设施损坏、人为失误等引起的灾难性事件造成业务中断后，如何进行业务恢复和业务重建，主要用于数据和信息系统的保护。

在 GB/T 20988—2007 中，灾难恢复被定义为：为了将信息系统从灾难造成的故障或瘫痪状态恢复到可正常运行状态，并将其支持的业务功能从灾难造成的不正常状态恢复到可接受状态而设计的活动和流程。由此可见，灾难恢复是业务连续性管理的技术层面。

5.2 灾难恢复的目标

企业建立灾难恢复系统的目的是保证在信息服务中断后，可以通过调动资源，在异地重建信息技术服务平台（包括基础架构、通信、系统、应用及数据），保证信息系统所支持的关键业务功能能够在灾难发生后及时恢复和持续运行。

信息系统的灾难恢复工作包括一系列的工作，包括灾难发生前的信息系统灾难恢复规划、灾难恢复系统实施、灾备系统日常运营维护、灾难发生后的应急响应、灾备中心信息系统恢复、业务系统持续运行，还包括生产系统重建和回退等流程，灾难恢复也包括本地的恢复与重建。

衡量灾难恢复是否成功，除了灾难恢复系统能否支持预期的关键业务功能，保证业务可以重新运行以外，还要看两个重要的时间指标——RTO 和恢复时间点目标（RPO）是否符合预期要求。其中，RTO 是指灾难发生后，信息系统或业务功能从停顿到必须恢复的时间要求；RPO 是指数据必须恢复到的时间点要求。

5.3 灾难恢复七要素

灾难恢复实施是否成功，灾难发生时能否真正恢复信息系统，保证业务持续运行，需要考虑一些关键要素，见表 5.1。

表 5.1 灾难恢复七要素

序号	要素	注释
1	数据备份系统	数据备份系统一般是指配置一套完整的备份系统，由数据备份软件、硬件和备份介质组成
2	备用数据处理系统	备用数据处理系统包括灾备中心配置的一系列服务器等
3	备用网络系统	备用网络系统指当灾难发生时，确保业务持续运行的网络系统
4	备用基础设施	备用基础设施是指保证业务连续性的关键资源，包括场地、空调、UPS、柴油发电机等
5	专业技术支持能力	专业技术支持能力指各种技术资源，包括技术人员及相关文档等。灾难恢复系统建成后，需要经过灾难恢复演练，以确保相关文档的正确性和有效性，并检验相关人员的专业技术支持能力
6	运营维护管理能力	运营维护管理能力是指一套完整的运维管理体系。日常运营管理的好坏对灾难恢复成功与否有着重要的影响
7	灾难恢复预案	灾难恢复预案是指灾难发生时，确保关键业务系统能够持续运行所需要的任务、行动、数据和资源的文件。灾难恢复测试和演练都将以灾难恢复原为基础进行

注：UPS——uninterruptible power system，不间断电源

这七个要素所能达到的程度决定了灾难恢复所能达到的等级。

5.4 灾难恢复等级

作为业务系统的支撑系统，为了便于统一管理，信息系统的灾难恢复能力等级被划分为以下六个等级。

第 1 级：基本支持。

第 2 级：备用场地支持。

第 3 级：电子传输和部分设备支持。

第 4 级：电子传输和完整设备支持。

第 5 级：实时数据传输及完整设备支持。

第 6 级：数据零丢失和远程集群支持。

灾难恢复等级与七个要素之间的对应关系参见 GB/T 20988—2007 附录 A。

不同级别的灾难恢复能力与 RTO/RPO 之间的基本对应关系如表 5.2 所示。

表 5.2　RTO/RPO 与灾难恢复能力等级的关系

灾难恢复能力等级	RTO	RPO
1	2 天以上	1 天至 7 天
2	24 小时以上	1 天至 7 天
3	12 小时以上	数小时至 1 天
4	数小时至 2 天	数小时至 1 天
5	数分钟至 2 天	0～30 分钟
6	数分钟	0

5.5　业务连续性管理与信息系统灾难恢复的关系

如前文所述，业务连续性管理是一个整体性的管理流程，通过这一流程可以识别那些威胁组织机构的潜在冲击；提供一个指导性框架来建立组织机构为有效应对冲击而必备的恢复能力；保护利益相关者的财产及组织机构的信誉并使其生产活动能够持续进行。而灾难恢复是指企业信息系统遭受灾难后为恢复其正常运转而做的一系列工作。

由此可以看出，业务连续性管理涵盖了灾难恢复。灾难恢复是业务连续性管理的组成部分。

在我国，首先开始灾备系统建设的是银行、证券、保险、电力、铁路、民航、国税和海关等关乎民生的重要行业。

其中，银行业被誉为中国业务连续性管理应用的行业“领头羊”。银行业的稳健高效运行是国民经济的重要支撑，银行业健康与否直接关系到整个社会机体能否正常运转。一旦任何事件的发生使得银行的业务中断，将会给银行的整体运营造成巨大影响。

20 世纪 90 年代末期数据大集中后，银行业积极推进灾难恢复、应急管理和 IT 服务持续性管理工作。按照“统筹规划、资源共享、平战结合”的原则，大型和股份制银行积极推进“两地三中心”的建设，建立了同城和异地灾备中心，应对建筑类故障和区域性灾难（如地震、洪灾、战争等）。大多数商业银行基本建立了核心业务的灾难恢复系统，保障核心业务数据的安全和灾难发生时核心业务的恢复。

但整体来看，我国银行业对业务连续性管理的重要性和价值认识不足，尚未形成有效的业务连续性管理体系。部分银行对业务连续性管理缺乏必要的理解，认为“投入大、收益小”。银行改善业务连续性管理的动力大多来自国家或监管政策的压力，主观意愿不足，甚至将业务连续性管理等同于信息系统的灾难恢复。业务连续性计划仅作为事件处理的应急预案，未建立起业务连续性管理体系。业务连续性管理依然游离在企业的日常经营管理活动之外。

银监会在充分借鉴新加坡金融管理局发布的新加坡标准《SS 507》和英国 BSI 标准《PAS 56》及一些国际先进银行的业务连续性管理基础上，结合我国国情和商业银行实际情况，编写并正式发布了《商业银行业务连续性监管指引》，对商业银行的业务连续性管理体系建设提出了指导意见。

指引明确规定商业银行应当将业务连续性管理纳入全面风险管理体系，建立与本机构战略目标相适应的业务连续性管理体系。只有构建真正有效的应对危机事件的业务连续性管理体系，使管理科学化、手段现代化，才能保证业务的连续运行，实现可持续发展。

第 6 章　业务连续性管理项目案例

业务连续性管理在我国已经推广到了很多行业领域。特别是对信息系统高度依赖的金融行业，对信息系统灾备建设要求相对更高；而对于制造业、医疗卫生、物流、航空等行业而言，业务连续性管理体系建设关注点则略有不同。

组织建立了业务连续性管理体系后，要经常组织各种形式的演练，以保证突发事件发生的时候，能够有条不紊地应对，保证在约定的时间内恢复运营秩序，将突发事件对组织造成的冲击降到最低。

本章将分享一些业务连续性管理实施和灾难应对案例，并对业务连续性管理项目中普遍存在的经验教训作梳理，供参考。

6.1　业务连续性管理项目实施案例

6.1.1　国家电网公司业务连续性建设历程及未来规划

1. 灾备建设背景

国家电网公司党组高度重视信息系统灾备建设工作，2009 年公司第 44 次党组会审议通过《集中式信息系统灾备中心建设方案》，同年 6 月 19 日下达《关于统一建设公司集中式信息系统灾备中心的通知》（615 号文），决定统一建设集中式信息系统灾备中心。通过建设信息系统灾备应急体系，提高公司信息系统抵御重大灾难和事故的能力，减少重大灾难和事故发生造成的不可估量的损失，确保国家电网公司重要信息系统的数据安全和业务系统运行的持续性，避免引起社会重要服务功能的严重中断。

2. 灾备建设的必要性

1）建立灾备系统是提升信息安全管理的手段

国家电网公司已建立了信息系统安全管理体系，但信息系统在自然灾害面前缺乏有效的应对手段，无法避免灾难带来的损失。建立灾备系统可以使信息系统在灾难发生时快速恢复，保障业务持续运行，最大限度地减小损失，是对现有信息系统安全保护的延伸；建设灾备系统是有效保障信息安全的重要基础，是提升信息管理系统应对各种突发事件的手段，可提高信息系统随时应对各种变化的能力。灾难恢复是信息安全综合保障的最后一道防线，是整个信息安全应急工作的一个重要环节。

2）建立灾备系统是业务持续运行的需要

随着国家电网公司信息化“SG186 工程”的推进，公司的信息化建设保持着健康、稳定、快速的发展势头。公司的信息系统在企业生产、经营、管理等方面体现越来越深层次的影响力。灾备系统建设是保障业务可持续运行的一种行之有效的方法，可以应对可能发生的大规模自然灾害、灾难事件，保证信息系统稳定运行。国家电网公司业务系统涉及营销、生产、协同办公、ERP 等生产与管理方面的重要信息系统，灾备系统的建设不仅可以有效保护这些系统的重要数据，还可以在大规模灾难发生时将灾备系统快速切换到生产环境，接替生产运营，减少灾难带来的损失，保证业务可持续。

3）建立灾备系统是行业监管的需要

灾难事件对公司的不利影响会严重波及行业的发展和管理。灾难备份及业务连续性的建设不仅是对公司自身业务数据和信息系统的保护，也是满足行业监管要求的需要，更是对国家、客户和相关企业的一种信心及信用的保证。为有效防范信息系统风险，保护客户的合法权益，原国务院信息化工作办公室、银行、保险、证券等行业监管部门都对重要系统灾难备份与灾难恢复建设制定了相关规范，指导本行业信息系统的灾难备份和灾难恢复的建设工作。

4）建立灾备系统是公司应急响应体系的增强

电网的稳定运行是保证国家安全、人民利益、社会稳定和经济发展的前提。近年来，恶劣气候、极端灾害时有发生，对电网防灾救灾提出了很高的要求。在灾害发生情况下，一旦信息丢失、信道受阻等因素延误事故处置，将对电力安全可靠的供应造成影响，后果十分严重。灾备中心具备了在大规模灾难发生情况下，快速恢复数据和应用系统的能力，有助于在灾难发生情况下缩短响应时间、保障指挥通畅、第一时间开展供电抢修工作。

3. 灾备建设现状说明

随着公司智能电网、三集五大建设的推进，信息化在公司电力生产、经营管理中的作用日益凸显，成为公司的重要资产和保障业务正常运转的基础设施。

2011 年 5 月，国家电网公司三地信息系统集中式灾备中心全面建成，构建了覆盖总部、31 家省网、8 家直属金融、17 家直属产业共 50 多家单位，包括人财物集约化、营销、生产、协同办公、综合管理等十余大类业务系统的异地数据级灾备，涉及注册用户数近 200 万人，服务器共 5 万多台，存储容量 2000TB。灾备系统投运后，日新增数据记录超过 5000 万条，大幅度地提升了公司信息系统数据保护能力与信息安全保障水平。

2012 年 7 月 24 日，公司召开了 2012 年第 28 次党组会议，会议听取了信息通信部关于公司信息系统应用级灾备和集中式数据中心建设方案的汇报，通过了加快应用级灾备和集中式数据中心建设的决议。集中式数据中心建设将促进公司业务融合和集约管控，有效支撑“三集五大”“两中心”的建设，进一步提高企业信息化水平。

在数据级灾备建设基础上，加快推进应用级灾备与集中式数据中心建设，“十二五”末初步建成集中式数据中心，实现主要应用集中部署且完成灾备建设，强化信息安全，促进业务标准化，推动数据共享和业务融合，降低信息系统建设和运维费用。

以营销系统和生产管理系统为重点的应用级灾备建设分为试点和推广两个阶段进行。2012 年为试点阶段，2013 年为第一批推广阶段，2014 年为第二批推广阶段。

2012 年试点阶段已完成包括山西、福建、河南、宁夏四个试点省公司的应用级灾备实施，北京、上海、西安三地灾备中心对应试点单位的应用级灾备集成实施。2012 年 7 月完成电子商务平台应用级灾备建设。

2013 年第一批推广阶段完成包括天津、河北、江苏、浙江、安徽、湖北、湖南、江西、辽宁、黑龙江、甘肃、青海电力 12 家省级公司的应用级灾备实施，北京、上海、西安三地灾备中心对应第一批推广单位的应用级灾备集成实施。

2016 年 6 月完成第二批推广 11 家单位的营销系统和福建 PMS 2.0 应用级灾备试点实施工作。现已开展协同办公异地双活建设。

到目前为止，国家电网已经建成了全球规模最大、复杂程度最高的集中式信息灾备系统，积累了大量的技术成果、工程经验。

4. 公司“十三五”期间灾备建设规划

1）灾备建设演进路线

随着信息系统的快速发展，国家大力倡导国产化、信息安全的大背景下，未来灾备建设重点考虑对原有的灾备技术路线进一步调整。新上线业务系统的灾备级别、灾备方式进一步明确与优化。与此同时，解决北京、上海和西安三个数据中心的资源不能较好满足不断快速增长的业务发展需求的问题。

按照国家电网信息系统的灾备建设规划，未来灾备建设不仅需要考虑传统业务模式下的应用灾备建设，还要考虑新业务模式下的应用灾备建设。为适应上述两种模式下的灾备建设，下一步将对北京、上海和西安三个数据中心的架构进行调整，同时还要重新确定灾备等级和灾备模式，并对传统应用系统进行架构调整和部属实施，结合现有应用系统一体化平台，对国家电网云架构下的应用系统进行全面的灾备架构设计。

根据国家电网公司“十三五”信息化规划及信息系统灾备的建设策略，国家电网的灾备建设路线如图 6.1 所示。

国家电网的信息系统的灾备建设按照试点先行，逐步推广的原则，在“十三五”期间主要分为三个阶段完成。

第一阶段：完成已上线传统应用系统的灾备建设，并开展集中式云架构下的应用试点工作。

第二阶段：完成新增加上线系统的灾备建设，并推广集中式云架构下的应用的推广和分布式云架构的研究与试点工作。

第三阶段：完成分布式云架构下应用的推广工作，逐步实现集中式云架构和分布式云架构下应用系统的灾备建设，并完善国家电网信息系统的业务连续性建设工作。

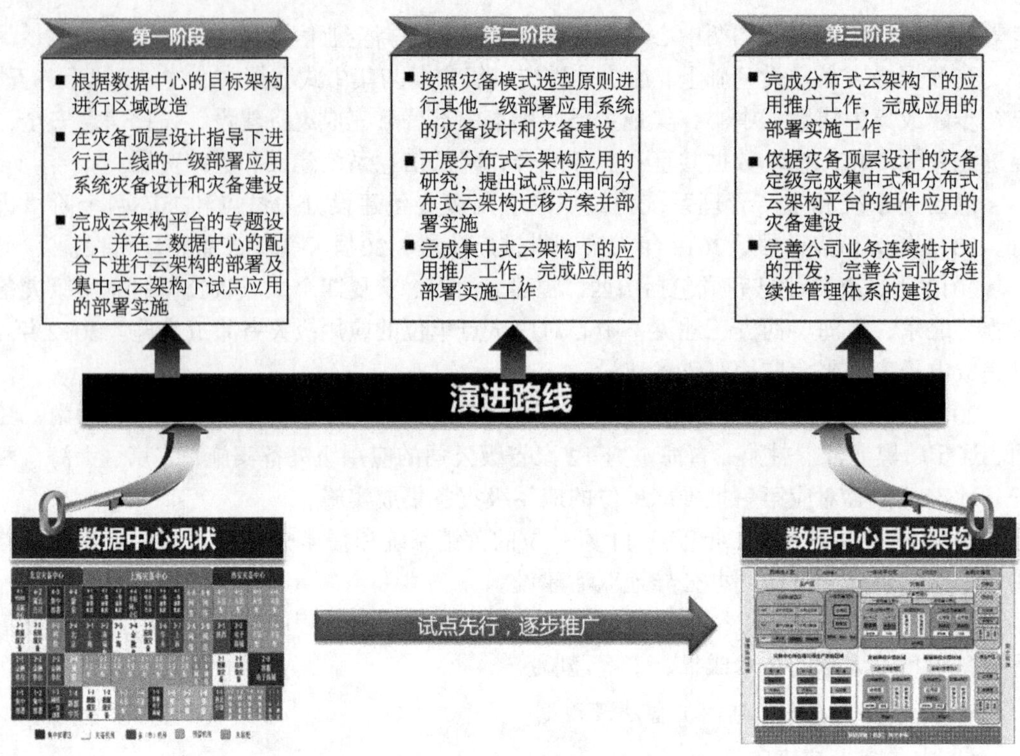

图 6.1　演进路线图

2）灾备建设进度安排

根据对灾备建设的阶段及工作内容的划分，结合国家电网公司“十三五”信息化规划及目前各项工作的进度，整个灾备建设过程的时间进度安排如图 6.2 所示。

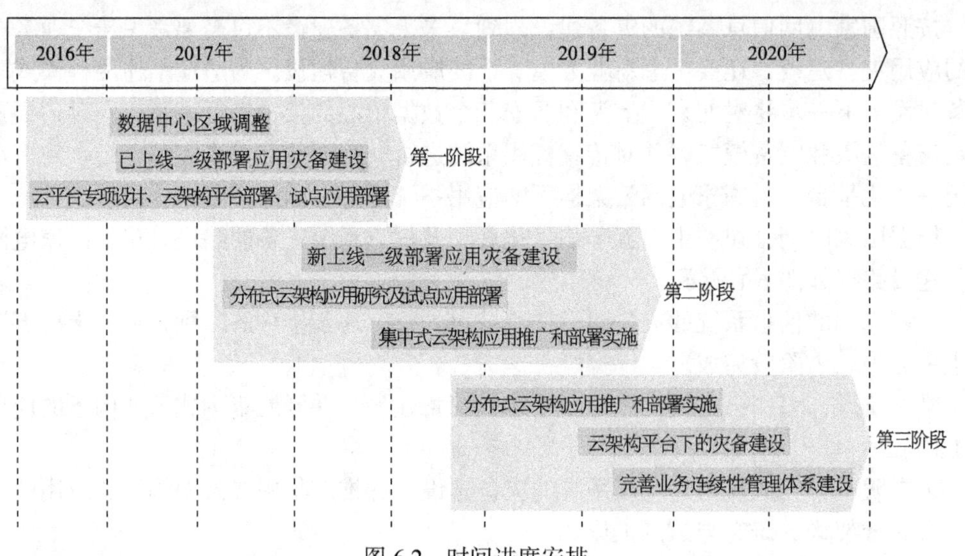

图 6.2　时间进度安排

2016 年至 2020 年国家电网信息系统的灾备建设规划分为三个阶段，考虑到各阶段的工作内容需相互依赖和衔接才能够完成，各阶段时间进度会有重叠部分。具体如下：第一阶段从 2016 年 6 月到 2018 年 6 月；第二阶段从 2017 年 6 月到 2019 年 12 月；第三阶段从 2018 年底到 2020 年底。

通过上述三个阶段的实施工作，国家电网的一级与二级部署应用系统的灾备定级及灾备模式的选择将更加标准化和规范化。按照数据级灾备、应用级灾备、同城双活、异地双活及异地多活灾备模式等对不同灾备等级的应用系统进行建设，不仅可满足各级监管的要求，同时还可以提升国家电网抵御大规模灾难或不可预见的意外事件的能力，提高企业的服务水平，增强公司服务的社会认知度和满意度，为公司赢得良好而广泛的社会效益，提升市场竞争力。

通过对一体化平台、集中式云架构和分布式云架构的灾备建设，国家电网北京、上海、西安三个数据中心的功能从仅支持传统业务下的应用架构的灾备模式发展到既能支持传统业务下的应用架构的灾备模式，也可支持新业务应用架构的灾备模式，进一步满足“大云物移”新技术带来的新型业务应用形态的发展策略，为“十三五”信息化规划和国家新形势下的业务发展需求提供基础保障措施。

6.1.2　星展银行（中国）有限公司业务连续性管理实践

星展银行（中国）有限公司（以下简称星展中国）业务连续性管理的整体实践简介如下。

1. 公司治理、方针、战略和制度建设

星展中国注重业务连续性管理体系建设的完整性、合理性和有效性，并从公司治理着手，建立银行的业务连续性管理方针和战略。董事会审议并通过了业务连续性管理的战略（该战略包括业务连续性管理所基于的假设，见本节“12. 附件：业务连续性计划所依据的假设”）。首席执行官每年都向董事会报告业务连续性管理战略的执行情况。星展中国将业务连续性管理纳入全面风险管理体系，星展中国业务连续管理部每季度向银行操作风险委员会报告工作。

星展中国建立和维护了完善的业务连续性管理制度，它们涵盖了业务连续性管理生命周期中的所有重要活动。我们按照以下顺序遍举星展中国业务连续性管理有关的方针、标准和程序：总体方针、总体标准、业务连续性管理生命周期中的分析、设计、实施和验证（见本节“13. 附件：业务连续性管理部分规章制度”）。

星展中国业务连续管理部为星展中国所有业务连续性管理专员组织了每季度一次的业务连续性管理分享大会和业务连续性管理研讨会。前者重点在于现状和任务；后者的重点在于业务连续性管理知识和技能。

星展中国业务连续管理部每月向全体员工发送业务连续性管理小建议。

2. 组织架构和人员

1）常态模式组织架构

星展中国建立了常态和危机情况下的两套组织管理结构。在常态组织结构下，星展中国注重以点带面。工作总体要求由星展中国首席执行官领导的管理委员会（业务连续性管理委员会）给出。日常业务连续性管理工作由星展中国业务连续管理部牵头，业务条线负责全国各地业务连续性管理策略，各分行牵头由该分行内的各部门结合各自业务连续性管理策略制订业务连续性计划，做到既有专业性，又体现属地管辖原则。为了有效推行常态模式下的工作，我们建立了业务连续性管理专员队伍。业务条线和各分行都有业务连续性管理主管、经理和协调员，分工明确，每个季度都有培训。

常态模式组织架构如图 6.3 所示。

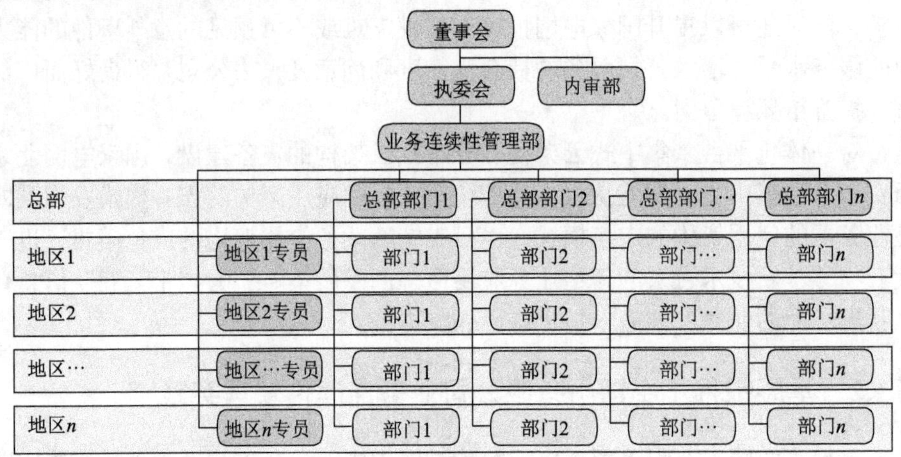

图 6.3　常态模式组织架构

2）危机模式组织架构

正如前文所述，星展中国建立了常态和危机情况下的两套组织管理结构。在危机情况下，设置不同级别的危机管理小组，分别是星展中国总部级危机管理小组（即图 6.4 中的“总部指挥部”）和分行级危机管理小组（即图中的“地区指挥部”）。特别地，当危机后果关乎星展中国的存亡之际，首席执行官会报告董事会并建议解决方案，由董事会最后决策。图 6.4 是我们基于经验提炼出的一般化的危机模式组织架构，它也适用于其他组织机构。根据星展中国的危机管理目标，危机管理小组下辖应急响应组（即图中的“应急管理组”）、舆论引导组、业务恢复组和其他任务组。其中，应急响应组在

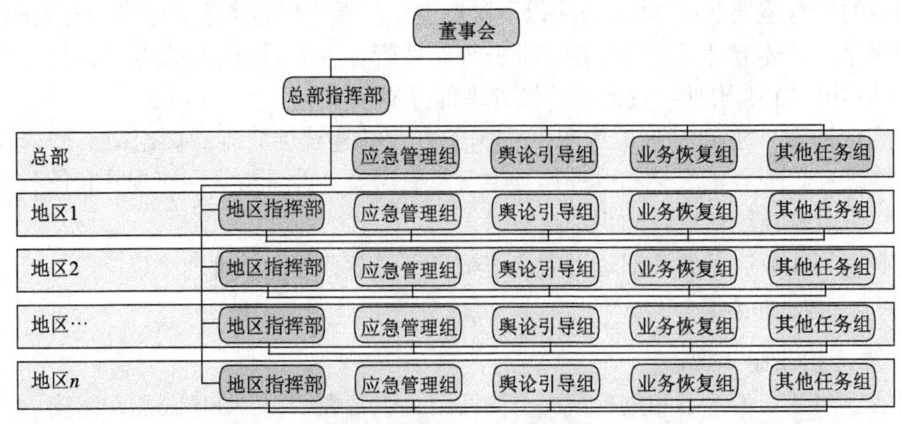

图 6.4　危机模式组织架构

启动预案之前，负责监测、预警、评估与报告；在启动预案之后，是危机管理小组（地区指挥部）的“眼睛”、“耳朵”和“喉舌”。根据突发事件的性质和影响，确定相应的危机管理小组进行指挥。一般情况下，突发事件发生后由当地危机管理小组进行紧急处置，减少损失和负面影响。如果事件处置超过当地危机管理小组的授权或能力，就必须及时上报，并由上级危机管理小组接过指挥权。但是在任何情况下，只有一个指挥中心发布指令，充分体现了高效应对、分级负责、属地管辖的原则。为了有效推行危机情况下的工作，我们建立了业务连续性管理专员队伍。业务条线和各分行都有业务连续性管理主管、经理和协调员，分工明确，每个季度都有培训。

3. 业务影响分析与恢复需求分析

为了将业务连续性管理的生命周期与星展中国的战略管理节奏同步，星展中国将业务连续性管理的生命周期起点安排在紧随公司公布业务战略之后。星展中国每年进行业务影响分析和业务恢复的资源需求分析。在进行业务影响分析时，将其分为三大类：战略性业务影响分析、战术性业务影响分析和操作性业务影响分析。

1）战略性业务影响分析

战略性业务影响分析由星展中国的高管层完成。每年第一季度，星展中国的业务连续管理部将星展中国的关键业务清单交给管理委员会中的业务部门和主要支援部门主管，请他们按照突发事件发生以后业务恢复时间的紧急度勾选核心业务。这些核心业务对应于监管定义的“重要业务”。并将其作为业务连续性管理的工作范围。对于这些核心产品和服务，星展中国严格遵照监管机构在《商业银行业务连续性监管指引》（以下简称监管指引）中对重要业务的恢复要求。

2）战术性业务影响分析

战术性业务影响分析由事业部（Line of Business，LOB）的领导部门完成。星展中国设立了三个 LOB，分别由机构银行业务部、个人银行业务部和财资市场部领导。它们由与业务相关的前台、中台（如风险控制部门）和后台（如运营部门）组成。这三个 LOB 负责制定战术性业务影响分析。星展中国在内部将其称作 LOB 总体要求，它们根据高管层勾选的核心业务，确定了从属于这些核心业务并且需要优先恢复的业务过程及其 RTO。

3）操作性业务影响分析

操作性业务影响分析由各个部门自己完成。星展中国业务连续管理部要求各个部门在进行业务影响分析时以 LOB 的总体要求为指引，并与 LOB 内部的组成部门充分沟通和协调。每个部门确定本部门需要优先恢复的业务活动。该业务影响分析既定性又定量。在顺序安排上，要求总部各个部门先期进行，其他分行参照跟进。并要求所有部门每年至少更新一次业务影响分析。

4）资源需求分析

在进行业务影响分析的同时，也进行业务连续性的资源需求分析，确定恢复业务所需的资源。在进行资源需求分析时，各个部门针对本部门的重要业务活动分析所需资源，并录入信息系统。这些资源的优先度自动与业务活动的优先度挂钩。

5）差异化管理

根据业务影响分析的结果，确定了全行业务恢复的四级优先顺序，并据此进行差异化管理。

6）全行业务影响分析的牵头部门

星展中国的全行业务影响分析的牵头部门是星展中国业务连续管理部。

4. 业务连续性风险分析

星展中国每年进行一次业务连续性风险分析。在进行业务连续性风险分析时，星展中国各城市按照统一的评分表，对可能造成业务中断的威胁事件进行风险评分。在评分过程中，既考虑威胁事件的发生概率，又考虑威胁事件可能造成的影响。中国总部根据各地评估结果加权汇总得出全国业务连续性风险分析结果，并以此作为确定业务连续性管理策略的依据，以及危机管理演练的选题依据。

5. 设计业务连续性管理解决方案

1）五大场景和对策

在充分进行业务影响分析的基础上，结合监管要求，星展中国董事会做出决议，要求全行在 4 小时内，恢复星展中国的核心产品和服务。制订业务连续性管理解决方案时，主要从预防和应对重要业务中断事件的后果入手，包括五类后果：工作场所损失、人员损失、系统损失、重要记录损失和供应商损失。从理论上讲，针对后果的业务连续性计划可以应对所有已知和未知的突发事件；而针对起因的计划，只能应对已知的起因（威胁），而无法应对未知的起因（威胁）。星展中国业务连续管理部针对上述五类后果，提出了相应的应对策略并发给各个部门作为制订解决方案时的参考。星展中国要求各部门按照业务影响分析的结果（包括前一阶段确认的四级业务优先恢复等级）确定 RTO 和 RPO，并规定了制定策略的条件和假设（参见本节“12. 附件：业务连续性计划所依据的假设”）。

在针对人员缺失的场景进行规划时，要求假设单个场所 100%人员缺失的情况。要求重要业务安排不同地点之间一对一的镜像替补，或者一对多的替补方案。

星展中国将信息安全事件导致的双中心数据错乱作为重要记录缺失的情况之一纳入了业务连续性规划。重要业务建立了相应计划。

2）资源规划

没有资源规划的恢复策略是一纸空文，特别是在部门级别制定业务恢复策略的时候。在资源规划的时候，我们要求资源恢复目标高于业务恢复目标（例如，信息系统的 RTO 应当快于业务的 RTO）。如果两者之间存在差距，我们要求业务部门：寻找业务替代手段；或者与资源拥有者协商要么调整业务恢复目标，要么调整资源恢复目标；或者接受该差距作为剩余风险。

为了防止资源规划方面的“一女多嫁”，星展中国业务连续管理部牵头联合技术部门和企业房产策略及管理部统一规划中国总部所在地上海的资源。在备用工作场所的安排方面，星展中国业务连续管理部汇总上海市内的银行内部（如支行）和银行外部（如数据中心）资源供给形成资源池；同时汇总信息系统内记录的为了恢复业务对资源的需求信息，生成资源需求总表。然后，星展中国业务连续管理部进行资源供给和需求的匹配规划，并完成各个备用工作场所的平面图工位标注。

除了备用工作场所的资源规划外，星展中国业务连续管理部还基于信息系统的数据，对“系统缺失场景”下应用软件的 RTO 和 RPO 与业务 RTO 和 RPO 进行差距分析，并将差距分析的结果通知相关部门，我们要求业务部门：寻找业务替代手段；或者技术部门协商，要么调整业务恢复目标，要么调整信息系统恢复目标；或者接受该差距作为剩余风险。

其他资源，如人员、重要记录和关键关联方的安排，由各个部门自主完成。

在上海总部进行资源规划的基础上，各地分行比照进行。

在星展中国总部的各个部门和各个分行进行资源规划时，如果有困难，星展中国业务连续管理部负责进行指导和协调。

6. 业务连续性计划的制订

1）业务连续性计划体系

在业务连续性管理解决方案确定后，星展中国根据银监会监管指引第三十四条和第三十五条的要求建立了五级应变计划体系，包括作为第一级的星展中国总体危机管理计划、作为第二级的 26 个专项响应计划（见本节“14. 附件：26 项专项危机管理计划清单中的一部分”），包括针对重要业务中断的总体应变计划（响应五个重要业务中断事件造成的下列后果：工作场所的缺失、人员的缺失、信息系统的缺失、关键业务记录的缺失和重要关联方的缺失）。在制订了针对地震、洪水和传染病的专项应变计划后，星展中国曾经按照监管指引第三十八条的要求与相应政府部门沟通，获取它们的改进意见。在第一、第二级计划和已经制定的业务连续性策略的基础上，形成第三级计划：星展中国总部各部门的业务连续性协调员根据业务连续性管理解决方案负责起草业务连续性计划，经理审核，部门主管签字批准。该计划包含所有重要业务及相关的业务过程和业务活动，以及针对上述五个场景的应对方案。第四级计划指分行（城市）级别的计划。各分行负责汇总分行内各部门的业务连续安排，生成分行级别业务连续计划。第五级计划指关键关联方的业务连续计划。星展中国每年更新业务连续性计划。对于某个部门而言，如有重大变化，必须在三个月内及时更新。

2）总体业务连续性计划

总体业务连续性计划的主体包括总则、组织体系、预案假设、运行机制和监督管理，由星展中国业务连续管理部制订。但是，其中的资源计划是在业务连续管理部的指导下，由分行到总部层层汇总形成的。

3）部门和分行业务连续性计划

星展中国总部各部门制订了业务连续计划，以及下辖部门在各个分行的业务连续策略。分行内的各个部门在总部对口部门的计划和策略安排的基础上制订自己的业务连续性计划，并由分行汇总。并要求所有部门每年至少更新一次业务连续性计划。

4）关键依赖方的业务连续性计划

星展中国的关键依赖方按照星展中国的要求每年制订或者更新其业务连续性计划。

5）其他相关方案

在现有员工紧急联络系统的基础上，所有部门用微信建立了紧急呼叫群组，并从2016年开始引入了应急逃生虚拟集合点的概念（为了防止在紧急疏散集合地点发生次生恐怖袭击，我们取消了在集合地点的实际人数清点，取而代之的是通过微信进行网络点名）。这些优化都通过演练进行了验证。

7. 业务连续计划的演练和报告

1）星展中国总部危机管理和业务连续性演练

星展中国业务连续管理部除了牵头并指导各个部门执行业务连续性管理活动之外，还被高管层授权制订总体危机管理计划，并牵头银行各有关部门制订专项应急预案。为了验证这些危机管理计划和应急预案的有效性，星展中国业务连续管理部负责组织一年一度的中国总部危机管理演练。参加人员为中国危机管理委员会成员；举办地点为中国总部指挥中心或者备用指挥中心；时长为 2 小时；内容包括应急响应、舆情引导和业务连续性管理；形式是基于场景的桌面角色扮演。

2）星展中国各个分行危机管理和业务连续性演练

星展中国的事件管理组织架构是总部指挥中心和地区（分行）指挥中心两层，这是与《中华人民共和国突发事件应对法》中规定的属地管理原则相对应的。一般情况下，危机由事件升级而来，所以地区指挥中心的应对能力直接关系到星展中国作为整体的危机管理能力。星展中国业务连续管理部每年组织危机管理培训和演练，使得分行危机管理小组具备与其职能相应的事件管理和危机管理能力。

3）星展中国总部和分行指挥中心联合演练

我们在演练中发现，星展中国总部指挥中心在指挥全国性的演练中很快超载。为此，我们依照两级危机管理委员会的设计，制定了两级指挥中心的组织架构和相应的工作指南，分工负责，高度协同，消除了总部指挥中心的瓶颈。星展中国业务连续管理部每年组织全国危机指挥中心之间的联合演练。

4）其他部门/小组级别的演练

在业务连续性管理中，演练是一个重要环节。通过演练对所有重要业务的业务连续性计划进行验证，同时，让相关人员熟悉计划的内容。星展中国要求每年进行一次基于场景的业务连续性计划演习（与应急疏散演习合并，或分别进行）、一次员工紧急联络演习、一次信息系统灾备演习和一次业务连续性桌面演习。对于基于场景的业务连续性计划演习，要求每两年涵盖一次缺失工作场所、关键人员、信息系统、重要业务单据和重要关系方的演习。每年进行基于场景的业务连续性计划演练时，要求各个部门至少在其备用工作场所进行真实业务 4 小时。星展中国的供应商被要求每年进行一次业务连续性计划演习。规定各个部门在演练后一个月之内，完成相应的演练报告。

8. 变更管理

星展中国在有关变更的重要决策过程中都纳入了业务连续性管理。新产品、新系统或外包服务的立项或变更，都有星展中国业务连续管理部的参与。对于纳入业务连续性管理的新产品项目，一律要求在上线前制订业务连续性计划并实施演练。星展中国要求各个部门在发生与业务连续性有关的重大变更以后的三个月内，更新已有的业务影响分析和业务连续性计划。

9. 突发中断事件的处置

在运营中断事件的紧急处置方面，星展中国从建立监测、预警和报告制度着手，更新了运营中断事件级别定义、风险预警指标及相应的报告路径和频率。成立了国家总部级和城市分行级危机管理小组与应急小组。这些小组定期接受培训并每年参加至少一次演练。与监管要求的“保障组”对应的，是星展中国总行各个部门的管理小组和分行内的行政部与危机管理小组指定的人员。设立并装备了危机管理指挥中心和备用指挥中心，并且指定星展中国业务连续管理部在危机情况下，负责协调紧急损害评估，启动中国总部指挥中心（可以是虚拟的电话会议平台），并负责该指挥中心的行政管理（如前所述，针对突发事件的决策权和指挥权依然由危机管理小组掌握）。

10. 绩效考核

星展中国对业务连续性管理人员有严格的绩效考核。通过完善的评分卡制度，对业务连续性管理的整个生命周期（基本上是一年一循环，个别变化较大的部门一年可能有几个循环）定义了考核标准和评分级别。部门评分卡由集团总部研发和维护，每个制订业务连续性计划的部门都需依据该评分卡完成年度评估。星展中国业务连续管理部研发了基于银监会监管指引的业务连续性管理评分卡，并负责每年对本地监管指引的执行情况进行评估。

11. 剩余风险总结

星展中国年度总结的时候，要求各个部门报告年度剩余风险。如果管理层接受中等及以上的剩余风险，要求有集团相关部门主管的批准。

在整个业务连续性管理的生命周期中（包括分析、设计、实施和验证），所有相关文件都由部门的业务连续计划协调员准备并上传到系统，由经理审核、部门主管批准。系统自动提醒相关人员即将到期或者已经过期的业务连续性管理活动。每年年底，各业务条线和各分行都要递交各自的业务连续性自评报告，包括部门的主要成绩和评分表评分结果。该报告由星展中国业务连续管理部汇总后报星展中国首席执行官、星展中国董事会和集团总部。

有效的业务连续性管理体系关键在于有效的公司治理结构，领导重视，全员参与，建立了有效内控、星展中国业务连续管理部和第三方保险三道防线，有专门组织结构，有文档，有演练，横向到边，纵向到底，扎扎实实，不走过场。

12. 附件：业务连续性计划所依据的假设

采用了下述关键规划假设。

（1）规划场景。在部门层面上，每个业务部门将决定影响该部门运营的可能的灾难场景，并且设计该部门的业务连续性计划，管理由场所、人员、系统重要记录及任何支持一个关键业务职能的相互依存的资源的丢失而造成的对该部门的影响。

（2）恢复时间表。对区域性灾难的假设是业务部门可以使用备用场所。尽管如此，业务部门在选择备用场地时应充分考虑以下因素：主要场地和备用场地之间的地理位置的分隔、可及性、可得性、电力供应、通信的多样性。

13. 附件：业务连续性管理部分规章制度

业务连续性管理部分规章制度见表 6.1。

表 6.1　业务连续性管理部分规章制度

编号	文件名称
1	星展集团业务连续管理方针
2	星展中国对于集团业务连续管理方针的补充
3	星展中国业务连续管理战略
4	星展集团业务连续管理标准
5	星展中国对于集团业务连续管理标准的补充
6	星展集团业务连续管理框架
7	星展中国业务影响分析的标准和流程
8	星展中国业务分类模型
9	星展中国业务连续风险评估的程序
10	星展中国业务连续性策略矩阵
11	星展集团事件管理政策
12	星展中国事件管理政策
13	星展集团危机管理计划
14	星展中国总体危机管理计划
15	星展集团 SIREN 员工紧急呼叫系统使用手册
16	星展中国专项危机管理计划编制指引
17	星展中国重要业务运营中断事件总体应急预案
18	星展中国地震应急预案
19	星展中国防汛应急预案
20	星展中国单城市事件中星展中国分行指挥中心的运行指南
21	星展中国跨城市事件中星展中国各个指挥中心的运行指南
22	星展中国业务连续计划的标准和流程
23	星展中国新个人业务支行开立前的 BCM 工作
24	星展中国批准新产品的监管要求 BCM 检查清单
25	星展中国批准外包的监管要求 BCM 检查清单
26	星展中国总部危机管理桌面演习程序
27	星展中国分行危机管理桌面演习程序
28	星展中国总部大楼业务连续性计划的演习程序
29	星展中国上海总部大楼应对禽流感分组运营计划的演习程序

续表

编号	文件名称
30	星展中国分行业务连续性计划的演习程序
31	星展中国个人业务支行业务连续性计划的演习程序
32	星展中国应急逃生演习程序
33	星展中国手动紧急呼叫演习程序
34	星展中国运用自动工具紧急呼叫演习程序
35	星展中国部门准备和参加数据中心灾难恢复演练程序
36	星展中国业务连续管理年度总结的标准和流程

14. 附件：26 项专项危机管理计划清单中的一部分

（1）出现流动性困难。

（2）重要账册、重要空白凭证损毁、丢失可能导致重大损失的事件。

（3）自然灾害、事故灾害、公共卫生事件、社会安全事件等引发无法正常经营的事件。

（4）新闻媒体负面报道可能对正常经营或金融稳定产生影响。

（5）员工突发安全事故。

（6）窃（泄）密及计算机犯罪事件。

（7）IT 系统故障导致金融业务中断。

（8）发生重大涉诉事件。

（9）发生诈骗、抢劫、盗窃案件。

（10）客户骚动和暴力事件专项响应计划。

（11）地震应急预案。

（12）防汛应急预案。

（13）传染病应急预案。

（14）恐怖袭击应急预案。

6.1.3　中央国债登记结算有限责任公司业务连续性计划

随着我国债券市场的快速发展，市场正常运转所需的托管、结算业务都在逐步实现集中和统一。经过多年的努力，中央国债登记结算有限责任公司（China Government Securities Depository Trust & Clearing Co. Ltd.，CDC，以下简称中央结算公司）已基本具备了国际认同的中央证券存管机构（Central Securities Depository，CSD）功能，成为中国债券市场重要基础设施的提供者和政府管理债券市场的重要技术平台。中央结算公司所有核心业务的运营和管理都是依托大型计算机应用系统——中央债券综合业务系统（以下简称债券系统）进行的。

在目前条件下，作为中国中央证券存管机构，中央结算公司面临的风险挑战和业务冲击具有其特殊性。与一般金融企业有所不同的是，中央结算公司作为债券市场的中央证券存管机构，全部业务都是围绕着为市场主体的投资、融资活动提供专业化服务进行的。伴随着我国债券市场的快速发展，作为全市场的专业服务机构和基础设施的提供者，对中央结算公司的专业化服务要求越来越高。随之而来的是，金融企业的运营操作风险也前所未有地集中到信息系统的稳定、持续的运行上。公司为市场提供的全方位服务全部依托于债券系统的正常运转。债券系统的安全、稳定直接影响到中央结算公司各项业务和债券市场的持续运转。因此，需要寻找一种可行的、可控的配套管理机制，以保证中央结算公司的业务连续性，业务连续性管理方法的实践和应用能够切实规避各类可能发生的风险。

中央结算公司业务连续性计划（以下简称 CDC-BCP）是本着市场客户利益至上、效率优先、预防为主的目的，为正确、及时、高效地处置债券系统面临的突发事件（包括外部灾难和内部事件），提高债券系统应对危机的处置能力和恢复能力而制定的。本案例的研究使得业务连续性管理在我国中央证券存管体系中的应用更加完善，当遇有突发事件时，通过有效地执行 CDC-BCP，能够将业务中断对债券市场的影响降至最低，将业务中断对中央结算公司的财务损失和信誉损失的影响降至最低。

1. 我国债券市场结算体系及中央结算公司概况

我国自 1981 年恢复发行国债以来，债券市场走过了 30 多年的发展历程，目前已经成为中国金融市场的重要组成部分。特别是 1997 年建立的银行间债券市场，在 10 年左右的时间里，各种交易工具日益丰富，带来投资主体迅速扩大，交易量成倍增长，已发展成为具有资本市场和货币市场双重功能、报价驱动的统一的场外债券市场，业已成为中国债券市场的主体。但同时，迅速发展的债券市场由于缺乏一个全国性整体、统一集中的登记托管机构，没有统一的登记托管机构的制约和监管，曾导致代保管单的形式超发和卖空国债现象，从而引发了巨大的金融风险。

为此，经国务院批准，在中国人民银行和财政部的共同推动下，1996 年 12 月成立了中央结算公司，中央结算公司承担为全国债券市场提供国债、金融债券、企业债券和其他固定收益证券的登记、托管、交易结算等服务，是财政部唯一授权主持建立、运营全国国债托管系统的机构，是中国人民银行指定的全国银行间债券市场债券登记、托管、结算机构和商业银行柜台记账式国债交易的一级托管人。

经过多年的努力，中央结算公司已经发展成为我国债券市场的中央证券存管机构，成为中国债券市场的重要基础设施的提供者和政府管理债券市场的重要技术平台。并已建设完成了一个庞大、复杂的综合性信息系统——中央债券综合业务系统。该系统承担着债券的发行、登记、托管、结算、公开市场操作及付息/兑付等多项功能，并与中国人民银行现代化支付系统、银行间债券交易系统互联，实现券款兑付（delivery versus payment，DVP）、债券自动质押融资、债券交易直通式处理（straight-through processing of bond transactions，STP）等联合功能。同时该系统还承担着债券市场日常数据的统计、分析和市场信息发布等功能。公司为市场提供的全方位服务全部依托于债券系统的正常运转。

2. 中央结算公司面临的风险分析

金融行业是高风险行业，各类金融机构在业务经营活动中都面临着许许多多的风险，对风险的防范与控制一直是金融行业的一个重要课题。中央结算公司为市场提供的专业化服务全部依托于债券系统，债券系统的安全、稳定直接影响到中央结算公司各项业务和债券市场的持续运转。

对于现代金融企业来说，一旦由于信息系统故障或其他原因，系统无法正常运行，其所承载的业务将被迫中断。这不仅给金融企业带来巨大的经济损失，同时也会对企业在社会上的信用和声誉带来巨大的负面影响，甚至可能出现更为严重的情况，如果金融企业业务中断，会对社会秩序产生负面的冲击。

与一般的银行、证券公司、保险公司不同的是，中央结算公司一旦产生业务中断，不仅同样会有上述负面效应，其影响甚至将是更深层次的，危害是更为严重的。这是由中央结算公司的地位决定的。作为中国债券市场的中央证券存管机构，一旦业务中断，将对银行间债券市场的运转和国家经济秩序产生不同程度的影响。因此，中央结算公司所面临的最大风险就是由操作或外部事件/灾难所引发的市场服务功能中断的风险。

要规避此类风险，可以采取多种手段。例如，加强操作风险管理，强化风险意识，加强日常管理，提高信息系统的安全防范能力等。但事实上，在执行这些措施的过程中也会出现不同程度的风险，片面地或割裂地执行这些措施，也往往难以为企业带来行之有效的解决途径。因此，需要寻找一种可行的、可控的配套管理机制，以保证中央结算公司的业务连续性，业务连续性管理方法的实践和应用能够切实规避这种风险。

3. 基础设施建设和切换演练

中央结算公司始终高度重视系统的安全稳定和业务的持续运行。早在 1999 年债券系统上线运行前，中央结算公司就已制订了债券系统的灾难恢复规划。2000 年，债券系统核心设备实现了双机热备，2001 年，依托外部资源，中央结算公司采用软件同步技术，建成了同城数据备份中心。此后，中央结算公司即开始着手筹建异地灾难恢复中心，2003 年，异地灾难恢复中心建成并投入运行。债券系统上线后，经历了多次应用系统升级和一次基础架构改造，在每一次升级改造中，本地生产中心和异地灾难恢复中心的软硬件同步都作为重点实现目标。

目前，异地灾难恢复中心具有与生产中心同等配置的硬件设施，关键设备均为双机冗余热备份，与中国人民银行现代化支付系统、上海外汇交易中心本币交易系统等重要外联系统均有多条通信链路，实现了核心业务与生产中心的实时数据镜像，一旦生产中心发生突发事件无法继续运行，异地灾难恢复中心具备了短时间内接管核心业务运行的技术能力。

2003 年异地灾难恢复中心建成后，中央结算公司于当年 8 月顺利完成了债券系统为期一周的系统异地切换运行，这是中央结算公司首次进行的异地系统切换，债券系统的登记、托管、结算、付息兑付等各项业务功能运转正常，异地灾难恢复中心的技术可行性得到了全面完整的验证。在此之后，每当系统进行重大应用升级或基础硬件架构改造后，债券系统都会进行相应的切换演练。不仅如此，中央结算公司还与重要外联系统，如中国现代化支付系统相互配合，多次进行切换演练和交流，以提高突发事件的联合应急处置能力。

目前，中央结算公司正在着手筹建永久性的同城灾难恢复中心和第二办公场地。一旦建成，债券系统将形成以本地生产中心、同城灾难恢复中心、异地灾难恢复中心为基础的两地三中心的整体规划布局。其中，两个同城中心的基础物理环境将达到国标A级机房的建设标准，采用同等的软硬件配置和运维管理设施，通过高速光纤实现数据和应用的实时同步，重要外联系统和系统成员将分别接入各个中心，并通过路由迂回形成多点接入。同城两个中心均分别配备业务和技术人员，使得两个同城中心在系统环境和人员配备上均能够保持运转状态，一旦某一中心无法运行，另一中心能够随时全面接管业务，RPO控制在分钟级，异地灾难恢复中心则配备关键业务所需的基本系统运行环境并实时进行数据和应用的同步，保持系统热备状态，具备与同城中心同等的系统切换能力，一旦人员到位，能够随时接管核心业务。

4. 债券结算体系业务连续性管理项目分析

1）业务连续性管理项目管理

中央结算公司的业务连续性管理项目（以下简称 CDC-BCM）的目的是本着客户利益至上、效率优先、预防为主等原则，正确、高效地处置债券系统面临的突发事件和灾难，提高债券系统应对危机的处置能力，保障我国债券市场持续稳定运行。

CDC-BCM是在业务连续性管理方法论指导下，依据国家有关法律、规章，原国务院信息化工作办公室《重要信息系统灾难恢复指南》，中国人民银行《银行业信息系统灾难恢复管理规范》，银监会《银行业金融机构突发事件应急预案》和《银行业信息系统风险管理指引》，并结合中央结算公司自身的实际情况开展各项工作。

CDC-BCM适用于处置债券系统面临的对中央结算公司关键业务造成影响的突发事件和灾难。

根据突发事件对中央结算公司关键业务的影响程度，将突发事件分为以下三级。

一级事件：因债券系统的关键资源故障或外部突发事件，系统无法在本地运行，需启动灾难恢复中心系统的事件。

二级事件：因债券系统的关键资源故障或外部突发事件，关键业务中断，故障原因不明或故障发生位置不可控，在关键业务中断的可容忍时间内无法解决，业务部门需启动应急措施进行业务处理的事件。该类事件无须启动灾难恢复中心解决。

三级事件：因债券系统的关键资源故障，关键业务中断，故障原因清楚，能够在可容忍的时间内解决的事件。业务部门需做好协调配合及应急措施的准备。

在突发事件处置过程中，随着事态的变化，三级事件可能转化为二级事件，二级事件可能转化为一级事件。

CDC-BCM的处置原则：加强管理，预防为主；统一领导，分工负责；快速反应，协同应对；客户至上，效率优先；明确分类，责权清晰。

CDC-BCM的组织机构包括业务持续领导小组、应急处置工作组和常设的业务连续性管理组，组织机构组成人员和继任序列、继任方式由公司发文确定。业务连续性管理组向领导小组负责，并在其领导下，进行项目管理和控制，建立检验和维护机制，制定项目完成时间表。各组织机构的人员组成和职责如下。

A. 业务持续领导小组

业务持续领导小组由公司总经理、分管业务的副总经理、分管技术的副总经理组成，总经理任组长。主要职责为：掌握情况，做出决策；向上级主管部门和监管部门报告并执行指示；发布启动处置预案命令；统一指挥突发事件处置工作；决定对外信息发布，包括初始信息和后续信息。

业务持续领导小组下设应急处置工作组和业务连续性管理组，作为业务持续领导小组的办事机构。

B. 应急处置工作组

应急处置工作组负责突发事件发生时的应急处置及其相关善后保障事宜，其负责人由业务持续领导小组组长兼任。应急处置工作组由技术组、业务组和保障组构成。

a）技术组

技术组由 IT 部门负责人及各技术岗位负责人组成。其主要职责为：评估突发事件对技术系统的影响；提出应急处置的技术方案；负责与联合运行单位、系统供应商和软件开发商进行技术方面的联络沟通；负责技术系统的应急处置与恢复工作。

b）业务组

业务组由托管、客服、发行、财会和信息等业务部门负责人及各业务岗位负责人组成。主要职责为：评估突发事件对业务的冲击影响；提出业务应急处置方案；负责处置过程中与市场成员的沟通联络工作；负责业务应急处置工作。

c）保障组

保障组由财务、人力资源、稽核等部门的负责人及相关岗位人员组成。主要职责是：配合有关部门做好突发事件处置工作；负责情况上报、信息发布和媒体沟通工作；协调突发事件的善后处置；负责应急处置及恢复过程中的交通、人力、资金、法律与安全防护等方面的后勤保障工作；承担业务持续领导小组交办的其他工作。

C. 业务连续性管理组

业务连续性管理组负责与本预案相关的日常管理工作，由 IT 部门和关键业务部门的负责人及相关岗位人员组成。主要职责是：收集有关危机处置的情况和材料，制订和完善突发事件应急方案，制订突发事件应急演练计划，制订应急处置培训计划等。在项目管理框架的基础上，对可能存在的风险进行评估。

2）风险分析

中央结算公司所面临的最大风险就是由操作或外部灾难所引发的市场服务功能中断风险。按照这一结论，CDC-BCM 的风险分析可划分为内部突发事件和外部突发事件两类。

（1）内部突发事件：包括公司计算机系统故障、应用软件缺陷、内部网络故障、机房基础设施故障、联合运行系统接口故障及误操作失误所造成的系统紊乱等。

（2）外部突发事件：①支持债券系统运行的公共基础设施的突发事件，包括电力系统、公共通信的重大故障；②与债券系统互联的外部重要联合运行系统的突发事件，包括国家现代化支付系统、本币交易系统等系统故障；③自然灾害和社会突发事件，包括水灾、火灾、地震、污染、大规模流行性疾病疫情、恐怖袭击等。

按照业务连续性管理方法论，对上述事件按发生的概率和损失进行了进一步的评估。选取由电力故障、通信故障、支付系统故障、本币交易系统故障、水灾、火灾、地震、污染、流行性疫情、恐怖袭击、计算机系统故障、应用软件缺陷、网络故障等可能变量引发的危机进行了概率分析。根据 2004～2008 年上述事件的发生概率和造成的损失，制定出下述风险分析模板（表 6.2）。

表 6.2　风险分析模板

事件	可能性（1～10）	人员影响（人员损失百分比）	业务影响	财务影响（财务损失情况）	小计	风险评级
电力故障	3	1	7	1	12	中
通信故障	3	1	8	1	13	中
支付系统故障	4	1	3	1	9	低
本币交易系统故障	4	1	2	1	8	低
水灾	1	2	9	8	20	高
火灾	1	3	9	9	22	高
地震	1	5	10	10	26	高
污染	1	4	8	2	15	高
流行性疫情	2	3	4	2	11	中
恐怖袭击	1	4	8	9	22	高
计算机系统故障	7	1	6	2	16	高
应用软件缺陷	7	1	7	2	17	高
网络故障	6	1	4	1	12	中
操作失误	8	1	6	2	17	高

需要说明的是，在进行量化分析的过程中，由于一些事件从未发生，很难定量确定其所带来的损失。因此，在进行风险评估时，需要充分考虑到各类事件在过去的发生频率和未来可能发生的概率。此外，在分析和评估时，应将人员损失作为一个重点评估对象，不仅要突出以人为本的人性化管理，更重要的是业务的持续需要一支经过规范培训的、专业化的、团队化的员工队伍来最终完成。

通过分析可以看出：虽然地震、火灾、水灾等外部突发灾难属于高等级风险，一旦发生，带来的损失往往是毁灭性的，但此类事件的发生概率极低；而计算机系统故障、应用软件缺陷及操作失误发生的概率和可能性相对较高，尽管带来的人员和财务损失较低，但很可能对债券市场的运转带来致命的影响，使公司的信誉和市场形象受损。因此，在 CDC-BCM 中，虽然要考虑到发生外部灾难的极端情况，但更重要的是要对内部的管理给予高度重视。

3）业务影响分析

在进行业务影响分析和评估时，需要将各个业务进行细化分解，将业务流程按模块进行划分。由于篇幅所限，将只对主要业务功能进行分析和评估。

中央结算公司的主要业务包括以下几方面。

（1）债券簿记功能，包括：债券的登记、托管、结算、付息和兑付，每个工作日 8 小时不间断运行。

（2）央行公开市场操作功能，每周 1～2 次，每次 2～3 小时不间断运行。

（3）债券发行功能，不定期，平均每周 3～4 次，每次 2～3 小时不间断运行。

（4）债券柜台交易中心业务处理功能，每日定时处理。

（5）自动质押融资和小额质押额度管理功能，每个工作日不间断运行，需要外部系统支持。

（6）资金管理功能，每个工作日不间断运行，需要外部系统支持。

（7）市场信息统计分析功能，全年 7×24 小时运行，重点是每个工作日市场开放期间的指导性数据的发布。

业务影响分析通过以下模板（表 6.3）进行调查、统计和分析。

表 6.3　业务功能描述模板

功能编号	功能名称	功能描述	业务冲击程度	对其他业务功能的影响	重要程度
CDCB01	债券簿记	略	债券市场结算终止，市场运转受到阻滞	为其他业务功能提供支持平台，直接影响到其他各业务功能	1
CDCB02	公开市场操作	略	操作被迫延时，央行无法按时向市场传导货币政策	无	2
CDCB03	债券发行	略	债券发行被迫延时，影响发行人的融资活动，间接影响财政政策的执行	无	2
CDCB04	债券柜台交易	略	债券柜台交易市场受到影响	影响 CDCB01 的部分业务	3
CDCB05	质押融资	略	央行质押融资业务无法进行，影响支付体系的运转	无	3
CDCB06	资金管理	略	债券结算资金无法正常划付	影响 CDCB01 与资金相关业务	2
CDCB07	信息统计分析	略	当日市场指导性数据无法及时向市场发布	对其他业务功能无直接影响，但会产生间接影响	2

由于中央结算公司是为市场提供基础性服务的，业务中断产生的冲击很难通过量化进行评估，在进行业务影响分析时，重点是对债券市场正常运转的直接影响和对国家宏观经济秩序的间接影响。

5. 债券托管结算体系恢复策略

1）恢复策略目标、损失评估与可用资源管理

要制定恢复策略，需要做一些调研工作，通过以下模板（表 6.4～表 6.7）可以收集

到保持业务持续所需要的最低资源要求、极限事件和 RTO 要求，以及各业务之间的依赖关系等。

表 6.4　业务持续最低资源模板

功能编号	最少员工数量	最少服务器数量	最少数据线路数量	最少终端数量	最少打印机数量	最少电话数量	其他资源下线
CDCB01							

表 6.5　极限事件和 RTO 模板

功能编号	正常业务时间表	危机业务时间表	业务功能最易受到攻击的时间段	RTO

表 6.6　业务的依赖关系模板

功能编号	源部门	目标部门	信息传递方式
			系统数据流、书面文件、传真、邮件等

表 6.7　重要记录模板

功能编号	重要记录描述	记录介质类型	记录存放地点	负责人
				第一负责人、第二负责人

A. 恢复策略目标

根据对上述模板的调查结果进行统计分析，可以确定关键业务功能和流程、各项业务功能的优先级；而优先级最高的业务功能所要求的 RTO，就是整个公司的 RTO；可以确定恢复最高优先级的业务功能所需人力和各项物力资源的下限要求、恢复所需的资源和业务部门的相互依赖性、恢复所需的关键信息记录。

主要评估结果如下：业务优先级最高的是债券簿记业务，根据这一业务自身的连续性要求和与外部主要业务功能（前台交易、资金清算、质押融资）的耦合度，该业务的 RTO 为 30 分钟，允许丢失的数据量限定在 10 秒以内系统处理的数据。

B. 损失评估与可用资源管理

由于各关键业务均高度集成于债券系统，各业务流程的持续运转均依赖于债券系统的稳定运行。而债券系统的运行所需要的相关业务和技术人员包括：各业务部门操作人员的最低配置为 16 人，IT 部门运行人员最低 4 人，系统和网络管理工程师最低 6 人，应用软件开发人员最低 5 人。业务持续所需的最低资源还包括债券系统运行所需的小型机、服务器、操作终端、内部局域网、外部通信线路，即相对小规模的、完整的系统运行环境。

根据风险分析和评估的结果，风险评级最高的是地震、火灾、水灾等外部灾害，以及计算机系统故障、应用软件缺陷和操作失误等内部风险。

外部风险的发生概率低，然而一旦发生，对公司人力资源和债券系统运行环境的破坏很可能是毁灭性的，短时间内难以恢复，其恢复策略的重点在于建立可靠的备份中心和灾难恢复中心，并应配备可满足业务持续的最低人员配置，考虑到部分操作需要双人复核，关键业务和技术岗位需配置至少 3 人，保持随时可用。

内部风险的发生概率相对较高，对人力资源的影响微乎其微，对系统运行环境带来一定影响，一旦发生在短时间内，恢复的可能性较大，其恢复策略的重点在于加强防范、及时发现、快速响应。

2）恢复策略与方法及其选择

债券系统是债券市场的重要基础设施，根据原国务院信息化工作办公室《重要信息系统灾难恢复指南》、中国人民银行《银行业信息系统灾难恢复管理规范》、银监会《商业银行信息科技风险管理指引》等国家政策标准的要求，需要配备高规格的数据中心。数据中心的运营需要以下三个基本要素。

（1）管理和运行队伍：经验丰富的管理人员、运维人员、技术支持人员和业务操作人员，关键岗位设置 A/B 组，每组分别包括一个操作员和一个复核员。

（2）数据中心生产运行环境：国家 A 级标准以上的数据中心机房，关键计算机和网络设备的双机热备份、充足冗余的通信线路，高速、安全、稳定的内部网络。

（3）规章制度：完整、规范、有效的规章制度将人力资源和物力资源整合为一个严密、高效、安全的有机整体。

对于债券系统这样的重要信息系统而言，灾难恢复中心与生产中心一样，都是具备同样标准要求的数据中心。而这对于企业往往是一个沉重的负担。因此，在建设灾难恢复中心时可以采用多种形式，应充分利用社会分工精细化的有利条件，合理利用社会资源。包括与同等资质的企业、专业的技术服务商合作，采取租用数据中心场地、设备、通信线路等物力资源，聘请外部专业技术人员，签订严密的服务条款等方式，以相对较低的成本实现对外部灾难的恢复策略。

对于内部风险，更多的是加强管理手段，建立行之有效的应急预案，恢复策略的主要原则如下。

A. 事前防范

（1）建立健全系统运行维护机制。规范与落实日常运行维护和操作流程，防止操作失误而引发系统性风险；建设和不断完善监控系统，将生产中心系统、灾难恢复中心系统均纳入监控范围，及早发现并排除系统运行故障；做好各系统的测试验收工作，保证系统的高稳定性和高性能。

（2）建立完善的生产系统资源冗余备份机制。消除单点故障，不使一般性故障变为系统性危机；建立同城备份中心、异地灾难恢复中心，并进行必要的切换演练。新建系统项目应同步考虑灾难恢复中心系统建设。

（3）建立突发事件应急处置的演练和培训机制。公司技术部门和业务部门应针对各类突发事件，制订出相应的应急计划和应急操作规程，并定期或不定期进行实际或案头演练。进行全员应急处置培训，强化员工风险意识，提高处置能力。

B. 突发事件预警

系统部负责公司生产系统日常运行的实时监测，重点是机房基础设施、网络通信系统、计算机系统和应用系统。

业务部门负责收集业务处理中出现的预警信息，包括来自监控系统、业务操作及市场成员的预警信息。

公司办公室负责办公环境危险源监控和外部预警信息收集，及时发现预警信息。

C. 突发事件报告

各岗位人员发现预警信息应立即口头向部门负责人报告，由部门负责人报告分管领导，并视情况填写《中央债券综合业务系统突发事件报告单》。如无法与部门负责人联系，应立即向公司分管领导直至总经理报告。

报告应力求及时、准确、全面。报告内容应包括事件发生的时间、地点、部位、性质、可能的影响范围和危害程度、原因初步分析、处理建议和其他应予以报告的内容。

D. 突发事件评估

由技术组和业务组在场人员组成现场评估小组，根据突发事件等级标准对突发事件进行准确评估。

现场评估小组成员应及时将评估结果及披露口径通知公司客服热线值守人员。

E. 突发事件处置

技术部门的主管领导对三级事件的处置工作负责，行使处置的决策权，同时报告公司总经理，技术部门负责三级事件的处置，并通知业务部门做好应急准备；公司总经理行使二级事件处置的决策权，技术部门及相关业务部门主管领导对二级事件的处置工作负责，技术部门和相关业务部门共同处置；公司业务持续领导小组对一级事件处置工作负责，总经理行使处置权，由公司所有相关部门共同处置。当无法与决策人联系时，由继任者行使决策权。

各部门处置人员应严格按照预先制定的应急操作规程进行处置。对于超出应急操作规程的意外事件，技术组和业务组应首先制订处置方案供决策人决策参考，待决策人决策后实施。

处置过程中，现场评估小组成员随时跟踪处置过程和结果，给出事件是否升级的建议。

处置过程中，各工作小组应随时向业务持续领导小组报告应急事件处置的工作动态和问题，及时得到领导小组的指示。

F. 恢复运行

突发事件处置完毕后，及时将综合业务系统复原到原有的状态和生产水平。

G. 事后分析和总结

业务连续性管理组负责对突发事件的发生和处置过程进行分析与总结，并统一备案；做好相关善后工作；对应急计划和本预案进行充实、完善。

6. 债券托管结算体系业务连续性计划编制

1）确定计划目标、原则与要素

A. 确定计划目标

CDC-BCP 是本着市场客户利益至上、效率优先、预防为主的目的，为正确、及时、高效地处置债券系统面临的突发事件（包括外部灾难和内部事件），提高债券系统应对危机的处置能力和恢复能力而制定的。其目的是当遇到突发事件时，通过有效地执行CDC-BCP，能够将业务中断对债券市场的影响降至最低，将业务中断对中央结算公司的财务损失和信誉损失的影响降至最低。

B. 计划原则与要素

中央结算公司业务连续性管理组在业务持续领导小组的指挥下，负责编制CDC-BCP的计划大纲，组织公司业务和IT部门编写流程计划与业务回顾，根据业务和IT部门编写的流程进行计划初稿的总纂，初稿完成后与各部门进行交流，审查各流程的可行性。经过对各业务流程的汇总和整理后形成CDC-BCP的终稿。

CDC-BCP的编制原则如下。

第一，明确细致的责任分工，落实到具体岗位。

第二，关键业务流程的分解和恢复目标。

第三，各部门的业务互依赖性。

第四，经过部门间充分的沟通交流。

第五，根据关键业务的恢复指标（RTO，RPO）制订相应的技术解决方案。

第六，计划的可操作性。

第七，计划的经济性。

第八，具有一定的灵活性，便于创新和变通。

2）计划总体架构

CDC-BCP由导言、危机处置原则、事件处理流程（按事件级别、应急处置小组的分工）、应急保障等内容组成。

危机处置原则包括以下几点。

（1）加强管理，预防为主。建立健全系统运行维护机制，防止操作失误而引发系统性风险，及早发现并排除系统运行故障。做好设备资源冗余备份，消除单点故障，不使一般性故障变为系统性危机。

（2）统一领导，分工负责。在事件处置过程中，参与处置的所有人员要绝对服从领导，做好本职工作；任何人不得越权操作，越权指挥；在决策人未作决策前，任何人不得擅自采取处置行动。

（3）快速反应，协同应对。突发事件发生后，相关责任人员快速就位，履行各自职责，并针对事件情况，组织各联合运行单位、市场成员、系统设备供应商和软件开发商协同应对。

（4）客户至上，效率优先。处置过程中积极采取措施，保证客户业务的连续性和数据的安全性；在出现多个业务运行中断的情况下，优先恢复级别高的业务，将损失降至最低。对于涉及事件处置和影响的动态情况，当事人应随时向上一级直至业务持续领导小组报告，保证信息的及时、准确。

（5）明确分类，责权清晰。分清突发事件类别，对于内部系统突发事件，迅速查明原因，积极主动，快速处置；对于外部突发事件，及时了解事件情况，积极配合相关机构妥善处置。

按照不同级别的突发事件，明确应急处置工作组中各小组的职责，主体框架如下。

A. 三级事件处置

a）应急启动

突发事件被评估为三级事件的，经技术部门主管领导批准后启动本预案。同时报送业务持续领导小组组长，并通知业务组相关成员，做好业务应急措施的准备。

b）技术资源调度

技术部门负责人负责技术资源的调度，相关岗位技术人员应迅速就位。

c）技术救治

技术人员可采取切换设备、启用备份线路、纠正软件错误、调配系统资源等技术手段排除故障。

在技术救治过程中，技术人员应严格按照其岗位应急操作规程操作，保证生产数据的完整性、应用和系统配置的可回退性。对于超出规程的意外事件，应在技术部门负责人主持下拟订详细的处置方案，经技术部门的主管领导批准后执行。

d）业务处理

接到现场评估小组关于三级事件的通报后，相关部门按统一口径向结算成员解释事件原因和事故排查时限，同时应急处置工作组做好应对突发事件可能升级的准备工作。

第一，关注业务运行状态。

第二，做好应急人员调度安排，准备相关应急业务资料。

第三，保持与重点结算成员的业务信息沟通渠道，随时传递事件信息。

第四，做好与联合运行单位联合处置的准备工作。

第五，做好对外信息发布的相关准备工作。

e）恢复运行

技术救治成功后，系统恢复运行，技术部门将系统所处状态告知业务部门，业务部门做好恢复业务处理的善后工作。

系统部及时将故障的硬件设备或通信线路修复并重新投入运行，软件部及时修补应用存在的缺陷。

技术部门负责人应对事件的处置进行及时的总结，各岗位负责人要重新检视本岗位的应急操作规程，对规程中存在的疏漏和不足进行修改与补充。

B. 二级事件处置

a）应急启动

突发事件被评估为二级事件的，经业务持续领导小组批准后启动本预案。相关部门进入应急工作状态，各关键岗位工作人员按照应急小组的指令进行工作。

b）事件通告

业务持续领导小组视情况向主管部门报告突发事件及应急预案启用情况。

业务持续领导小组视情况向联合运行单位通报突发事件情况，提请联合运行单位配合。

业务持续领导小组视情况向市场成员发布《关于中央债券综合业务系统突发事件处置的通知》。

c）技术救治

如果是综合业务系统故障，参照三级事件处置，并为业务应急处置做好技术准备。

如果是现代化支付系统或本币交易系统故障，则配合对方进行紧急技术处置。

d）业务处置

为保证债券业务处理的连续性，决策人根据实际情况启动业务应急计划，业务组根据业务应急计划办理业务。业务应急计划包括但不限于以下几类。

第一，因系统故障，簿记系统无法进行结算，启用结算应急计划。

第二，因系统故障，无法进行公开市场操作，启用公开市场操作应急计划。

第三，因系统故障，无法进行债券发行业务，启用发行业务应急计划。

第四，因系统故障，无法进行 DVP 结算，启用 DVP 结算应急计划。

第五，因系统故障，无法进行自动质押融资业务和/或小额质押额度管理业务，启用自动质押融资和小额质押额度管理应急计划。

第六，因系统故障，记账式国债柜台业务和储蓄国债业务无法正常办理，启用柜台业务应急计划。

第七，因信息网及信息产品系统故障，启用信息系统应急计划。

e）恢复运行和善后

技术救治成功后，系统恢复业务处理。技术部门将系统所处状态告知业务部门。

业务持续领导小组向结算成员发布《关于中央债券综合业务系统恢复正常处理的通知》，结算成员做好系统恢复运行后的业务核查工作。

应急处置工作组做好善后处理工作，并进行事后分析、总结，并视情况向有关部门报告事件情况及其处理结果。

各对口部门对应急计划进行完善，业务连续性管理组对应急预案进行完善。

C. 一级事件

a）应急启动

突发事件被评估为一级事件的，经业务持续领导小组批准后启动本预案。应急处置工作组进入应急工作状态，各岗位工作人员按照应急处置工作组的指令进行工作。

b）事件通告

业务持续领导小组向主管部门报告突发事件及启用灾难恢复中心的决定。

业务持续领导小组向债券发行主体通报突发事件及启用灾难恢复中心的决定。

业务持续领导小组向联合运行单位通报突发事件情况和启用灾难恢复中心的决定，提请联合运行单位对公司灾难恢复中心运行工作予以配合。

业务持续领导小组通过信息渠道向市场成员发布《关于中央债券综合业务系统切换至灾难恢复中心运行的通知》。对重要的结算成员要电话通知。

c）技术处置

（1）日终状态下的灾备切换。

预处理：核查综合业务系统业务数据的完整性。

网络切换：建立灾难恢复中心与现代化支付系统、本币交易系统等外部系统的通信连接；检查结算成员拨号通信接入情况。

服务器切换：检查系统的完整性、与周边系统的通信连接，启动应用系统。

（2）日间状态下的灾备切换。

预处理：备份灾难恢复中心系统的当前状态数据；将业务数据导入计算机系统，并做好数据完整性检查。

网络切换：同（1）。

服务器切换：同（1）。

d）业务处置

（1）灾难恢复中心系统启动前的业务准备工作：业务人员调度安排；业务应急资料准备；在灾难恢复中心综合业务系统中心端对托管账务进行初步平衡检查；提示客户在灾难恢复中心系统运行后，在正式输入结算业务前及时进行业务核对。

（2）在灾难恢复中心系统运行中：接受成员的应急指令，接受市场成员咨询。

（3）在灾难恢复中心系统运行首日日终后，做好业务检查和核对工作。

e）生产中心系统的重建与恢复

灾难恢复中心系统运行后，应急处置工作组制订生产中心系统的恢复方案和测试计划，生产中心系统恢复运行前，要经过充分的技术和业务测试。生产中心系统恢复运行要经业务持续领导小组的批准。

生产中心系统恢复后，业务持续领导小组向结算成员发布《关于中央债券综合业务系统切换回生产中心的通知》。生产中心系统恢复运行后灾难恢复中心系统停止工作。

应急处置工作组进行事后分析、总结，由业务持续领导小组批准后向主管部门汇报。各对口部门对应急计划进行完善，业务连续性管理组对应急预案进行完善。

f）应急保障

（1）人员保障。关键岗位至少配备两名人员，在日常工作中不能同时缺岗。

（2）通信保障。应为关键岗位人员提供应急情况下的联络手段，随时保持通信畅通。

（3）物质和电力保障。异地灾难恢复中心储备一定数量的计算机易损、易耗品，一些关键运行设备要有冷备或热备措施。

（4）经费和交通保障。危机处置经费要纳入公司年度预算，以保障危机处置时的资金需求。应急保障组为危机处置人员到达指定工作地点提供交通保障。

（5）协作保障。与联合运行单位事前就有关应急方案达成协议，并组建联络小组。

（6）法律保障。应急处置相关问题在客户服务协议中体现。

（7）技术保障。内部技术资源：公司内部技术人力资源包括各系统平台的系统管理员、网络管理员、各应用系统软件工程师、系统运行人员；其他技术资源包括系统和网络运行文档、系统和应用的安装介质、应用和数据的备份、硬件设备技术资料。外部技术资源包括：联合运行单位、各平台的应用软件开发商、硬件维护商。

3）业务连续性计划运行过程中相关事项进一步补充

债券结算体系的业务连续性管理经过业务连续性管理项目管理和前期分析、风险分析、业务影响分析、债券托管结算体系恢复策略与方法、债券托管结算体系计划编制等过程的实施，已经完成了中央结算公司关于债券托管结算体系正常运转的任务，但是还必须完善以下配套环节，才能做到万无一失。

7. 危机通信

1）对外信息发布内容

向主管部门报告突发事件情况和应急处置措施。向联合运行单位通报突发事件情况，以及配合处置要求。通过信息公告渠道向市场成员公告突发事件的发生、处置情况，同时向成员公告处置过程中的要求、注意事项及其需要采取的应急措施。

2）信息发布渠道

应急处置过程中，充分利用各信息渠道最大范围地通知市场成员。信息发布的渠道主要有簿记系统客户端、网站（中国债券信息网 www.chinabond.com.cn、中国人民银行官网 www.pbc.gov.cn、银监会官网 www.cbrc.gov.cn、证监会官网 www.csrc.gov.cn、联合运行单位网站）、电话、传真、灾难恢复中心站点网页、纸面媒体（《金融时报》等）、第三方通信媒介。

3）对外信息发布原则

对外信息发布内容、发布渠道及发布范围由业务持续领导小组确定。突发事件的发生和处置情况的信息发布统一由保障组负责，其他部门不得擅自发布信息或接受媒体采访。必要时重要机构要单独通告，并确保送达。

8. 业务连续性计划的演练和维护

业务连续性管理组负责设计和编制测试及演练大纲，并负责测试/演练的组织协调。测试/演练包括初期测试、综合测试、模拟演练、实战演练等阶段，频率为每年至少一次。测试/演练的结果应得到业务部门的确认。

1）演练

业务连续性管理组每年年初制订突发事件应急测试和演练计划，组织有关部门进行不同形式的演练，确保演练成效。

测试和演练按照形式分为桌面推演和实战演练。按照突发事件的分类编制测试案例，首先召集有关部门进行推演，讨论各种可能发生的情形对测试案例进行初步验证。初步验证通过后，再将案例应用到实际的测试和演练中。

测试和演练按照性质可分为以下几种。

（1）模块测试。针对新增或修改的业务功能模块进行测试，检验其可恢复性。

（2）综合性测试。按完整的业务流程测试各功能模块，检验一个完整业务流程的可恢复性。

（3）模拟切换。对灾难恢复中心进行模拟切换测试，检验灾难恢复中心的计算机硬件、软件和网络的可靠性，以确定灾难恢复中心是否能够全面接管关键业务功能。

（4）计划性切换。将关键业务功能实际切换到灾难恢复中心运行，全面检验各关键业务功能的恢复流程

2）维护

通过测试和演练，业务连续性管理组对 CDC-BCP 进行评估，发现恢复策略和应急处置过程的弱点及漏洞，评估是否达到预定目标。评估结果应及时向业务持续领导小组报告。根据评估结果，经领导小组批准后，业务连续性管理组更新有关流程、恢

复策略和文档，以确保业务连续性能力及水平保持有效并符合关键业务持续性的最新要求。

9. 培训与推广

1）培训

培训分内部培训和外部培训。内部培训是对公司员工应急处置的培训，目的是让公司全体员工熟悉危机处置的管理和操作流程，明确员工在危机处置过程中的职责，使每位员工在危机处置过程中能够做到熟练操作、从容应对。

外部培训指对市场成员的培训，其目的是让市场成员了解和熟悉公司各应急处置工作、信息发布渠道等内容，能够在应急处置过程中有效配合公司的应急处置工作。外部培训在公司常规培训课程中进行。

对第一线人员，尤其是机房运行人员要进行机房安全方面的专业知识培训，提高其应对突发事件的能力。培训异地灾难恢复中心运行单位相关人员，使其熟练掌握关键操作。

业务连续性管理组制订培训计划，并由相关职能部门具体实施。

2）循环推广

业务连续性管理组应对公司业务的发展趋势、国家有关政策的调整与变化、新技术的应用进行跟踪和调研，以掌握公司业务和业务支撑平台的最新进展。据此对 CDC-BCP 进行审核、评估和改进，制订 CDC-BCP 的项目计划和预算，使用效益控制方法和更改管理机制检查、制定与实施 CDC-BCP 的实施过程，使其符合时间和预算的限制并纳入公司整体的管理和控制体系中。

同时通过讲座、技能培训、宣传板报、知识竞赛、电子邮件等多种方式在公司内部和客户中不断宣传、灌输业务连续性管理理念，使每个员工、每个客户都能掌握业务连续性管理的理念和实现方法。

业务连续性管理组应重点跟踪以下方面：①客户需求的变化；②业务模式的发展趋势；③业务量的增长趋势；④潜在业务冲击的增长；⑤公司管理模式的调整；⑥债券市场法律法规和国家政策的调整方向；⑦业务持续、风险管理方面的法律法规和国家政策的调整方向；⑧IT 的发展动向。

10. 结论

业务连续性管理最初是针对企业有效保障业务持续运行而开发的，但是业务连续性管理的方法论和思想并不仅限于企业，对于一个城市乃至一个国家同样适用。

在国家层面上也许没有听说过业务连续性管理这个词汇，但是经常会听到“可持续发展战略”这个耳熟能详的概念。这个概念涉及经济发展、社会稳定、产业结构、环境保护、科技教育、健康卫生、人口、能源、军事、政治、外交等多个方面，如果把一个国家类比成一个超大型的企业，“可持续发展战略”的核心思想与业务连续性管理是一致的。

在地区政府这个层面上，业务经常会听到“××应急预案”，其目的是当发生灾难或突发性事件能够保障城市交通、电力、通信、金融、住宅、医疗卫生、食品供给、公共安全、市政设施、行政、商业、工业、传媒、文化等功能的正常运转。应急预案是业务连续性管理的组成部分，城市整体实现业务连续性管理，不仅能够提高城市的抗毁能力，同时也能提高市民和外来投资商对整个城市的信心。

企业实施业务连续性管理的例子已是屡见不鲜。在 2001 年“9·11”事件中，如摩根士丹利、德意志银行等企业能够安然度过危机，第二天就能恢复正常业务运行，正是由于其实施了有效的业务连续性管理。事实已经证明，业务连续性管理已经成为企业应对危机事件的国际通行规则。

总之，业务连续性管理作为一个好的业务实践和整体管理一部分已经得到广泛的认可，业务连续性管理体现的是战略维度而不局限于操作层面。如何识别潜在的风险，如何面对灾难和突发事件，如何有效地管理危机，如何降低灾难对业务的影响，如何快速有效地恢复业务，这些问题都能在业务连续性管理中找到答案。

业务连续性管理的未来发展，除了需要上级主管单位从政策法规层面积极引导以外，业界权威机构的推动作用也是不容忽视的。中国各行各业信息化建设中的业务连续性管理体制建设，一方面要真正汲取国外的先进技术手段和科学管理体系；另一方面要大力研发具有自主知识产权的业务连续性管理核心技术和产品，逐步建立有效防范各种灾难事件冲击的业务连续性管理保障体系，积极促进国家信息化顺利发展，将业务连续性管理标准真正融入企业的生命圈中，逐渐涉及、渗透到各个领域，让企业能够自己检验到自己的不足和缺点，并提出完善的改进方案能够适应任何有形、无形的恶劣环境，那么中国企业在国际市场的竞争力会产生质的飞跃，使得整个社会在一种平稳上升的趋势中发展。

6.1.4　腾讯云业务连续性管理体系建设与认证

1. 公司概况

腾讯十余年来在 QQ、微信、QQ 空间等业务的互联网服务能力，为企业提供公有云、混合云、专有云、金融专区等云服务，包含 IaaS、PaaS、SaaS，并提供万象优图、人脸识别、大数据分析、机器学习、音视频技术、安全防护等全球领先的互联网技术；同时向不同垂直行业的客户（涵盖政务、电子商务、O2O[①]服务、游戏、视频直播及互联网金融等）提供优质的行业解决方案。

作为腾讯连接互联网生态的重要桥梁和开放战略的重要组成部分，腾讯云坚信以高速（speed）、稳定（stability）、安全（security）为竞争核心的 3S 品牌理念，继续加强云基础设施投入，全力支持各行各业的合作伙伴在“互联网+”领域的实践，共建云端生态。

2. 项目背景

随着云技术逐渐发展成熟，越来越多的企业将业务部署到云环境上运行，以获得更灵活的资源调配、扩展能力，能更快速高效地部署业务，优化投资成本，同时也需要云环境提供更高的安全性、可用性。

---

① online to offline，线上到线下。

腾讯云的客户种类众多，包括：银行、证券、保险、基金、消费金融、移动支付、政企、游戏、视频、互联网+、移动（社交、地图）等。一旦云环境出现问题，受影响的客户面非常广，会给腾讯云的业务发展带来非常不利的后果。因此，腾讯云必须具有极好的业务连续性管理能力。

目前从国内整体来看，业务连续性管理受到了越来越多的重视，以金融行业为例，自 2005 年国务院颁布国家级政策《国家金融突发事件应急预案》开始，业务连续性管理已逐步被纳入金融业的监管范畴。银监会、保监会等也陆续出台关于金融行业业务连续性管理的相关要求，特别是《中国银监会关于印发商业银行业务连续性监管指引的通知》（银监发〔2011〕104 号），对银行金融机构明确提出了业务连续性的合规要求。

作为互联网金融的重要合作伙伴，腾讯云必须具备业务连续性的能力，也必须达到合规要求。腾讯云在 2016 年 3 月获得了 ISO 22301 国际认证，成为国内首批通过 ISO 22301 认证的云服务商。鉴于业务的快速发展并有效落实 ISO 管理体系，腾讯云希望将之前获得认证的 ISO 9001：2008 升级为 2015 版，ISO 20000：2005 版升级为 2011 版，ISO 22301 体系进行精细化落地。因此，腾讯云启动了 ISO 9001：2015、ISO 20000：2011、ISO 22301：2012 三体系咨询的项目工作，聘请国内知名的 IT 管理咨询服务供应商，共投入约 800 个人天，利用其丰富的 IT 管理咨询经验，帮助腾讯云构建互联网行业的业务连续性管理体系，并获得 ISO 三体系的更新认证。

3. 项目开展情况

1）多体系同步建设

ISO 体系具有共性，因此在项目实施方法上，腾讯云运用咨询服务商丰富的实施经验，做到了三体系的融合，主要体现在以下方面。

（1）文档体系的融合：①文档及文档控制的整合；②实施方法的融合；③管理者视图的融合；④维护视图的融合；⑤记录控制的融合；⑥内审的融合；⑦管理的融合；⑧纠正和预防措施的融合。

（2）实施要素的融合：①管理方针；②管理目标；③法律法规及其他要求；④管理职责；⑤能力、意识和培训；⑥沟通和协调。

2）项目目标

通过对腾讯云需求的分析，项目组明确了以下咨询服务目标。

（1）建立和实施腾讯云业务连续性管理体系，规定业务连续性管理的方针、目标和范围，明确业务连续性管理相关方、角色、权利和职责。

（2）对主要业务活动进行风险分析和业务影响分析，确定主要风险，确定业务活动的 RTO/RPO 指标。

（3）全面提升业务连续性管理能力，确保腾讯云的应急管理、业务连续性管理及业务恢复达到国际标准的要求。

（4）通过 ISO 22301 业务连续性管理体系认证。

3）项目范围

（1）组织范围：深圳市腾讯计算机系统有限公司、腾讯云计算（北京）有限责任公司。

（2）机房范围：包括为腾讯云提供服务的多个国内外机房。

（3）产品范围：提供腾讯云云计算服务的公有云和金融云产品及相关售后支援服务的业务连续性管理系统。

4）合规性考虑

咨询服务商非常重视对体系、最佳实践和法规的要求。在项目开始前，根据腾讯云的需求和项目背景，参考国内外专业机构和监管机构的要求，以及规范和最佳实践，选择合理的合规性指标框架。

从项目背景和需求来说，项目组按照 ISO 22301：2012 标准来建设业务连续性管理体系：①《公共安全　业务连续性管理体系　要求》（GB/T 30146—2013/ISO 22301：2012）；②《公共安全　业务连续性管理体系　指南》（GB/T 31595—2015/ISO 22313：2012）。

从国外标准和最佳实践来说，借鉴了国际灾难恢复协会的业务连续性管理的生命周期方法。

考虑到腾讯云业务产品涉及的不同行业和领域，项目组参考了主要行业领域所涉及的一些重要监管要求和指引。

（1）银行行业监管：《中国银监会关于印发〈商业银行操作风险管理指引〉的通知》（银监发〔2007〕42 号）、《银行业信息系统灾难恢复管理规范》（JR/T 0044—2008）、《金融行业信息系统信息安全等级保护实施指引》（JR/T 0071—2012）、《中国银监会办公厅关于印发〈商业银行数据中心监管指引〉的通知》（银监办发〔2010〕114 号）、《中国银行业监督管理委员会关于印发〈商业银行信息科技风险管理指引〉的通知》（银监发〔2009〕19 号）、《中国银监会关于印发商业银行业务连续性监管指引的通知》（银监发〔2011〕104 号）。

（2）证券行业监管：《证券公司集中交易安全管理技术指引》、《证券期货经营机构信息技术治理工作指引（试行）》（2008 年 9 月 3 日发布）、《证券期货经营机构信息系统备份能力标准》（JR/T 0059—2010）、《证券期货业信息安全保障管理办法》（证监会令第 82 号）、《证券期货业信息系统安全等级保护测评要求（试行）》（JR/T 0067—2011）、《证券期货业信息系统安全等级保护基本要求（试行）》（JR/T 0060—2010）、《证券期货业信息系统审计规范》（JR/T 0112—2014）、《证券期货业信息系统运维管理规范》（JR/T 0099—2012）。

（3）保险行业监管：《中国保监会关于印发〈保险机构内部审计工作规范〉的通知》（保监发〔2015〕113 号）、《关于印发〈保险公司信息系统安全管理指引（试行）〉的通知》（保监发〔2011〕68 号）、《关于印发〈保险业信息系统灾难恢复管理指引〉的通知》（保监发〔2008〕20 号）、《关于印发〈保险公司信息化工作管理指引（试行）〉的通知》（保监发〔2009〕133 号）、《中国保监会关于印发〈互联网保险业务监管暂行办法〉的通知》（保监发〔2015〕69 号）、《保险机构信息化监管规定（送审稿）》、《保险机构信息化风险监管报表及评价体系（征求意见稿）》。

（4）互联网金融行业监管：《大公互联网金融信用风险　黑名单管理办法》、《大公互联网金融信用风险预警观察名单管理办法》、《深圳市人民政府关于支持互联网金融创新发展的指导意见》、《网络借贷信息中介机构业务活动管理暂行办法》。

4. 项目实施方案

针对腾讯云的ISO 22301体系建设和认证需求,项目组按照图6.5所示方法论来展开项目。

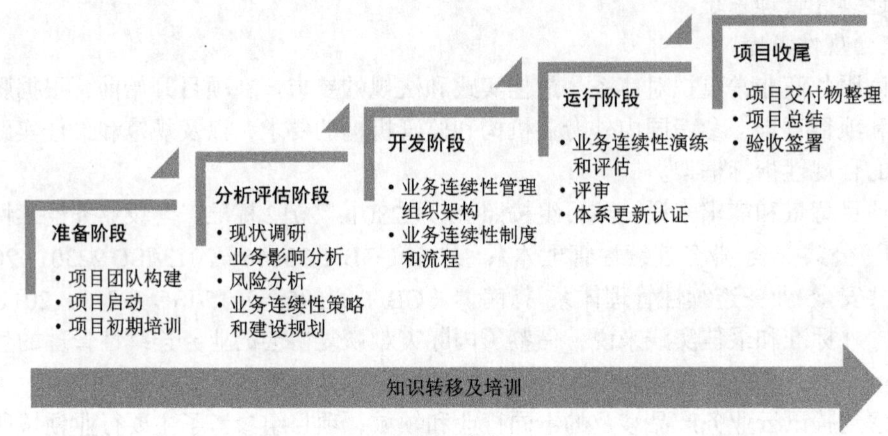

图 6.5　项目实施方法论

1）准备阶段

A. 项目团队构建

业务连续性管理建设是个长期持续进行和完善的过程，项目的交付成果需要业务连续性管理日常管理团队不断地更新补充、演练、维护和执行。因此，项目组首先建立腾讯云常设的业务连续性管理日常管理团队，包括业务连续性管理指导委员会、业务连续性管理经理、业务连续性管理执行团队和业务连续性管理保障团队。项目范围内的业务部门、IT 部门（包括数据中心）是业务连续性管理的执行团队，人事、行政、财务、法务、媒体公关、物业等职能部门组成业务连续性管理保障团队。

构建业务连续性管理日常管理团队时主要考虑了以下几点。

（1）腾讯云高管层需要对业务连续性管理高度重视，确认业务连续性管理日常管理团队的架构和职责，并指派业务连续性管理主管部门。

（2）指定业务连续性管理执行团队和保障团队中各小组的负责人，该负责人需要了解本部门工作，并提供和确认现状数据及恢复要求，同时也是业务连续性计划、预案、演练方案的编制者，还要推动、组织、协调本部门的业务连续性管理团队进行业务连续性管理工作。

（3）参考、利用腾讯云当前的组织架构，设置业务连续性管理组织架构，增加相应的业务连续性管理工作职责。

（4）随着业务连续性管理项目范围的扩大，以后腾讯云将把相关部门及时加入到业务连续性管理组织架构中。

业务连续性管理日常管理团队确定并成立后，稍作调整，即形成了腾讯云的业务连续性管理项目团队。

B. 项目启动

组建项目团队后，项目经理召集项目组与高管层及相关部门召开项目启动会议：腾讯云领导宣讲了腾讯云的 BCM 建设方针和要求；项目经理介绍项目目标、范围；项目经理介绍项目组织架构和职责；项目经理介绍项目进度计划、交付物、检验标准；项目经理介绍项目管理办法；项目组解答各方问题，听取建议等。

C. 项目初期培训

为保证项目顺利开展，在项目工作正式开展前，咨询服务商为项目团队按岗位进行了相关针对性内容的培训，包括以下内容。

（1）业务连续性管理认知培训：业务连续性管理方法论、统一的业务连续性管理术语和定义、实施方法、步骤、行业案例等。

（2）业务连续性管理具体实施方法培训：现状调研、评估方法。

2）分析评估阶段

A. 现状调研

对腾讯云当前情况和业务连续性管理建设需求进行调研访谈，内容主要包括以下方面。

（1）项目范围内的业务介绍及业务间的关系。

（2）项目范围内的业务相关方，包括内部和外部相关方。

（3）项目范围内的工作场所及地点、涉及部门。

（4）现有数据中心的地点、运营方、支持业务范围。

（5）组织现有的应急响应流程、事件管理流程，以及人员组织情况。

（6）现有的风险控制策略、风险偏好和风险管理情况。

（7）现有的业务连续性管理方针、目标、策略及管理层的承诺。

（8）项目范围内的IT系统架构、主要技术、系统间关系，在各数据中心的部署情况。

（9）现有的文档管理制度，包括评审、批准、发布、信息控制、文档编号规则等。

（10）现有的内部审计、管理评审制度，以及相应的历史记录。

（11）等等。

B. 业务影响分析

基于腾讯云业务的快速发展，计划每年进行一次全面的业务影响分析工作。本次项目中基于国际标准和行业最佳实践，结合自身实际情况，建立了一套逻辑清楚、方法适用的实施方法。2016年的业务影响分析包括公有云和金融云内云产品业务活动。

本次业务影响分析工作的主要内容有以下几点。

（1）问卷调查并访谈腾讯云公司各主要业务产品部门相关负责人，调查各业务部门的业务功能及处理流程，以及相关业务功能之间的逻辑依赖关系，分析业务功能与支撑其运行的生产中心IT系统之间的对应关系。

（2）评估重大突发事件可能对各业务功能造成的影响。

（3）评估各业务功能的重要程度。

（4）分析业务功能灾难恢复需求，评估业务功能的恢复优先级及RTO、RPO。

（5）分析业务功能和IT系统之间的对应关系。

（6）根据业务功能灾难恢复优先级，确定IT系统灾难恢复优先级，为灾难恢复策略制定提供依据。

（7）等等。

在进行损失影响评估时定义了六个等级，见表6.8。

表 6.8　损失评估等级说明

等级	等级说明	具体描述
5	不可接受	影响范围很大，可能造成全面的严重负面影响，公司有停业或从业资质被取消的风险
4	严重影响	影响范围大，可能造成较大的负面社会影响，不能符合监管部门的要求
3	中等影响	影响的范围中等，可能造成一定的负面社会影响，通过协商并采取小范围补救措施即可解决问题，不会全面影响公司业务运作
2	轻度影响	影响的范围较小，通过协商即可解决问题，不会全面影响公司业务运作
1	微小影响	影响的范围微小，通过协商即可解决问题，不会全面影响公司业务运作
0	无影响	没有影响，不会影响公司业务运作

损失评估的维度主要包括以下方面。

（1）公司声誉。

（2）不能满足行业监管部门要求，违反法律法规要求。

（3）对市场份额造成影响。

（4）影响客户满意度，造成客户流失。

（5）财务方面的损失。

因为每个业务活动的特性不同，腾讯云为每个业务活动定义了不同的业务中断时间评估项，如采购活动在中断发生后不需要非常急迫地恢复，因此评估时间选择 1 天、2 天、5 天、10 天、15 天；云数据库存放重要的业务数据，其运行活动是非常重要的，因此评估时间选择 30 秒、1 分钟、5 分钟、10 分钟、30 分钟。

在评估每个业务活动在评估时间点的各个损失维度的等级时，综合考虑了以下因素。

（1）该业务功能的替代手段。

（2）该业务功能的对外影响范围和程度。

（3）该业务功能的关键时间点。

（4）该业务功能的使用 IT 系统的频率等。

最后，综合各个时间点的得分，得到该业务活动的损失严重程度得分，表 6.9 是业务活动的损失程度评估结果示例。

表 6.9　损失程度评估表

业务活动	随时间变化损失量化值情况								总分	严重程度得分
	T1	T2	T3	T4	T5	T6	T7	T8		
活动 1	1	1.9	2.5	3.5	4	5	5	5	27.9	3
活动 2	0	0	0	1	2.7	4.3	4.6	4.9	17.5	2
活动 3	0.8	0.8	1.2	1.3	1.4	1.5	1.5	1.5	10	1

在评估业务恢复优先级时，腾讯云主要考虑了：①业务重要程度；②损失严重程度；③RTO 要求；④RPO 要求；⑤上、下游关联业务的数量；⑥上、下游关联重要业务的数量；⑦与外部机构的依赖关系等。

对以上每个因素进行打分，然后根据综合得分得到各业务活动的恢复优先级。表 6.10 是结果示例。

表 6.10　业务活动恢复优先级

业务活动	业务重要程度	损失严重程度	RTO 要求	RPO 要求	上、下游关联业务的数量	上、下游关联重要业务的数量	与外部机构的依赖关系	综合得分	优先级别
活动 1	3	3	4	4	3	3	0	20	A
活动 2	2	1	1	4	1	1	0	10	B
活动 3	1	2	1	1	0	0	0	5	C

通过调研、统计和分析，整理了中断事件发生时持续开展各业务活动的最低资源要求。

腾讯云也分析了支撑业务活动的 IT 系统的恢复优先级。分析时主要考虑了业务对 IT 系统的依赖程度、业务恢复优先级、IT 系统之间的依赖关系。云服务器是恢复优先级最高的 IT 系统。

C. 风险分析

风险分析的重点在于资产的分类和价值、风险分级及残余风险的确认。

项目组按照 GB/T 20984—2007《信息安全技术 信息安全风险评估规范》的实施流程来进行风险分析，如图 6.6 所示。

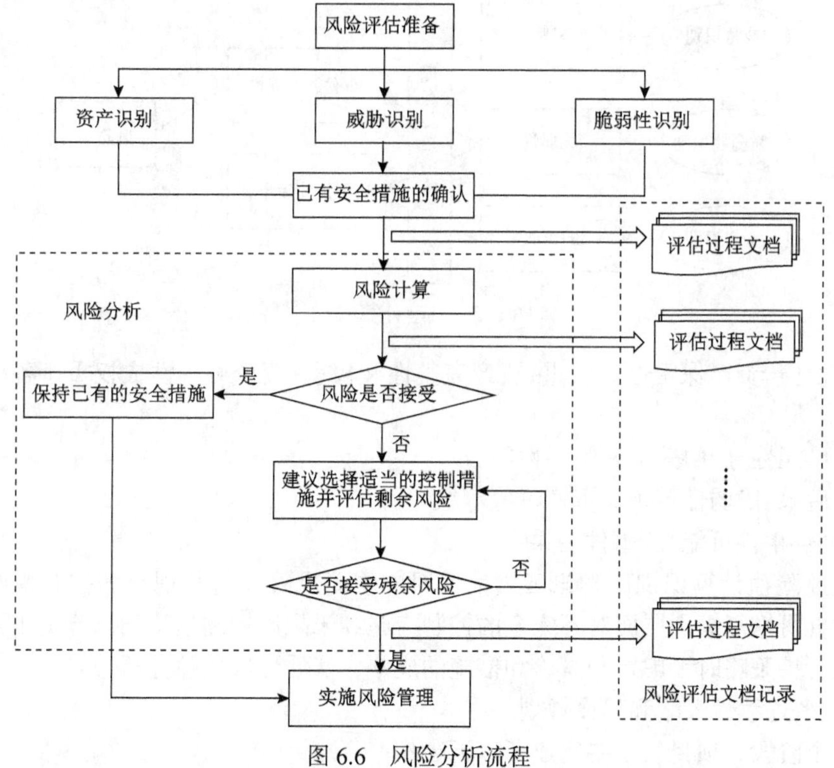

图 6.6　风险分析流程

在设计风险分析调查问卷时，参照 ISO 22313：2012，考虑了以下资产类别：人员；信息和数据；建筑、工作环境和相关公共设施；设施、设备和易耗品；IT 系统；交通运输；财务；合作伙伴和供应商；等等。

同时，项目组通过调阅已有资料或上网查询收集相关信息，包括：工作场所所在地的特定威胁；地区意外事件；中断事件记录；组织架构，职责分工；工作场所分布及地理位置；机房分布及地理位置；等等。

在以上工作基础上为腾讯云每个业务活动制定一张调查问卷，了解在每个特定的威胁或中断事件下受到影响的资产价值、脆弱性、现有管控措施等内容。

问卷调查的内容主要有：特定威胁或中断事件，以及等级；支持该业务活动的资产；每项资产的脆弱性等级和价值等级；针对该威胁或中断事件，当前采取的管控措施；等等。

问卷由调研对象填写后按计划回收，并进行检查、整理分析，将不合理数据剔除或进行说明，记录需核实的部分。然后安排访谈，对填写内容进行核实和确认。同时，选择合适的场所进行现场勘察，对现场的一些实际情况进行直观的了解，验证问卷调研的结果。

在风险评估时完成了以下步骤：①计算风险值；②识别现有控制手段；③确定残余风险；④给出风险控制建议和策略。

风险值的计算按照 GB/T 20984—2007《信息安全技术 信息安全风险评估规范》的定性与定量相结合的计算模型来进行，见图 6.7。

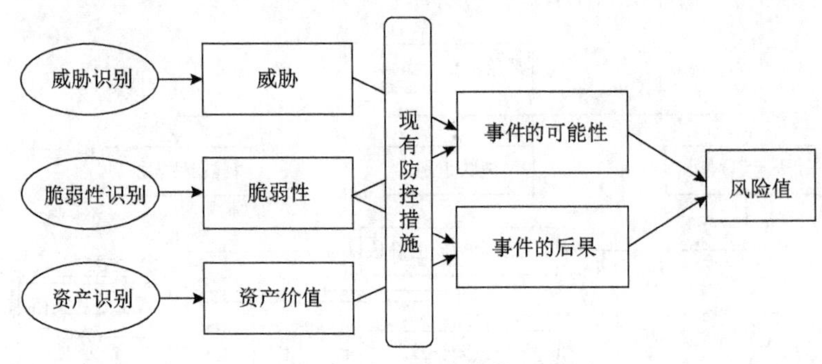

图 6.7　风险计算模型

资产价值=资产保密性×权重+资产完整性×权重+资产可用性成权重（各权重值相加为 100%）

事件可能性=威胁等级×脆弱性等级

事件后果=脆弱性等级×资产价值等级

风险值=事件可能性+事件后果

根据风险值计算识别出腾讯云当前面对的主要风险，对其现有的控制措施进行评估。从改善可恢复级别层面对不完全的控制措施和未采取控制措施的风险提出建议。在制定风险管控策略时考虑控制策略和措施的成本，然后形成风险分析报告。

D. 业务连续性策略和建设规划

在这个阶段，项目组主要完成了以下工作。

（1）策略的选择：根据业务恢复的 RTO/RPO 要求及法律法规、行业监管要求，选择可用的备选策略。

（2）策略的评估：制定合适的评估标准，如策略的可靠性、风险，资源要求，花费时间，完成恢复目标的程度，策略的成本效益，等等。

（3）策略的确定：根据成本效益分析，同时需满足业务影响分析结果。

（4）策略报告和建设规划：编写策略报告和建设规划，并向领导层汇报。

3）开发阶段

A. 业务连续性管理组织架构

业务连续性管理体系的组织架构分为日常管理组织架构（平时）和应急恢复组织架构（战时）。

日常管理组织架构对整个体系进行管理和维护工作，完成体系要求的各项工作；应急恢复组织架构通过事先制定的应急响应机制，在突发事件发生时，进行相应的应急响应和恢复工作。

a）日常管理组织架构

高管层：制定与腾讯云业务发展和风险管理战略目标相一致的业务连续性管理总体战略；审批业务连续性管理委员会制定的业务连续性管理的总体目标和方案。

业务连续性管理委员会：制定业务连续性管理的总体目标、范围；审批业务连续性管理工作计划与评估报告，演练计划与总结报告；为业务连续性管理调配资源及赋予执行和保障部门相应的权限等。

业务连续性管理小组：负责业务连续性管理建设的各项具体工作，包括制定方法和流程、计划、评估、演练、培训；指导和监督执行部门进行业务连续性管理活动；等等。

业务连续性管理业务产品管理小组：拟定需要恢复的重要业务产品或服务及其恢复目标和恢复策略；负责风险评估、业务影响分析，撰写风险评估报告和业务影响分析报告；负责业务产品或服务的业务连续性计划的制订；负责各业务产品小组自身的业务连续性计划的具体演练、评估、总结与改进；参与业务连续性管理的培训；负责各业务产品小组自身的业务连续性管理的定期评估和改进；等等。

业务连续性管理技术管理小组：保障机房及基础架构平台的高可用性；根据业务恢复策略，配置机房及基础架构平台资源；负责技术小组的业务连续性计划的制订；负责技术小组业务连续性计划的演练、评估、总结与改进；参与业务连续性管理的培训；负责对本小组业务连续性管理的定期评估和改进;负责灾备中心和机房等日常管理及维护；配合业务产品小组进行业务连续性管理；等等。

业务连续性管理后勤保障管理小组：负责制订本小组业务连续性计划；负责本小组业务连续性计划的具体演练、评估、总结与改进；为业务连续性管理提供必要的人员、物力、财力与安全保障；与外联部门负责危机处理；参与业务连续性管理的培训；负责本小组业务连续性管理的定期评估、改进；等等。

外部支持小组：为灾难恢复提供产品、技术、服务、管理和决策支持的外部机构人员。包括专业咨询公司、专家、产品和服务提供商、系统集成商、电信服务供应商等团队的成员等。

b）应急恢复组织架构

突发事件应急管理委员会：对灾难事件进行决策，审批对外通报的内容并授权实施；批准启动整体业务连续性计划；决定其他应急响应及恢复过程中的重大事宜。

应急协调小组：负责突发事件的应急指挥和组织协调；向突发事件应急管理委员会汇报事件处置进展情况和事态发展情况等。

突发事件评估小组：负责突发事件的故障定位、损失和发展态势评估；进行现场的损失统计和对外影响分析，并向突发事件应急管理委员会进行汇报。

媒体公关小组：负责企业外部媒体和社会舆论的沟通、信息通报及问题交涉；业务恢复后，在得到认可和授权的情况下，统一对企业外部发送业务恢复通告。

业务产品恢复小组：实施应急处置突发事件的业务产品或服务应急预案；向突发事件应急管理委员会报告应急处置进展情况和事态发展情况。

技术恢复小组：实施应急处置突发事件的技术应急预案；向突发事件应急管理委员会报告应急处置进展情况和事态发展情况。

后勤保障恢复小组：实施应急处置突发事件的应急保障预案；负责所需人力、物力和财力等资源的保障及供应；负责秩序维护、安全保障、场地安排等工作；向突发事件应急管理委员会报告应急处置进展情况和事态发展情况。

B. 业务连续性制度和流程

利用咨询服务商丰富的经验、知识储备和业务连续性计划的模板，参考腾讯云的互联网敏捷管理流程，项目组讨论确定了业务连续性计划的总体流程和各预案的构成，并由腾讯云相关负责人进行预案的编写。

腾讯云的业务连续性计划文档按照云产品的业务条线及后勤保障支持部门来划分（本次建设项目中假设后勤保障部门的业务未受到中断事件的影响）。

业务连续性制度、流程、计划主要包括以下内容。

（1）日常业务连续性管理中，业务连续性管理程序和手册对腾讯云的业务连续性管理建设、管理进行总体指导和规范。

（2）应急预案分为两部分：总体预案和各业务及支持部门的专项预案，以及在整个业务连续性预案执行过程中需要的危机沟通计划。

（3）业务连续性总体计划中描述了事件发生后应急响应、评估、召集、决策、启动各专项预案的整体流程，也描述了财务、法务、人事部门在事件中的配合工作。

（4）支持性部门的预案包括企业 IT、行政物业、媒体公关等部门的内容。

（5）各业务部门和 IT 部门还组织编写了灾后重建恢复方案，包括重建和返回两部分内容。

（6）制定了业务连续性管理程序，包括风险分析管理程序、业务影响分析管理程序、业务恢复管理程序、危机和沟通管理程序、预防和持续改进管理程序、文档管理程序、评审管理程序等。

在制定业务连续性制度时，腾讯云采用了 ISO 的“策划（plan）—实施（do）—检查（check）—改进（act）”（PDCA）模型来策划、建立、实施、运行、监视、评审、保持和持续改进腾讯云的业务连续性管理体系的有效性，如图 6.8 所示。

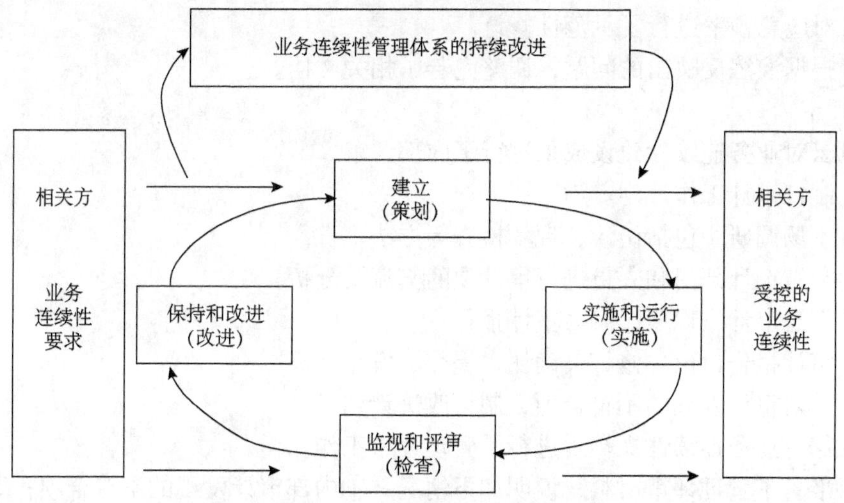

图 6.8　应用于业务连续性管理体系的 PDCA 模型

PDCA 模型解释见表 6.11。

表 6.11　PDCA 模型解释

策划（建立）	建立与改进业务连续性管理相关的业务连续性方针、目标、指标、控制措施、过程和程序，以提供与组织的总方针和总目标相一致的结果
实施（实施和运行）	实施和运行业务连续性的方针、控制措施、过程及程序
检查（监视和评审）	对照业务连续性方针和目标，监视和评审业务连续性的绩效，并将结果报告管理者以供评审，确定和授权纠正与预防措施
改进（保持和改进）	基于管理评审及重新评审的业务连续性管理体系的范围、方针和目标的结果，采取纠正措施，以持续改进业务连续性管理体系

4）运行阶段

A. 业务连续性演练和评估

演练工作分为两大部分。

（1）演练方案设计需要确定演练目标和范围、确定演练原则、设计演练场景、选择演练形式、确定演练评估标准、设计演练流程和组织、制订演练计划、制定演练剧本和操作手册。

（2）演练及总结，包括演练前的培训、演练环境和资源的准备、演练执行、演练总结。

在本次建设过程中，项目组为腾讯云设计了演练方案，包括桌面演练和模拟恢复演练。通过演练，腾讯云达到了以下目标。

（1）检验了业务连续性计划中应急流程和应急操作的通畅性及可操作性。

（2）检验了应急团队组成的合理性。

（3）锻炼了应急团队的应急处置能力。

（4）增进了相关人员对业务连续性计划的掌握程度。

（5）对应急预案进行了示范性修订。

（6）根据演练反映出的问题，调整完善了相关文档。

B. 评审

腾讯云对业务连续性建设成果进行了内部评审。

（1）制订审计工作计划。

（2）现场调研，包括访谈、现场检查等方法。

（3）与被审计部门和人员进行审计项的交流及分析。

（4）汇总审计发现项，编写审计报告。

（5）审计报告讨论、修订、确认、提交、发布。

（6）针对审计发现的不符合项，制订改进计划。

并在修订业务连续性文档后进行了管理评审工作。

（1）准备了管理评审材料，说明如下情况：①内部审计发现的不符合项；②对不符合项的纠正措施的执行情况；③当前业务连续性管理体系情况。

（2）协调腾讯云高管层时间，召开了管理评审会议，汇报评审材料。

（3）听取领导建议，形成了管理评审报告。

（4）针对管理评审的结果，制订了改进计划。

C. 体系更新认证

2017 年 2 月，腾讯云邀请外部机构对精细化的业务连续性管理体系建设工作进行了 ISO 22301 的新一年更新认证工作。项目组在正式认证开始之前与腾讯云进行了相应的准备工作。

（1）开展业务连续性管理体系的完整培训。

（2）收集业务连续性管理体系相关运行记录。

（3）业务连续性管理体系文档的整理和发布。

（4）制订认证计划和人员安排等。

经过认证机构一周的现场访谈、勘察、资料审核，腾讯云通过了 ISO 22301 认证。

5）项目收尾

A. 项目交付物整理

项目组将本项目的所有文档进行整理，包括项目规定的交付物、工具和过程文档等。

B. 项目总结

项目经理编写项目总结报告，描述了项目开展过程、项目成果、后续改进建议等。

然后，项目经理召集项目组及相关部门和领导，召开了本项目的总结会议，听取领导的意见，并批准了项目总结报告，为今后的业务连续性工作的持续开展打下基础。

C. 验收签署

项目总结报告批准后，腾讯云签署了项目验收单。

5. 结语

2017 年 2 月，腾讯云通过了外部机构的 ISO 22301 年度更新认证。本次项目中腾讯云根据自身的运作特点，充分考虑云计算环境下体系实施的复杂性，设计和推行适合于腾讯云的管理体系框架，大大提高了腾讯云的体系实施和管理水平，完善了适合于互联网运作模式的业务连续性管理流程制度和预案。

后续，腾讯云将在团队内部推动建立业务连续性管理文化，使业务连续性管理文化成为团队文化和组织管理文化的一部分，随着业务的快速发展，每年必须进行风险分析、业务影响分析等工作，持续不断地扩大业务连续性管理体系适用范围，优化业务连续性管理组织管理流程，建立相应预案。同时，腾讯云也将与业务开展的相关方合作，共同推进业务连续性管理建设。

注：鉴于相关保密协议的要求，本节中对具体业务以“活动 1、活动 2……”的形式表达，相关表格等内容也以示例的形式给出。

6.2　业务连续性管理灾难应对案例

6.2.1　Exelon 公司应对巴尔的摩骚乱事件

1. 企业概况

Exelon 公司是北美最大的电力公司之一。该集团公司包括 Exelon Generation 发电厂，负责能源销售的 Constellation 公司，以及负责能源传输的 Atlantic City Electric、BGE、ComEd、PECO、Delmarva Power 和 Pepco 等公司（这其中不乏已有近 200 年历史的老牌电力和燃气供应商）。通过这些公用事业子公司，Exelon 公司向美国特拉华州、哥伦比亚特区、伊利诺伊州、马里兰州、新泽西州和宾夕法尼亚州约 1000 万客户提供电力和天然气。其中，Exelon Generation 是美国最具竞争力的发电厂，拥有大约 32 700 兆瓦的核、气、风、太阳能和水力发电的能力，是美国最清洁、成本最低的发电厂。Constellation 是 Exelon 旗下的能源批发和零售公司，为约 250 万住户、公共部门和商业客户提供能源产品与服务，其中包括 2/3 以上的财富 100 强企业。

（1）Exelon 公司的信息安全和业务连续性组织。Exelon 的主要业务，特别在服务方面，例如，电力交易、企业及居民的用户管理，以及总公司和子公司的运营管理等业务，全部都是基于 IT 系统。许多业务，如电力交易等，都有 7×24×365 要求。为确保该系统的安全运行，Exelon 专门设置了企业和信息安全服务部（Corporate & Information Security Service，CISS），来负责全公司 IT 系统的安全运行。同时，在 CISS 中又设置了一个业务连续性与危机管理组织（Business Continuity & Crisis Management），来为全公司提供业务连续性服务，包括规划制订、贯彻实施及演练执行等。

（2）CISS 主要的职责有以下五个：①情报（intelligence），收集对企业的信息系统可能会有威胁和风险的信息；②监测（detect），对信息进行分析和过滤，监测威胁可能性最大的因素；③防范（protect），与相关部门一起制定出预防的措施和对策；④响应（response），当事件或事故发生时协调技术和业务部门进行快速响应；⑤恢复（recovery），当事件影响程度升级到一定程度，启动灾难恢复计划。

（3）CISS 通过公司的具体执行部门或岗位来直接或间接完成这些职责，这些部门包括：企业安保部、信息安全部、Exelon 安全控制中心（Exelon Security Control Center，ESCC）、背景调查服务部（Background Investigation Services，BIS）、业务连续性与危机管理部、情报与安全分析部、网络安全运行中心（Cyber Security Operations Center，CyberSOC）等。

2. 事件概述

1）巴尔的摩骚乱事件的过程简述

2015 年 4 月 12 日，巴尔的摩警察局的官员逮捕了一个居住在马里兰州巴尔的摩的 25 岁非裔美国人弗雷迪·格雷。在警车押运途中，格雷的脖子和脊椎受伤。2015 年 4 月 18 日，格雷在警局中出现了昏迷，随后巴尔的摩的居民在西区警察局前进行抗议。第二天，2015 年 4 月 19 日，也就是格雷被逮捕后一个星期，格雷意外死亡。

在格雷死亡的消息公布于众后，警方一直无法充分或一致地解释格雷被逮捕及受伤后的情况，居民组织了进一步的抗议活动。2015 年 4 月 27 日葬礼结束后，又开始了更加激烈的抗议活动，活动很快升级为严重的骚乱，包括暴力行为。骚乱持续了近 10 日，至少造成 20 名警察受伤，250 人被捕，150 辆车被烧，60 幢建筑物发生火灾，285～350 家商铺遭到破坏，27 家药店遭抢劫，超过 200 家小企业无法正常营业。数千名警察和马里兰国民警卫队被调来处置骚乱，巴尔的摩市区宣布进入紧急状态和实行宵禁。紧急状态一直持续到 2015 年 5 月 6 日才被解除。

2）Exelon 公司所受影响

Exelon 作为巴尔的摩市的第一大企业，其总部的部分机构、子公司的总部在市区有多处办公和运营场地，而且基本都在这次骚乱所影响的地区。该公司受到本次骚乱事件影响的情况如下。

（1）受影响的业务部门：400 个。

（2）受影响的员工人数：约 4500 人。

（3）受影响的办公楼宇：11 幢。

（4）受影响的时间（无法在办公地点正常工作）：8 天。

3. 响应行动

2015 年 4 月 24 日，根据新闻媒体报道的关于在巴尔的摩市区游行示威中出现的骚乱现象，Exelon 公司根据业务连续性计划成立了前期危机支持小组（Pre-staged Crisis Support Teams），该小组由负责企业安全、情报及安全分析、业务连续性等方面的人员组成。该小组的职责是跟踪事态的发展并实时收集来自各个方面的信息并进行分析，负责每天向高管层报告。报告的内容有事态发展趋势、范围、官方的通知及做好准备的建议。

2015 年 4 月 25 日是周末（星期六），位于巴尔的摩市政厅附近的子公司 BGE（Baltimore Gas and Electricity）总部宣布关闭办公场所并增加了保安人员。2015 年 4 月 26 日晚，前期危机支持小组报告了周末事态，以及 27 日将会举行的葬礼活动和在社交媒体上关于“清扫”葬礼后年轻人活动的消息。Exelon 公司高管层通过沟通和对事态的判断，决定 27 日启动业务连续性响应预案。

2015 年 4 月 27 日（星期一）早上首先启动了业务连续性计划的事件指挥中心。指挥中心向员工宣布了关闭办公大楼和厂区的决定，员工可以在家远程工作。因为之前没有专门针对城市骚乱场景制订业务连续性计划，他们选用了针对“暴风雪场景”的业务连续性计划，启动了 5 个“热备”场所，为那些无法远程工作的业务部门提供工作场所，如电力交易、客户服务、室外工程等。

1）Exelon 公司 CISS 部门的响应行动

根据新闻报道，CISS 相关的企业安全、业务连续性及危机管理等部门相关负责人注意到市区发生的骚乱现象，立刻安排了安全人员与城市园区楼宇安全管理部门进行协调，以保障办公场所 7×24 安全，并为远程工作的员工提供支持。安全人员还在整个活动期间与州和地方机构协作，以监督和确保居住在巴尔的摩市或因为工作来往于巴尔的摩市的员工的安全。

同时与企业公用事业（水电气）保障部相协调以保证团队之间进行相关信息共享从而提供有效的保障服务响应。

CISS 采取的响应行动主要有以下几方面。

A. 舆情监控

在整个活动期间，CyberSOC 的监测工作得到了特别的重视。在抗议活动期间，黑客组织指挥攻击了巴尔的摩的企业和国民警卫队网站。CyberSOC 致力于确保关键资产不受网络攻击的危害。监视公共社交媒体和信息资源，从而监测巴尔的摩地区及其周围地区即将发生的抗议活动。

B. 每日汇报

每日向管理层提供事态简报，汇报受影响的业务运行状态，包括事态更新情况、采取的措施及业务部门的恢复要求等。

C. 恢复行动

帮助和协调恢复受影响的业务运行。为受影响的业务运行制订长期的恢复计划，并与相关负责人进行沟通。

启动个人计算机快速供货协议，其中包括 185 台个人计算机和 300 台显示器。与物业和设施管理部门及 IT 支持部门协调，在多个公司所在场所设置温备站点。

D. 员工沟通

每日通过公司的通知系统（NotiFind）向受影响的员工发布指示。与业务运行沟通团队协调，分发每日安全意识信息。

E. 外部合作

情报安全与分析部（Intelligence, Security and Analysis，ISA）向联邦、州和地方相关合作伙伴提供有关网络安全信息。与地方和州政府机构包括政府、执法和应急管理等部门建立联系与合作。

2）Exelon 公司核心业务部门的响应行动

A. 公用事业保障部的响应措施

BGE 公司是 Exelon 集团在马里兰州最大的电力和煤气供应传输公司。它在该地区有近 130 万电力用户和 70 万天然气用户，它的输电输气管线超过 2.6 万英里，有 243 个输电输气站，服务范围覆盖了 2300 平方英里。Exelon 公司受到巴尔的摩骚乱影响的主要业务就是 BGE 公司的服务。

BGE 的公共事业保障部门（Utility Security）是对 Exelon 公司服务所覆盖地区的能源（电力、煤气）供应服务提供保障性工作，例如，用户的电力或煤气使用开通、用户的故障处理、设施和设备的抢修与维护、线路的抢修和维护等。其保障性服务要求 7×24×365 在线服务，人员、车辆及相关维修工具随时待命出发及到位。

由于其服务保障的特殊性，BGE 在骚乱事件发生后快速启动了自己的移动事件指挥中心。还在巴尔的摩城外约 45 分钟车程的地方，为现场抢修工作人员设置了工作准备区。

同时，BGE 相关部门随时监测并每天两次提供天气预报信息，因为恶劣天气会对特殊情形下开展工作带来更多的复杂性。

公用事业保障部门与公司安保部紧密合作，以确保公司的室外工作人员在这期间的日常施工任务得以正常进行并得到完全的安全保障，从而使得公用事业保障这个关键业务在此非常时期不受干扰或受干扰程度降到最低。

公用事业保障部门和总公司安全部门充分利用与公共执法机关已建立的合作关系，从而确保关键场所的安全，如变电站、重要输电设备和线路等。

协调安排往来于临时准备区与公司设施之间的接送班车停靠点。

在城市外围边界地区派驻应急抢修队，并与执法部门协调，以确保当城市内需要响应时能得到安全护送。

与州和地方应急管理机构保持联络及协调以应对更大范围的骚乱。

在以上业务连续性计划启动和运行的同时，BGE 与 CISS 的业务连续性小组讨论了长远规划，他们审查了 BGE 的需求，扩充了其目前事件指挥中心和其他关键业务的能力，更新和加强了已有的业务连续性计划。按照更新后的计划，他们启动了一个关键的热备站点，来完全复制原生产中心的工作站。在该热备站点根据需求配备了完全的运行环境，可以运行其他关键的业务。

B. 商业贸易部门的应急响应

Exelon 另一核心业务——能源销售和配送是由其子公司 Constellation 公司承担的。该公司负责 Exelon 的能源产品（电力和天然气）的销售交易，并配送给 17 个州外加首都特区的企业和居民客户。企业用户包括直接用户、分销商及公用事业公司（包括 Exelon 自己的公用事业子公司）。在自由竞争的市场中，客户可选择不同的价格方案，尤其是批发交易，价格可能是实时浮动的。随时交易，随时配送。因此，这些业务都要求是 7×24×365 不间断的。

由于也受到骚乱事件的严重影响，Constellation 公司启动了其业务连续性计划。按照业务连续性计划的要求，该公司具体采取了以下行动。

根据计划，该公司启动了能源交易和配送的热备站点及温备站点。热备站点可以立刻投入运行，温备站点在配置好必要的设备后投入运行。

在原生产场地还有部分人员工作的同时，其他关键岗位人员搬到热备场地开始接替生产场地，温备场地开始装备成生产场地。

每天向管理层做两次事态汇报。报告热备站点和温备站点的运行情况、人员安置、生产能力、存在的问题及对资源和支持的需求。

协调 Exelon 公司后备站点的商业运营，保持向受影响的运营人员通报情况，确保受影响功能恢复到满足要求的能力。

协调商业支持职能部门（如风险、财务、法律等），以确保满足这些部门在高峰期对场地和电脑方面的要求，从而使其能按规定提供相关报告。

与企业安保和物业部门合作，把关键文件从受影响的场所中转移到热备站点，以避免一般员工还需要进入不安全的受影响区域。

协调安排往来于热备站点（如车位已停满）与额外停车场（如当地大学）之间的接送班车，以确保热备站点工作人员的交通安全。

提供必要的其他后勤服务，包括在后备场所工作环境中所需的水、咖啡、食物（午餐，晚餐）、厕所等，以使员工可以安心地工作。

在后备场所工作 3 天后，有些员工开始烦躁，管理层和危机沟通团队则启动了心理辅导和安抚工作。

当热备场地正常运转后，该公司的业务连续性人员与 CISS 的业务连续性服务团队一起讨论了长期规划。

3）Exelon 公司应对骚乱事件的成果

在受巴尔的摩骚乱事件影响的 8 天非正常情况下，Exelon 公司依靠业务连续性管理保持了正常的运营。在此事件中，该公司按照业务连续性计划，完成了以下行动任务。

A. 业务部门的恢复

执行业务连续性计划数量：76 份。

启动热备站点：5 处。

启动温备站点：4 处。

搬运个人计算机：260 台（其中 185 台由业务连续性服务公司 Rentsys 按合同提供）。

搬运显示器：300 台。

B. 事件响应与协调

运营公司的简报电话会：34 次。

CISS 给管理层的简报：8 份。

SITRep 情况简报：14 份。

C. 员工沟通

应用 NotiFind 系统：21 次。

通过业务连续热线更新信息：21 次。

4. 经验教训

1）Exelon 公司业务连续性规划的范围

（1）7 家运营机构（3 家公用事业、核能发电、传统发电、商业、总公司等机构）。

（2）5 万多名员工和合同工。

（3）48 个州的业务。

2）Exelon 公司业务连续性管理建设现状

（1）拥有 9 名获得业务连续性管理专家（certified business continuity professional，CBCP）资质认证（由业务连续性管理国际权威组织国际灾难恢复协会颁发）的业务连续性专业人员，分布在各分支机构。

（2）制订了约 400 个业务连续性计划。

（3）任命了约 400 个业务连续性计划负责人。

（4）培养了约 450 个业务连续性计划制订者。

3）Exelon 公司 2015 年启用业务连续性计划次数统计

（1）监测危机事件：104 起。

（2）启动危机应对小组：9 次。

（3）启用业务连续性计划：78 次。

（4）启用通知系统发布通知：39 次。

4）Exelon 公司业务连续性管理的三大特点

A. 设置全公司业务连续性计划总协调小组

（1）为所有业务连续性计划制定年度维护和审批制度，并领导和贯彻执行该制度。

（2）协助所有业务连续性计划制订者进行业务影响分析工作，并定期对业务影响分析进行更新。

（3）开发和协助重大演练（包括桌面演练、功能演练、全面演练）。

（4）为公司的热备站点提供支持和指导，以满足实时运营的恢复要求。

B. 协调全企业危机管理响应行动

（1）支持业务部门 7×24×365 值班轮换。

（2）协助业务部门的危机管理小组。

（3）支持业务部门对紧急事件的响应。

（4）支持总部的危机管理小组。

（5）保持事态报告并监控危机状态。

（6）管理快速交付的处理中心和移动恢复中心。

C. 应用业务连续性管理专用辅助工具

（1）LDRPS-BCP/DRP 工具系统。

（2）Exelon Alert 通知系统（由 Send Word Now 公司提供客户化）。

（3）NC4：事件监视和事态进展工具。

（4）iJet and SafeToGo——全球履行安全监控系统。

（5）Quick-Ship & Mobile Recovery Centers——快速供货协议与移动恢复中心。

5）Exelon 公司应对巴尔的摩骚乱事件的经验

A. 初期的通知与沟通

（1）在了解影响 Exelon 业务部门的潜在事件后，CISS 尽早地向各部门负责人沟通相关信息，以帮助他们对其业务部门做出必要的决策。巴尔的摩事件的发展从和平示威到骚乱，再到事态失控，受到了各种人为因素的影响。尤其是在周末，及时将事态的变化与管理者沟通，就会更早、更从容地做好应对最坏情况的准备。

（2）充分利用现有的危机管理制度。在事发初期及时按照公司的危机管理制度启动相关信息沟通机制对于协调后续行动非常必要。

（3）协同 Exelon 各子公司的管理层，确保做出一致的决策并向员工发出统一的通知信息。因为子公司是独立经营和独立运作的，在面对同样的区域性问题时，保持各公司所做出的决策及员工得到信息的一致性，对于统一的响应行动和互相的援助至关重要。

（4）提前做好适当的准备，以帮助员工在事发时能够携带必要的相关文件和设备到后备场所或远程继续有效地工作。启动后备场所后，很多关键岗位的员工就在后备场所继续工作，而某些普通岗位员工则可以在家远程工作。巴尔的摩骚乱事件发生时，有些员工发现他们工作所需的文件或其他物品还留在办公室，导致了工作的延误或停顿，因而不得不安排保安人员护送员工去办公室取，所幸当时办公室所在地还没有被封锁。

B. 重要记录的可访问性

（1）将文件保存在适当的区域以便随时访问（不要仅保存在电脑本地驱动器或桌面上）。有些员工将重要文件或记录仅保存在本地驱动器上，而没有上传至共享数据中心，这使得在转移到后备场所后无法找到这些文件或记录。

（2）如果需要重新映射它们，请确保共享驱动器和 SharePoint 站点的路径有完整的记录。这也是一个在转移到后备场所时容易忽视的细节。有些员工的工作共享盘或 SharePoint 的路径没有记录下来或已改动，使得他们无法访问所需的数据。

C. 员工设备的物理和虚拟接入

（1）有些配备笔记本电脑的员工没有遵循最佳工作条例的要求，将笔记本电脑在上个工作日结束时带回家。给这些员工配备笔记本电脑是因为他们有可能需要随时远程接入公司服务器工作，因而条例要求他们每天下班后将笔记本电脑带回家。骚乱事件发生后，办公大楼在周末宣布关闭，有些员工，特别是那些关键岗位的员工发现自己的笔记本电脑还留在了办公室里，需要通过特殊的安保流程才可以去取出来。

（2）有些员工将文档保存在其硬盘驱动器上，而没有保存在共享驱动器或个人移动硬盘上。当通知他们办公大楼关闭，需要去后备场所工作时，发现无法找到工作文件。

D. 工作报告的要求与工作报告的重点

（1）业务部门应全面评估工作报告中列出的要求（即转移到公司设施场所或在家中工作的要求），并更新其相应的业务连续性计划。

（2）应事先准备好对工作电脑或特殊环境的具体要求（如安全的办公场所）的书面详细清单，以确保快速得到重置并得到业务连续性及物业和设施管理部门的协助。

E. 员工联络信息

（1）PeopleSoft（企业人事管理软件）中准确的员工联络信息对于在事件响应期间与员工进行沟通至关重要。本次事件中进行沟通时发现，某些员工的联络信息已经无效了，这也是业务连续性计划中常常会出现的一个漏洞。因为该软件的使用和管理者是人力资源部，业务连续性管理团队应依据人力资源部的最新员工联络信息更新业务连续性计划。尤其是要对管理者和关键岗位人员的联络信息进行定期验证。

（2）每个员工应负责通过 MyHR 自助服务工具维护更新其联系信息。

F. 全面开展业务连续性管理的培训

管理者应与其团队一起全面开展业务连续性管理的培训，以确保所有员工在业务中断事件发生时熟悉工作报告、特定任务及手工临时处理方法等方面的要求。

5. 结语

这场由警察执法不当导致的巴尔的摩的市区民众示威游行最终演变为严重的暴力骚乱事件，历时近 10 天，许多企业和个人都受到了严重影响，甚至付出了沉重的代价。作为进入《财富》杂志 100 强的美国最大的电力和天然气能源供应商，Exelon 集团的部分公司也经历了有史以来规模最大的挑战。幸亏该公司事先制订了较完善的业务连续性计划，并在事件发生后得以及时启动，使得该公司无一人受伤，无一处财产受损，更重要的是其核心业务及时得以恢复运行，公司业务营收基本没有损失。该公司在此次大规模骚乱事件中所采取的全面应对措施和业务连续性计划，已成为各行各业进行研究借鉴的业务连续性管理经典案例。

6.2.2 Delta 航空公司遭遇电脑宕机事件

1. 企业概况

Delta 航空公司是一家具有近百年历史的大型航空运输服务企业，服务范围覆盖全球 57 个国家 323 个目的地，每年平均运送旅客达 1.8 亿，年营业利润收入达 61 亿美元。2017 年，Delta 航空公司入选 Fortune's Top 50 最佳企业及最佳航空企业（这是在过去的七年中第六次入选），并且是唯一连续六年在商务旅行新闻年度航空公司调查中排名第一的企业。Delta 航空公司总部位于美国亚特兰大，拥有员工 8 万多人，每天可为全球旅客提供 15 000 多个航班服务。Delta 航空公司在机场设施、全球产品和服务、技术等方面已投资数十亿美元，以提高客户在空中和地面的旅行体验。客户还可从 Delta 新闻中心、delta.com、Twitter@DeltaNewsHub、facebook.com/delta 或搜索 Delta 关键字等渠道随时了解 Delta 航空公司各方面的详细信息。

1）Delta 航空公司的安全保障措施

在今天经济全球化环境中，航空运输领域的企业除了面临更大的市场竞争压力外，提供安全和顺畅的运输服务已成为各航空公司的基本要求。所有企业都必须做好随时迎接任何挑战的准备。作为全球领先的航空服务企业，Delta 航空公司更是把给客户提供安全无缝的旅行体验（safe and seamless travel experience）作为其首要目标。为此，Delta 航空公司制订了一系列完善的安全保障规划，并且常年坚持不断地改进和完善。这些安全规划主要包括客户健康与安全、应急规划和响应、危品处理、安保管理措施、网络安全与信息管理等各个方面。其中包括航空安全行动计划（aviation safety action plan，ASAP）、飞行质量保证计划（flight quality assurance plan，FOQA）等。

由于航空运输的日常运行管理非常复杂，包括飞行、场站、供给、货物、维护、机组排班、调度及气象等许多方面，每个方面既需要独立运行，又必须协调一致，而且会面临其自有的挑战和风险。为此，Delta 航空公司采用了一套综合的安全管理系统（safety management systems，SMS），来全面地分别评估每个方面并系统地识别出潜在的危险。

2）Delta 航空公司的应急管理和业务连续性体系建设

为了更好地实现让旅客在任何情况下都能享受到安全无缝的旅行体验，近几年来，Delta 航空公司已将应对突发事件的应急响应措施与业务连续性管理相结合，不断完善应急响应计划和业务连续性计划。这不仅扩大了应对事件的范围（从飞行事故等航空灾难事件到技术故障和人员误操作等日常事件），而且把对客户的服务承诺提高到了一个新的水平，同时参与人员也从主要依靠专业救援人员，扩展到全体员工。Delta 航空公司通过不断地提供培训和支持，确保业务连续性和应急响应计划落实到位，从而能够恰当地应对任何危机给公司带来的影响。

Delta 航空公司经验丰富的应急响应人员能够通过快速评估事态，并根据预先制订的计划来制订危机处置的行动方案，从而应对任何灾难。频繁的训练和模拟演练使员工熟悉响应流程，并做好随时进行响应的准备。同时，他们还要持续不断地发现实际危机中超出计划的情况并加以改进。

3）Delta 航空公司业务连续性目标

Delta 航空公司的业务连续性管理针对的是那些直接影响公司日常运营的灾难事件，包括关键的基础设施、技术或人员受到损失等事件。重大业务中断的范围和持续时间可能会有很大的不同，因此，根据行业最佳惯例，Delta 航空公司制订了全面的业务连续性计划，并与私营组织和公共机构建立合作关系，以确保计划的重点和适用性是可行的。虽然 Delta 航空公司认识到无法消除所有中断事件发生的可能性，但公司的目标是实现无论何时发生影响业务的事件，都能为客户提供一个安全无缝的旅行体验。

4）Delta 航空公司的应急响应职责

Delta 航空公司的应急响应是与各小组跨部门地进行协同工作，以确保每个部门了解他们在应对飞机灾难或劫持时的角色和责任。这些受过专业培训的员工对 Delta 的应急计划充满热情，并有许多志愿者成为该小组的成员。2015 年，Delta 的应急响应小组巡访了全球 23 个站点，对每个站点的人员进行了本地应急响应计划（local emergency response plan，LERP）的培训。LERAP 是一个用于指导特定站点应对飞机事件时的应急计划文档。Delta 航空公司的天合联盟合作伙伴法国航空（AirFrance）及荷兰皇家航空公司（KLM Royal Dutch Airlines，KLM）利用相同的计划文档和培训，为世界各地的三家航空公司提供了一致的响应。通过这种合作互助的方式，Delta 航空公司 2015 年在全球 60 多个站点开展了培训。

此外，2015 年全公司超过 25 个部门、Delta 航空公司的联盟伙伴开展了全公司范围的应急演练。设计这些模拟演练都是为了严格测试和考验所有 Delta 航空公司的响应者和响应流程。这些演练还包括了两个 Delta 联盟合作伙伴和 Delta 之间的首次联合演习。联合演习使得过去无法测试的计划得以测试，如沟通协调及为 Delta 航空公司的合作承运人提供家庭帮助。

5）Delta 航空公司关怀团队

Delta 关怀团队（The Delta Care Team）是紧急响应计划的主要组成部分。该团队是由来自世界各地的 2600 多名志愿者组成的多元文化团队。这些志愿者经过专门的培训，给幸存者和家庭成员提供关怀和专业的帮助。所有关怀团队的成员不仅在加入时必须经过专业的培训，还需要定期参加能力更新培训，以保持他们具备最新的工作技能。2015年，又有 386 名 Delta 员工自愿加入了关怀团队，并开始参与该计划。

当飞机发生事故时，Delta 航空公司的乘客查询中心（Passenger Inquiry Center，PIC）就会启动，该中心将利用 2500 名受过培训的机票预订员来接听公众的来电。公司的机票预订部负责培训和启动这个庞大的响应团队。事故发生时，该部门的另一个主要职责就是生成乘客订单。为了确保这一关键流程的准确性和及时性，该团队每年要进行 900 多次订单验证训练。

6）Delta 航空公司业务连续性及应急计划的作用

由于航空公司业务全球化的特点，每年遭遇的大灾小难也越来越频繁，这无疑是对航空公司应急响应和业务连续性能力的考验。由于 Delta 航空公司对业务连续性和应急响应能力非常重视，相关计划也制订得比较完善，近些年在公司应对各种危机事件中发挥了较大的作用。从以下几次紧急事件的应对中可见一斑。

A. 支持马航失联事件的家庭援助计划

2014 年 3 月 8 日 0 时 42 分马航 MH370 从马来西亚吉隆坡国际机场起飞，计划于早上 6 点半降落在北京首都机场。1 点 20 分，MH370 在马来西亚和越南的交界处与胡志明管控区失去联系，管控区并未收到失踪飞机的求救信号。虽然由澳大利亚、中国、马来西亚、美国、英国等多达 11 个国家联合进行了长达近一年的搜救，最终还是于 2015 年 1 月 29 日，在 MH370 失联后第 328 天，由马来西亚民航局正式宣布 MH370 航班失事，并推定客机上 239 名乘客和机组人员已全部遇难。遇难乘客中除了有 152 名中国乘客外，还有马来西亚、印度尼西亚、美国、澳大利亚等 15 个国家或地区的乘客。

Delta 航空公司的联盟合作伙伴荷兰皇家航空公司由于与马航共享航班，有客户在 MH370 上，故 MH370 失联后需要启动家庭援助计划。为了支持荷兰皇家航空公司的家庭援助计划，Delta 航空公司于 2014 年 7 月 17 日启动了针对该计划的应急指挥中心，从而帮助荷兰皇家航空公司及时地与相关乘客的家属进行沟通，以及妥善处理后续事宜。

B. 应对非洲埃博拉病毒爆发

2014 年，由于非洲埃博拉病毒爆发，Delta 航空公司启用了其业务连续性计划。由于提前进行了规划和培训，当疾控中心（Center for Disease Control，CDC）第一次宣布提高疫情警告时，Delta 航空公司能够迅速启动大规模流行病计划。由于 Delta 航空公司的大规模流行病规划是根据 CDC 的指南进行开发的，所以在响应期间，Delta 航空公司与相关私营和公共部门能够密切合作，从而确保了 Delta 航空公司的计划满足或超过航空公司的新要求。协调一致的大规模流行病计划确保了公司员工的安全，保护了旅客的安全出行，同时也减少了由要求对疑似患病乘客进行的额外检查程序造成的延误。

C. 应对飞机偏离跑道事故

在 2015 年 3 月，当得知 Delta 航空公司的 1086 航班在纽约 LaGuardia 机场着陆时滑出了结冰跑道的消息后，Delta 航空公司立即启动了应急响应计划。该场站启动了他们的本地应急计划，并与亚特兰大总部的运营和客户中心（Operations and Client Centres，OCC）携手合作，为受事故影响的客户提供帮助。Delta 航空公司的 LaGuardia 团队在这个困难时刻响应非常迅速，及时地满足了客户的需求。

然而，真正考验 Delta 航空公司业务连续性和应急响应能力的时刻，则是 2016 年 8 月 8 日，由于一次计算机系统宕机，三天内数千个航班延误、几十万旅客受到影响。此次宕机事件尽管暴露了 Delta 航空公司在 IT 系统和运维方面存在的问题，但在如此大规模航班延误事件的处置过程中，也反映了 Delta 航空公司具有很强的大规模应急协调能力，尤其是在有条不紊地逐步恢复核心业务的过程中，充分地体现了 Delta 航空公司的业务连续性管理是以提高客户的良好旅行体验为首要目标。此事件虽然给 Delta 航空公司带来了不小的经济损失，但由于其业务连续性计划发挥了重要的作用，公司最大限度地维护了品牌形象，得到了多数客户的谅解，赢得了更多的市场机会。因此，这一事件无疑值得大家作为业务连续性管理典型案例加以认真研究，既可从中吸取某些教训，同时也能借鉴其中的重要经验。

2. 事件概述

1）酿成大祸的小故障

2016 年 8 月 8 日凌晨两点半，Delta 航空公司位于亚特兰大总部的信息中心，一块电源控制板突然发生过热而被烧坏，虽然没有引起火灾，但导致计算机的供电系统立刻失灵，造成整个计算机系统发生宕机，紧接着各机场的旅客值机系统报告无法获得正确信息。

2）灾备系统未显神威

事故发生后，公司 IT 部门立刻紧急启动了灾备切换。但是很遗憾，关键的系统和网络设备未能切换成功，原因是数据中心的 7000 多个系统部件中有 300 多个由于配置信息不正确而无法恢复。尽管 Delta 航空公司对信息系统非常重视，已投入上亿美元的建设资金，然而，百密一疏，还是发生了意外情况。这也反映了 IT 系统本身的复杂性，仅靠技术手段并不能完全避免灾难。

3）宣布停飞实属无奈

2016 年 8 月 8 日早上 5 点系统还未完全恢复正常，机场旅客值机系统还是无法正常工作。作为把安全飞行视为高于一切的 Delta 航空公司，经过慎重考虑，为了安全起见，宣布暂停未出港航班的飞行（已经起飞的航班不受影响）。

4）事件造成严重影响

尽管几个小时后，电源系统已恢复正常，但由于数据更新需要一定时间，而且停飞已经造成一些航班的积压，虽然已开始逐步恢复航班飞行，但大量的航班都需要重新安排飞行计划，并重新调配机组人员（按照美国航空业相关法律规定，飞行人员的工作时间是有严格限定的），这些都会造成大量航班延误的累积增加。

2016 年 8 月 8 日和 9 日，每天宣布延误和停飞的航班均有数千班次，至 11 日完全恢复正常之前，累积受影响的航班超过 6000 个，不同程度受影响的旅客人数累积达到数十万人次。有报道称，Delta 航空公司为应对这次史无前例的灾难事件付出的经济代价超过 5000 万美元。

3. 应对措施

1）高管层直面公众

2016 年 8 月 8 日，事发当天上午 10 点半，Delta 航空公司首席执行官（Chief Executive

Officer，CEO）Ed Bastian 先生在运营和客户中心正式向公众发表视频讲话，向受此次事件影响的所有旅客再三表示道歉，并表明公司全体员工正在全力以赴不分昼夜地将航班飞行时间恢复到正常状态。他在讲话中坦诚地向公众说明："今天凌晨两点半出现电源故障导致我们五点钟宣布暂停飞行"，"并对由此给大家的旅行造成麻烦深表歉意"。同时，他明确地表示 Delta 航空公司已启动赔偿机制来弥补此事件造成大家行程变更所带来的不便，他告诉大家可以通过访问 Delta 航空公司官网或通过任何订票代理了解相关具体信息。

2016 年 8 月 9 日，Delta 航空公司 CEO Ed Bastian 先生再次发表视频讲话，他向大家通报了事件的最新信息，他坦率地告诉大家该事件发生的第一天已导致 800 个航班被取消，这一数字是 Delta 航空公司在此之前全年美国境内取消航班总数的三倍。"这确实不是你们希望从 Delta 航空公司得到的服务质量和信赖感"，Bastian 诚恳地说道，"我们非常抱歉，我个人也非常抱歉"。Bastian 在承认自己过错的同时还衷心地感谢顾客对 Delta 航空公司的耐心和忠诚。他表示："我们将会尽一切努力来确保此类事件不再发生"。

同一天，Delta 航空公司的首席运营官（Chief Operating Office，COO）Gil West 先生也通过公司官网向客户坦率地说明了造成 Delta 运营中断的技术故障原因，并解释了为什么还会持续地延误和取消一些航班。

West 先生坦率地说道："星期一早上我们技术指挥中心的一个关键电源控制模块失灵，引起变压器浪涌并造成停电。由于公共电力仍然是稳定正常的，所以电源很快得到修复并恢复了供电。但是，事故发生时，关键的系统和网络设备并没有成功地切换到备份系统上（虽然其他系统切换成功），因此，我们目前发现这些系统仍然处于不稳定的状态。例如，我们发现一个系统仍然运行缓慢，该系统是机场客服代理用来处理值机、登机及调度飞机的。今天，在我们努力进行恢复的同时，Delta 代理一直在使用我们以前为此系统设计的老接口。"他进一步解释道："Delta 是一架高度依赖于按照客户要求制定的时间表进行人员运输的巨型机器。与发生了恶劣天气事件一样，对于一个全球化的大型航空公司来说，需要超过 24 小时以上的时间来恢复正常运行并不奇怪。当 Delta 航班停止飞行时，不仅客户不能到达他们的目的地，航班的机组人员也同样不能到达他们计划中的目的地。很不幸，发生这种情况时，就会造成更多的航班延误和取消。并且，在法律要求的休息时间之前，机组人员只能按照限定的时间当班。机组人员——包括飞行员和空乘人员——都需要按照事先预定的时间表（包括安排航班、预订酒店等）来轮流当班。而当发生航班取消时，预定的轮班时间表就失效了。这涉及无数的飞行员和空乘人员及航班时刻表，因此重新制定轮班时间表就是一个非常耗时的过程。"他强调说："在我们的所有行动中，保持安全始终是我们的首要考虑，尤其是当我们正处于恢复模式的运行状态中，我们必须确保当班的机组人员具备他们所需要的一切来执行一个安全的飞行，特别是要给他们提供一致的信息。"他最后表示："Delta 全球的员工都正在尽一切可能使运行恢复到正常状态并将客户送达他们的目的地。我感谢 Delta 员工为此所做的努力。我们很抱歉我们的技术故障给如此多的客户带来不便，并感谢他们给予 Delta 航空公司极大的信任和耐心。"

Delta 航空公司的高层领导及时出面向公众坦诚地道歉并进行必要的耐心解释，获得了大多数客户的信任和谅解，这在整个事件的应急处置过程中是至关重要的，也为后续的恢复工作打下了良好的基础。

同时，公司立刻宣布启动赔偿流程，并对具体的规定提供了详细的说明（例如，取消或延误超过 90 分钟的旅客可获得未使用行程全额退款或免费改签一次，以及在 2016 年 8 月 8 日至 10 日期间，凡是遭遇航班延误超过 3 小时或航班取消的旅客均可获得 200 美元的旅行代金券等）。并且反复提醒旅客关注 Delta 官网上最新的航班动态，帮助客户及时调整出行计划，从而最大限度地降低了对客户造成的影响。

2）保持机场候机服务

航班的延误造成一些旅客滞留在机场，这些旅客往往都是航班延误最大的受影响者，对这些旅客的安抚和服务能否及时到位，也是航空公司服务水平的重要体现。为使这些旅客得到及时的关照，Delta 航空公司启用了旅客等待期间的关怀计划（care while waiting program），并调动了其由各地志愿者组成的关怀团队（The Delta Care Team），来协助为旅客安排饮食、提供毛毯等机场候机服务。并为当天不能起飞航班的旅客及时安排旅店住宿。

同时，为了晚上滞留机场的旅客仍然能够买到所需的饮料和食物（通常机场的餐饮店仅服务到晚上 9 点），Delta 航空公司主动与这些机场饮食店进行协调，请他们适当延长营业时间。

3）按优先级恢复业务

在等待值机系统完全恢复正常期间，Delta 航空公司启动了临时的手工操作流程，包括人工核对旅客信息、手写登机牌等服务，以使部分航班得以起飞。

同时，Delta 航空公司协调租用某些私人飞机来运送部分优质 VIP 旅客和有紧急特殊需求的旅客。从而确保公司的优质客户对 Delta 航空公司的信任度。例如，此次事件发生时，正值里约奥运会召开期间，2016 年 8 月 8 日，一位美国田径运动员搭乘 Delta 航空公司的飞机正好在亚特兰大转机去里约。针对这位特殊的旅客，Delta 航空公司专门安排了私人飞机将其送到里约并协助其安排好入境后去往奥运村的交通车辆。

从 2016 年 8 月 8 日至 10 日，Delta 航空公司按照其业务连续性计划，根据航班的优先级别有条不紊地逐步恢复各航班的运营，直至全部业务得以正常运营。

4）高效地沟通与协调

在三天的紧张恢复运营的过程中，高效地沟通与协调显得尤为重要。事实上，沟通是一切应急预案的重要保障。为此，Delta 航空公司启用了包括危机沟通计划在内的各项应急预案，以使全球各部门的员工和志愿者都能按计划地进行协同工作，从而保证了整个恢复过程的安全有序。

为了高效地进行信息沟通，Delta 航空公司利用了高效的 Notification 工具来保持全公司各部门、各地区之间的信息交流的及时和准确。

从事故发生的当天开始，直到最终全面恢复正常运营，在 Delta 航空公司的官网上，全程实时公开向公众通报事件的每一步进展，这种公开坦诚的态度为 Delta 航空公司危机公关的成功奠定了良好的基础。客户可以从 Delta 航空公司官网上看到从 2016 年 8 月 8 日凌晨 2 点半发生事故到早上 5 点公司宣布暂停航班飞行，再从早上 8 点 40 分开始逐步恢复航班飞行，以及每天航班的延误、取消和恢复数量等信息，并且全天都在实时地进行信息更新。这些信息的及时公布，非常有利于相关旅客及时调整自己的行程安排，从而大大降低了事件对客户造成的影响。

5）关怀计划中的贴心服务

在 Delta 的关怀计划中，不仅有对优质 VIP 的优先服务，同时还利用舆情监控系统实时跟踪社交媒体上客户的意见反馈，以使航空公司能够实时了解客户受影响的状况，从而有机会为客户提供独到的创造性关怀服务。虽然 Delta 航空公司无法回应每个人的要求，但各小组都在尽可能地为客户提供个性化的贴心服务。这些措施也是整个运营恢复计划的重要组成部分。

Delta 航空公司的高级副总裁兼首席市场官 Tim Mapes 表示："这些发自 Delta 人内心的行为体现了员工在整个恢复过程中的关怀水平。我们所做的一点一滴，都将加强客户首选 Delta 的理由。"

在此，我们通过以下几个事例即可窥见一斑。

A. 事例一

事故发生的当天（星期一）下午，一个名叫瑞秋的 Delta 客户发了一条推文："我一生中最信任 Delta 航空公司，作为你们的忠实客户，当我在机场等了 5 小时后，你们竟然没有一个人能为我买杯星巴克咖啡。"

Delta 航空公司的社交媒体小组看到这条推文后相当重视，他们把它当作一次恢复服务的机会，他们马上给瑞秋发送了一张 25 美元的星巴克电子礼品卡，并附上了一封道歉信："瑞秋您好，对于航班延误给您的旅行造成的不便，我们深表歉意。看到您的推文后，我们同意给您买杯咖啡，请您享用。您 Delta 的朋友 Laura McGil。"

B. 事例二

另一位客户在圣安东尼奥机场由于航班延误，无法及时赶回来参加他女儿幼儿园的开学典礼，这让他感到非常沮丧。Delta 的社交媒体小组发现了他在社交媒体上的抱怨后，除了向他表示抱歉外，还特意给他女儿送去了一个水果花篮，并附上了一段温馨的祝福："阿狄森你好，我们很抱歉，你爸爸因为我们的航班延误错过了你的重大日子。我们祝愿你在幼儿园里将度过了不起的一年！你 Delta 的朋友们。"

C. 事例三

然而，航班延误和取消并不仅仅对正在旅行的人有影响，还有可能对那些当时不在旅途中的人有影响。航班延误发生的当天，有一位名叫布莱恩的旅客发了一个推文："由于 Delta 航空公司取消了我的航班，我无法及时赶回去照顾我的孩子，因此，就得辛苦我妻子一个人照顾孩子。他们应该给我这样经常飞行的人提供一项新的福利，给我的妻子送些鲜花。"

社交媒体小组看到此推文后，也没有掉以轻心，立刻给布莱恩的妻子卡拉送去了一个花篮，并附了一个留言："我们知道航班延误影响的不仅仅是正在旅途中的人。布莱恩认为您应得到这些鲜花，对此我们表示完全同意。感谢您和您的家人与我们一起飞行。您 Delta 的朋友们。"

虽然社交媒体小组无法回应每一个推文，但这些细小贴心的举动可以帮助客户缓解困难情形。Delta 航空公司表示，这些看似不起眼的小行动，在整个恢复行动过程中，对减小事件造成的声誉影响、保持客户的信任度往往能起到重要作用，因此也是整个公司业务连续性计划中不可缺少的重要内容。

4. 经验教训

这次由 IT 系统宕机导致大规模航班取消和延误，造成数十万旅客受到影响的灾难事件，对于全球第二大航空公司 Delta 航空公司来说也是有史以来第一次。显然有许多值得借鉴的经验和应该吸取的教训。

1）值得借鉴的经验

这次危机事件虽然影响规模很大，但幸亏 Delta 航空公司近些年对业务连续性管理体系的建设十分重视，具备较完善的业务连续性计划，因此才得以幸免于难。从前文介绍的该公司在此次灾难事件中的响应措施，我们可以总结出一些值得借鉴的经验。

A. 及时有效地沟通

企业在面对逆境时，关闭沟通渠道无异于选择自杀。要想成功地应对危机，就需要不断地进行沟通，包括内部和外部的沟通。并且内部沟通必须先行。在对外沟通之前，必须先与沟通团队召开闭门会议，对事态进行了解和分析，对沟通的对象、内容、时间等进行充分讨论，达成统一的向公众通报的关键信息，并起草好新闻稿，从而确保所发布信息的一致性，以免发布的信息混乱和矛盾。然而，危机沟通的有效性又体现在是否及时，所以时间管理至关重要，因此对外沟通前的所有准备工作都必须在很短的时间内完成。

实际上，在危机发生之前就需要开始管理危机。组织需要事先任命危机管理团队，并进行培训，以使每个人都知道自己在危机管理过程中的职责，并熟练地掌握沟通和汇报的方法。

一旦制定了有效的沟通策略，就需要及时进行信息发布。在这个关键时刻，应该通过各种信息发布渠道（包括客服、网站、社交媒体、网络论坛等）尽可能地快速和广泛地进行沟通。同时，及时更新信息内容，实时跟踪客户的反馈也是有效的危机管理中的重要组成部分。

Delta 航空公司在应对本次危机事件过程中，充分地验证了该公司的危机沟通计划在以上几个方面的有效性。该公司的官网一直保持实时地更新事态和航班动态发布，使客户在此危机期间能够提前调整计划。该公司通过完善的社交媒体跟踪系统，及时了解客户的意见和需求，并与客户保持了良好的沟通，同时还有针对性地提供了个性化的贴心服务。

B. 坦诚面对公众

诚实产生信任，信任在企业进行全面沟通的过程中永远都是最重要的。企业在事件处置过程中与客户建立的良好关系不仅对有效的危机管理本身至关重要，还能很好地保护未来的业务关系，从而使客户永远愿意继续与他们信任的公司继续合作。

诚实虽然是不可或缺的，特别是在发布沟通信息时，然而保持恰当的透明度却是关键的要点。如果信息提供得不够及时，让乘客在茫然中等待，他们就会变得不耐烦并开始猜测。反之，如果问题披露过多，引发的过激批评也会打扰恢复工作。因此，面对不利的情况时，诚实地面对旅客，恰当地发布信息，其实是很有挑战性的。但为了保持客户信任度并尽快恢复运营，迎接挑战花时间找到正确的解决方案还是非常值得的。

在本次危机事件应对过程中，Delta 航空公司最显著的成效正体现在这个方面。该公司在高管层的带领下，非常公开和诚实地让旅客及时了解所发生事件和原因，以及恢复过程可能需要的时间等。当然，他们也向乘客诚恳地表示了道歉，并承诺不会再次发生此类事件。

C. 按优先级恢复

良好的沟通最终都是为了尽快恢复服务和运营。因此，在让客户及时了解相关信息的同时，就需要尽快地恢复服务。然而，Delta 作为全球第二大航空公司，在发生了有史以来最大规模的停运危机事件后，需要恢复的业务数量和种类可想而知是非常巨大的，如果没有一个很好的恢复方案，是很难有条不紊地进行恢复的。所以，当务之急就是要有一个按照合理的优先级进行恢复的有效策略。

Delta 航空公司在努力解决恢复问题时，客户优先是首要的考虑因素。平时解决问题通常都是按照先到先得的原则，但在紧急事件处置过程中这种方法是不适用的，而应该采用具体事情具体分析的逐案解决法（case-by-case）。Delta 航空公司按照逐案解决法，根据事先制定的应急响应原则，针对旅客不同情况（包括滞留机场、航班取消、航班延误等）制定出恢复的优先级，确保每个特定情形都得到了慎重的处理。

在 Delta 航空公司恢复策略中，还包括了针对旅客的补偿规定，例如，免费为航班延误的客户改签航班，并为他们提供 200 美元的补偿旅行优惠券，这个措施不仅缓解了客户的情绪，还鼓励了客户继续搭乘 Delta 航空公司的航班。

2）需要吸取的教训

虽然面对如此大规模的灾难事件，Delta 航空公司进行了有效响应，使公司所受到的损失大大降低，并较好地维护了公司的声誉，然而，从引发事件的原因来看，还是暴露了该公司 IT 系统设计和运维方面的缺陷，也是我们大家都应该吸取的教训。

A. 缺乏运维时间窗口

Delta 航空公司这次停电事故反映了航空业及其他行业具有 7×24 高可用要求的企业共同面临的严重问题，即缺乏足够的运维时间窗口。像 Delta 这样的全球化大型航空公司，必须 7×24 全天候地运转，导致没有足够的时间关闭基础设施和备份系统来进行必要的定期维护，以保证设施和技术都得到了必要的更新。这种技术隐患有可能是致命的，甚至比其他更直观的灾难（如火灾、地震、飓风等）危害更大。

这次事件不仅是对 Delta 航空公司敲响了警钟，也是对所有要求全天候运营的企业的重要警示。既然业务的发展和市场需求已经不能给运维更多的停机时间窗口，那么就必然要求采用新的技术方案和新的运维模式。

B. 及时更新技术设施

为了加速业务发展和开拓市场，近十年来许多公司都进行了并购和重组，例如，Delta 航空公司就是通过并购美国西北航空公司而成为全球第二大航空公司。这就难免带来不同公司新老设备进行整合的难题。正如 Airfarewatchdog 公司总裁乔治·霍奇卡（George

Hobica）所说：“这些航空公司一直在处理多年来拼凑在一起的设备大杂烩。”虽然有些系统已经更新了，但其他系统却过时了。新的核心业务无法依靠旧系统来支持。

Delta 航空公司这次停电事故应该对所有企业都是一个警示。备份和恢复系统需要定期进行升级和测试，以确保其工作的稳定性。假如 Delta 航空公司在测试期间模拟出了电源故障的情况，他们就会知道他们数据中心的备用系统某些部分存在问题而不能正常接管系统切换。

要从停电事故中成功地恢复取决于是否具备可以启用的冗余设施和备用系统，从而消除单点故障，以确保业务连续性。目前，Delta 航空公司正在致力于开发冗余的电力系统、网络连接和关键的应用。

C. 定期系统测试

电源故障是引起系统中断的最常见原因之一，也是导致切换到备用站点的原因，所以应该定期测试。不间断电源和发电机启动时间也需要定期测试，IT 系统的切换测试至少每年必须进行一次。

根据报道，Delta 航空公司的一些系统切换成功了，但其他的没有成功。在实际应用中，单独恢复某个子系统也很常见。当发生这类电源故障时，就会要求恢复部分子系统，假如碰巧这些子系统尚未经过测试，那么单个系统也许能够独立地运行，但数据传输瓶颈可能会限制整个系统的性能。因此，还需要针对灾难场景开展相关的演练，以检验各个子系统相互之间是否匹配，并且整个流程能否正常工作。

D. 确保灾难恢复计划有效

对于航空旅行来说，宕机的严重结果就是骨牌效应。取消单个航班就会影响其他飞机和机组人员的时间安排。这点对于其他企业来说，可能不是那么明显。

在灾难恢复期间，可能同时会有几个需求。首先，需要调用灾难恢复，以便用来为客户提供服务；其次，需要解决这个电源控制模块和变压器中的故障问题；最后，需要从备用系统切换到主服务器。对 Delta 航空公司来说，当发生类似情况时，还需要制定临时空中交通管制时间表和机组人员可用时间表，显然，这个难度又大大增加了。因此，指定一个有效的灾难恢复计划是至关重要的。

计算机灾难恢复专家 Gil Hecht 说：“Delta 很可能在 IT 系统中建立了一个灾难恢复计划，但却没有验证其配置的正确性，所以事发时未能恢复所有丢失的数据。”

Delta 航空公司的 IT 系统故障虽然导致了公共关系的灾难，但是对于我们其他人来说，却是一个重要的警示：千万不要使用过时的、配置错误的或 IT 网络资源不足的系统来处理业务。特别是作为一个行业巨头，一个小的 IT 系统故障也可以导致成千上万的客户选择乘坐其他航空公司出行的灾难。当然，风险依然存在：如果其他商业航空公司没有正确有效的备份系统、灾难恢复和业务连续性计划，那么它们也可能会遭遇 Delta 航空公司同样的命运。

5. 结语

灾难来袭，危机发生，甚至偶然的巨灾发生，都可能是不可避免的，但是，处理它们的方法却是可选的。事先制订好在紧急情况下的应急计划可以迅速减少企业和客户的烦恼。通过确保与企业员工和客户进行诚实的沟通，并按逐案解决法进行有效的恢复工作，就能使企业摆脱任何挫折，并与客户建立更强大、更持久的关系。

航空业的风险管理方法也可以运用于其他行业，关键在于是否制定了有效的策略和计划。以客户需要为首要考虑的因素，及时和诚实地与客户进行沟通，使他们能够提前及时地重新调整其工作计划，这才能够使企业在危机事件发生时，与客户的业务关系变得更好，从而化危为机。

Delta 航空公司经历的这场灾难事件及其采取的应对措施充分告诉我们，技术系统既可以帮助我们高效地、自动地提供服务，但同时也面临着其自身存在的薄弱环节，应对灾难，既要利用先进的技术方案，又不能完全仅依靠技术手段。建立完善的业务连续性管理和应急管理机制与流程，制订有效的业务连续性计划，才能确保企业临危不惧，从容应对，化危为机。

6.2.3　腾讯公司天津滨海新区爆炸事件中的应急处置

1. 事件情况概述

2015 年 8 月 12 日深夜，天津港瑞海公司危险品仓库一声巨响，震动了整个滨海新区。建筑面积 9 万平方米，可容纳服务器 20 万台的腾讯天津数据中心是腾讯在亚洲最大的数据中心，距离爆炸点仅仅 1.5 千米。

天津数据中心内含腾讯社交各类核心业务，社交核心业务主要按深圳、天津和上海三地来分布部署，各支撑中国三大区域的用户访问。其中，天津数据中心承载北方用户流量，高峰期在线用户超过 1 亿。如果天津数据中心停运，将有 30%以上的 QQ 用户服务受到影响。

所幸的是，类似于谷歌拥有的全球业务调配能力，腾讯社交网络经过长期建设积累，具备了数据和业务在全国范围的云数据中心中转换迁移的能力。

在此次事件中，腾讯利用事先制订的一整套业务连续性计划，及时启动相关预案，将 QQ 用户服务最终无感知地在线迁移到深圳和上海，完成中国互联网史上最大规模的用户调度。在天津数据中心运营能力逐渐恢复后，又顺利地将服务返回，QQ 运营继续保持全年 99.99%的可持续服务能力。

2. 预警与决策

事件发生后，腾讯天津数据中心经理马上赶往现场，同时通知了运营团队主要人员。至事件发生后 8 分钟，天津运营团队共 15 人从紧邻着数据中心的宿舍赶到数据中心园区内预设的消防安全疏散区域集合待命。

强烈的冲击波无孔不入，门窗、墙壁，凡是与外部直接接触的部位无一幸免，几百公斤（1 公斤=1 千克）的大铁门凹了进去。

在数据中心的消防安全疏散区域，运营团队组成临时指挥小组。经过内部讨论和评估，初步确认进入数据中心建筑内的风险可控后，数据中心经理组织运营人员穿戴好安全防护装备，按照事先制订的消防疏散演习预案，两人一组进入数据中心对人员进行疏散确认和设备损坏评估。进入数据中心人员配备手持对讲机和手电筒，时刻保持与临时指挥小组的联系。同时临时指挥小组也在不断和各值班团队负责人确认值守人员是否已经全部撤离数据中心。17 分钟后，确认全部值班人员撤离至消防安全疏散区域。运营团队在完成人员疏散确认后继续进行设备损坏评估。至事发 45 分钟后，排查完毕，重新撤离至消防安全疏散区域汇总情况。

排查结束，发现了 8 处损伤，具体损伤情况为：①双路市电闪断导致 50%冷机宕机；②柴发系统严重受损；③冷机房冷冻消防管道漏水；④环控、门禁、楼宇自控系统（building automation system，BAS）宕机；⑤自控系统瘫痪导致冷机停机；⑥地下一层水泵房浸水超过 30 厘米；⑦IT 机房应急风墙损毁倒塌；⑧3 号楼应急风墙模块严重损毁倒塌。

其中，冷水机组停机、爆管、地下室水浸这样的事件让不安的空气变得更加紧张。

人员疏散和设备故障评估完成之后，运营团队经理马上将现场情况通报给深圳互联网数据中心（Internet Data Center，IDC）平台部总经理、高级总监，在深圳进行远程指挥。在确认人员安全疏散后，立即组织成立应急指挥小组并启动腾讯数据中心重大故障响应预案。根据现场评估结果，加之爆炸之后各种信息不明朗，数据中心随时有可能停运。

应急指挥小组立即向腾讯总裁办公室领导汇报，并建议立即发出预警，启动业务连续性计划，将业务迁移到其他数据中心，保持业务的持续运行。同时，开展天津数据中心的修复工作，为业务及早返回正常运作做好准备。

腾讯总裁办公室嘱咐应急团队，“现场同事们的人身安全永远是第一前提”，在此前提下立即发出预警，并与政府部门联系，了解事件发展情况，做好业务切换的准备。

应急指挥小组随即向公司内业务部门、IT 部门及相关后勤部门发出预警信息，将目前数据中心受损情况予以通报。虽然各系统暂时运行正常，但因为不能确定是否会有后续爆炸引发进一步灾害，所以有可能需要将天津数据中心的业务迁移到其他数据中心运行，各部门团队需要做好业务切换的准备。同时，IT 运维团队对天津数据中心的系统运行状况进行持续的跟踪。

另外，应急指挥小组与天津港事故指挥部取得联系，了解事故进展情况。事件发生 105 分钟后，确认此次为天津港危化品仓库发生爆炸。为了防止后续爆炸及危化品污染，总裁办公室和应急指挥小组决定启动相关业务连续性计划，将天津数据中心的业务切换到深圳和上海的数据中心。

3. 应急处置

天津数据中心内含的腾讯社交核心业务在天津、深圳、上海三地部署各具有一定的容量冗余，能保证一地灾难性故障时其他两地能支撑所有用户。

应急团队按业务分配主、备负责人配合业务线来跟进实施，接入、逻辑和数据三个架构层各安排主、备负责人协调。由故障值班工程师负责在应急团队中协调和沟通。最上层由大事件经理将汇总信息和实施过程实时同步给总监、业务、运维和品质保证（quality assurance，QA）等工作群组。

2015 年 8 月 13 日团队开始以每千万为粒度将在线用户调度回深圳。

晚上 22 点是 QQ 在线用户峰值时间段，深圳一些服务模块的容量上涨到 80%的水位，业务运营应急团队利用资源池里的服务器资源，边调度边扩容模块容量，把水位下调到可控范围之内。

对于没有资源扩容的模块，团队采用服务柔性的方式顺利过渡。如 QQ 采取的服务柔性方式为取消一些非关键服务，如不加载联系人备注、不读取 QQ 漫游消息等。

通过在线扩容、服务柔性等策略，在线高峰期间用户访问核心服务顺畅，顺利地度过了流量洪峰，用户无感知。

2015 年 8 月 13 日下午 IDC 平台部总经理、高级总监亲临现场，在消防安全疏散区域进行指挥。傍晚，经过一天的深度排查，数据中心各系统运行稳健。然而就在此时，在事故指挥部下达 3 千米疏散通知前 2 小时，数据中心现场接到了腾讯总裁办公室的撤离指令。20 分钟后，全部人员撤至离爆炸现场 20 多千米外的协作中心。

2015 年 8 月 14 日凌晨 1 时 30 分，天津数据中心所有用户全部调度完毕，在线用户数为零。天津数据中心的业务已经顺利迁移到深圳运行。

同时，对于数据中心设施的抢修工作也在有条不紊地进行。数据中心运营团队启用了“单套冷机故障应急处理预案”“机房漏水故障应急处理预案”“BA 自控失效应急处理预案”等 8 项应急预案。事发 126 分钟后，园区所有受损高危区域全部标识完成，现场秩序恢复受控状态。

在此期间，应急团队根据实际情况再次修订了各项应急预案，细化到每个岗位：柴油加至 30 吨；远程监控手段验证有效；厂商工程师对关键设备进行了健康检查；车里配备了防毒面具，可供紧急返场用；千里之外的运营中轴团队也连夜做好了业务切换的准备。

临时协作中心的远程运维持续了 15 小时，直到运营团队在第二天早上警戒解除后再次回到现场。同样的情形在第二天傍晚再度发生，这次持续了 14 小时。

在两晚共 29 小时的远程运维过程中，运营团队在临时作战中心，通过星云、阿凡达等远程监控平台共录得 669 条告警，处理 26 起异常告警，包括传感器温度异常、修改储冷罐运行参数等。关键时刻，平日里对各设施和系统斤斤计较到苛刻的预防性维护，增强了运营团队的信心。

4. 重建返回

2015 年 8 月 14 日上午，天津数据中心运维团队知会天津数据中心暂时可以稳定运营。应急团队于是主动将深圳的 1000 万在线用户调度回天津，以缓解深圳数据中心的内网传输压力，并关闭之前开启的服务柔性开关，恢复全功能服务。

2015 年 8 月 14 日中午，天津数据中心预警解除，现场可控。应急团队将大部分在线用户调度回天津，使得天津在线用户恢复到 4000 万的容量。

2015 年 8 月 20 日，天津爆炸现场解控，数据中心几处受损得到全部修复，基础设施恢复正常，警报解除。应急团队将北方用户全部调度回天津，天津恢复回“8 · 12”之前的流量水平。

5. 事故总结

此次天津港危化品爆炸事件虽然对腾讯天津数据中心的设施造成了一定的破坏，但通过一直以来对业务连续性建设的重视，业务基本没有造成损失。从天津滨海新区爆炸事故来看，腾讯的云数据中心的业务连续性管理能力是非常强的。

（1）腾讯的每个关键业务和组件环节都各有相关预案。在 2014～2015 年度共发现风险点 136 个，针对这些风险点，腾讯制订的应急预案共有 66 份。

（2）日常已经建立了一套针对重大故障的成熟的处理机制，由大故障经理、运营值班工程师和 QA 等角色组成。

（3）通过日常业务链条压测和预演等方式来不断发现系统短板、优化运营能力和提升响应速度，业务部门、IT 定期进行联合演练。

（4）通过日常对业务连续性管理持续的管理、内部审核机制和定期的评估，对业务连续性管理体系进行了持续的优化。

运维基础：在日常工作中，运营人员非常重视系统运行管理、设备维修保养、系统优化升级、零星工程改造。

团队（人）：人员技能培训、故障实战演练、关注知识经验传承的完整性和连贯性。

流程、预案：系统隐患排查、系统风险评估；维护流程的严格执行。

（5）在遇到重大故障时根据影响范围启动相应的应急机制，按既定策略和流程实施不同的应急措施，将结果即时同步给业务、开发、QA 和运营。信息高效地在不同责任团队中上传下达，帮助了从上层到下层的决策和处理，使得调度处理及后续跟踪有序进行，保证大调度的顺利实施。

腾讯在长时间的海量业务运营中积累了成熟的方法论，通过全网调度、有损服务、柔性可用、数据传输模型、立体监控、过载保护和大系统小做等方法，共同支撑了“8·13”大调度的成功实施。

6.3　业务连续性管理项目经验总结

在业务连续性管理项目中存在着一些误区，正是这些误区的存在往往导致项目的失败，在突发事件发生的时候，不能发挥预期的作用，一些人甚至误认为业务连续性管理华而不实。而这些误区通常分为认知误区和实施误区两个方面。

1. 认知误区

1）业务连续性管理理念未融入企业文化，缺乏项目建设动力

部分人认为重大的自然灾害、突发社会/经济事件等风险事件是不可预期的，属于不可抗力，遇到的概率很小，即使发生了，政府机构也会进行应对处置，而且在这种事件情况下企业暂时不作业务运营也没太大问题。所以，投入很大的成本做业务连续性管理不值得。

也有一些企业将业务连续性管理工作仅落在某些部门或某些团队的身上，而非全员参与，使得业务连续性管理体系存在管理盲点，不能涵盖关键业务可能面对的所有重大风险类型和风险场景。同时，日常工作中也缺乏对全体员工进行周期性的业务连续性管理意识教育，以及相应的技能培训。部分书面的应急计划或预案流于形式，未被相关人

员充分理解并掌握。这种情况造成了极大的管理成本浪费，还可能严重打击人员对推进业务连续性管理的积极性和信心。

目前在我国，金融业的业务连续性管理建设已经走在了前面，这是因为金融业对整个社会经济活动的影响十分显著，在国民经济中位居特殊而重要的地位，甚至关系到国家安全。因此，金融业率先制定了业务连续性管理方面的监管要求，极大地推动了金融业的业务连续性管理发展。而对于其他行业，目前业务连续性管理的监管要求基本没有，所以进行业务连续性管理建设的企业非常少。

企业不能保证能够承担得起类似事件所带来的影响，严重的会从此一蹶不振甚至倒闭，给社会、国家带来不稳定因素。企业进行业务连续性管理建设，能够最大限度地避免风险带来的损失。

2）认为应急管理就是业务连续性管理

应急管理偏重于人和物的救助，业务连续性管理则偏重于挽救业务的运营流程。当前多数企业或组织的应急管理是应对突发事件的响应和处置办法，并没有解决事件发生前如何预防，以及事发后如何尽快恢复关键业务，而是主要侧重于应对公共突发事件，并没有解决企业更为关注的业务持续问题。

业务连续性管理方法则不同，它提供了非常具体的预案和计划的编制方法，涵盖了事前的预防准备、事中的应对响应和恢复、事后的重建和返回等，并保证了应急预案的贯彻执行、培训和演练、维护和更新等各项活动的进行。同时，业务连续性管理方法还要求成立有效的危机管理组织机构，建立有效防范、及时响应、快速恢复的机制，并将业务连续性管理理念融入企业文化，确保企业能够临危不乱，从容应对，持续生存。

3）认为容灾备份就是业务连续性管理

部分业务部门认为可能导致业务中断的风险只来源于信息系统，业务连续性管理就是信息技术灾难恢复（information technology disaster recovery，ITDR），仅是信息科技部门的工作职责。在整个业务连续性管理日常管理过程中业务部门的参与程度远远不够，并且往往未能结合业务的不断发展针对所涉及的业务进行周期性的业务影响性分析和风险评估，没能够清晰、完整地识别关键的业务活动和关键资源。这将导致业务部门和IT部门的业务连续性管理计划及预案不能够有效地进行结合与联动，也不能够保证IT部门的资源投入满足业务所需的连续性要求。最终结果往往是投入成本巨大但收效不佳，不能保证在中断事件发生时，相关的计划能够切实维持关键业务活动运行。

数据备份、系统冗余、容灾备份等技术手段是用于技术环境的恢复，而业务连续性管理是指业务恢复的所有方面，技术恢复只是其中的一个部分。

技术恢复往往只恢复基础设施和运行在数据中心的应用，测试也仅仅局限于应用能够启动。业务流程的恢复往往会涉及多个应用系统和环境，这就要求多个应用系统的配合，业务数据的正确传递和一致性，以及业务开展场地的可用。业务人员需要参与决定什么是需要恢复的重要业务及什么业务可以等待，并提出恢复要求，因此恢复计划是由业务部门驱动的，而不是技术部门。业务连续性是与恢复整个业务有关，它需要技术人员和业务人员共同工作一起来确定什么可以保持业务的运行。

一个重大案例就是暴雪游戏的中断事件，从发布的公告可以看出，由于缺乏供电意外中断情况下的应急预案和业务恢复预案，游戏运营方未能及时恢复业务；同时，运营方一直把技术故障的解决作为重点，在经过了近 4 天的故障查找和修复的努力后，只能无奈地将所有数据回档到故障发生前的状态。事件的根本原因不是我们关注的重点，但可以看到的是，仅仅关注技术恢复是不够的，业务中断如此长的时间，运营方一直在等待技术恢复，而没有业务恢复的计划和方法，对外的沟通也严重缺乏。这样的应对处理方式对该游戏的市场份额和信誉造成了极大的影响。

4）认为业务连续性管理只是企业内部的事情

企业业务的持续正常开展离不开相关方的协作，这其中包括以下几方面。

（1）外部机构，如医院、政府、消防、气象、建筑部门等。例如，发生火灾时，需要消防部门对现场进行救灾，并在事前和事后进行评估，定期对企业进行消防演习的指导等。

（2）供应商，如制造业供应链中的原料供应商等。例如，原材料供应商遇到重大灾难事件无法供货，势必影响到高度依赖于它的下游制造商的业务，从而对这些制造商的财务、信誉、客户、市场份额等造成重大影响，甚至损害到企业的长久生存。

（3）机房运营商。例如，机房设施损坏（UPS 供电、火警、漏水等）有可能影响企业托管在数据中心的设备，从而影响企业的业务开展；同样，机房运营商的供应商如果遇到重大灾难事件而无法恢复业务，也可能会影响到数据中心的运营，最终也会影响到托管企业的业务开展。

（4）合作伙伴，如外包的客服中心等。例如，外包客服中心遇到重大灾难无法提供服务，势必影响到企业的声誉、市场和售后服务，进而可能影响到企业的长久生存。

5）忽视业务连续性管理体系持续改进

很多企业觉得业务连续性管理组织和计划预案已经制订并经过了演练，就万事大吉了，其实，日常的更新维护工作更为重要。这实际上还是一个对业务连续性管理的认识问题，重视程度不够。

影响企业业务运营的重大事件的发生是不可预测的，随时可能发生，因此要确保业务连续性管理体系随时可用和有效，必须定期审核，持续不断地根据企业发展情况进行改进更新。

2. 实施误区

在业务连续性管理实施过程中，同样会有一些误区，通常是由定义混淆或考虑不充分引起的。

1）业务影响分析

（1）企业往往对业务影响分析的对象比较迷惑，经常把系统、产品作为分析对象。按照 ISO 22301 的定义，我们首先要列出主要的业务产品和服务，然后识别出提供产品或开展服务所需的业务功能或活动，以此作为分析对象。

（2）分析时业务部门往往没有仔细考虑灾难情况下业务的运行与平时有何不同，这会造成给出的业务活动的相关信息不够准确，影响了分析结论。我们要了解该业务活动在灾难情况下是否是维持企业生存所必需的，是否是时间敏感的。有些业务活动虽然可能对企业贡献巨大，但在灾难情况下不用急于恢复，即时间敏感度低，如贷款业务，金额比较大，但灾难发生时暂时不办理、不审批并不会造成太大问题。

（3）企业往往在分析之前无法确定分析模型，感觉无从下手，或者干脆照搬同行经验。事实上，形成恢复优先级、损失量等数据的分析模型需要按照企业自身的情况进行定制。也就是说，企业在进行业务影响分析之前应该借鉴同行的经验，根据自身情况，挑选重要的分析要素，制定计算模型，定义评分等级和分值范围，获取合适的分析结果。

（4）基于历史原因，多数企业是从 IT 灾难恢复建设开始的，当前越来越多的业务依赖于 IT 系统来开展，因此很多人将业务的 RTO 与 IT 的 RTO 混为一谈，给出 RTO 恢复指标要求时基本上只考虑 IT 上能做到的时间。从 RTO 的定义来看，从中断事件发生开始到产品或服务恢复，或者业务活动恢复，或者资源恢复的时间称为 RTO。为了达到恢复目标，期间有应急响应的时间，也有业务应急预案和 IT 预案执行的时间，有些业务活动是由多个 IT 系统来支撑完成的，因此 IT 的 RTO 与业务的 RTO 是不同的。对于企业的客户、外部利益者来说，他们要求的是业务的 RTO，所以我们应当以业务 RTO 指标为要求进行恢复活动。

（5）灾难情况下，业务开展的水平并不要求与平时相同，因此 ISO 22301 给出了最小业务连续性目标（minimum business continuity objective，MBCO）这个指标，即可接受的最低标准的产品或服务。意味着业务恢复到 MBCO 这个指标即可。我们需要定义每个业务产品或服务的 MBCO，但要注意的是，这不一定是个数值，也可以是一种文字描述，如只提供该业务的部分产品功能或部分服务。

（6）进行业务活动分析时，很多业务部门人员或 IT 部门人员无法给出明确的恢复资源要求，比较笼统。业务活动的开展是由一系列资源支持的，开展活动的人员、场地也是一种资源，而且灾难情况下有些资源很难甚至无法获取。因此，必须对照 MBCO 要求，尽量细化所需的最少资源要求，而且随着中断时间的推移，需要的资源及其数量也可能会发生变化，因此在事件发生前就要做好资源的准备。如果没有明确的资源需求，造成资源缺失或数量不足，则必然无法完成业务恢复工作，或者需花费比 RTO 更多的时间。

2）风险应对措施

不能指望将所有的风险都用业务连续性计划预案来应对，代价太大。在设计风险应对措施时，很多人为了简单，将很多风险应对措施写为“业务连续性计划”。其实，我们应当尽力利用代价小的手段去应对风险，如本地修复、数据备份、购买保险等。做到事前就能尽力降低威胁发生的可能性和受到的损害。

3）应急团队

有些应急团队并没有考虑重要岗位的备份人员。业务恢复中，人是非常重要的资源，而具有业务恢复所需技能的人员更是重中之重。灾难发生时关键岗位人员是否可用？如果需要出差异地执行恢复工作，本人是否愿意？所以关键岗位必须明确安排备份人员，对于高管层更是如此。而且，备份人员的知识技能也应当和正职人员一致。

4）工作场地

（1）对于灾难情况下备用的工作场地的选择往往比较随意，对于场地内的必要设施是否具备、员工是否愿意去、交通是否方便等考虑不周。员工通常不愿意出差，特别是在灾难情况下，很少有人愿意离开家庭。因此，考虑场地时可以给出灵活的多种选择，例如，通过网络在家办公，寻找具备条件的共享工作空间，或者与合适的宾馆事先签订协议。同时，也需要考虑到达后备场地的交通方式、停车场车位是否足够等问题。

（2）企业没有专用的 EOC，或者对建立 EOC 也不重视。试想灾难情况下如果没有指定的指挥中心和配套设施，如何能够有效地协调各方快速开展业务恢复工作？

（3）有些企业对于后备工作场地内布局、位置并不重视。设想一下，如果在紧急状况下每个到后备场地的员工都能明确知道自己该坐哪里，需要的设施、设备在哪儿，将会节约很多时间。特别注意的是，领导的工位也需要确定，工位要留有余量。

5）制订应急预案

（1）通常只有一些与消防、安全相关的措施和预案，流于形式，没有针对企业在灾难中继续生存和运行的方法，所以企业没有动力制订真正可用的预案。

（2）有些企业的应急预案只强调人员和财产的救援，没有规定在有限的时间内保护企业的生产能力，也就很难保障企业的业务持续和生存。

（3）只关注短时间内对社会造成的影响，对保持企业在灾难中的生存能力不够重视，可能会使企业倒闭、员工失业，从而对社会造成长远的问题。

（4）多数企业的应急预案是参照政府机构的预案框架编制的，现有应急管理办法中也缺乏对企业的具体指导，所以很多企业的应急预案只有原则性要求，没有具体的执行方案，这必将导致应急预案的失效。

（5）无法预知真实事件的情况，也无法穷举事件，因此计划、预案无法写得具体准确。业务连续性计划预案的目的是恢复业务，而不是简单地应对事件，因此关注点是业务中断后的恢复手段，而不是事件的处理手段。同一场景下，可以准备多种恢复措施预案。此外，事件场景也是需要在日常工作中不断总结，加入到预案中的。

6）后勤保障

有些企业的人力资源部门认为灾难中他们可做的不多，因此仅仅考虑有限的工作，如协助人员疏散。我们知道人的基本需求是衣食住行，只有这些方面得到满足才会安心做好其他工作。因此，在重大事件发生后，特别是地震、恐怖袭击、流行病蔓延等情况下，人力资源部门应当尽力协助其他部门做好人员的基本需求的安排，另外还要做好心理辅导，帮助员工家庭，安抚人心。

7）演练

（1）有人误认为成功的演练必须是在演练过程中没有任何问题发生。事实上，除了让应急团队熟悉计划和预案、有效协作之外，演练的一个重要目的就是发现问题，只要发现问题并提供了不断改进的机会，演练就是成功的。

（2）演练流于形式，重点放在了“演”，而忽视了“练”。投入大量的人力、物力、财力，目标是建立一套可用的业务连续性管理体系，而不仅仅是用于展示。

（3）演练没有循序渐进，逐步扩大范围。有的企业觉得大范围的演练更能体现自己的业务连续性管理建设水平，殊不知无形中增加了风险。演练应该从小做起，使相关人员逐步熟悉掌握流程、步骤和技能，计划预案不断地完善、成熟，然后进行大范围的演练。这时候的演练对于每个模块本身已经很有把握了，主要目的就是验证部门间、预案间的有效协同了。

3. 资本性投入误区

除了认知误区和实施误区外，组织高层对业务连续性管理项目资本性投入方面的理解也存在一定的误区。

为满足自身需求和监管要求，组织需要实施业务连续性管理。然而，在组织财务负担相对比较沉重的时候，要预算出一笔可观的、看不到利润回报的资本性投入，则是经营决策者面临的一个考验。

但是，从长计议，为了保证可持续发展、为了建立完整的业务连续性保障体系、为了成全管理责任心和职业道德，乃至建立工匠精神的文化，我们的决策者都应该负责任地担当起来。

业务连续性体制、文化的建立，也将促成系统的社会化，甚至将资本性投入转为费用，以减轻企业的负担，进入良性发展阶段。

第 7 章　业务连续性管理发展研究

越来越多的新产品、新技术在组织机构的业务连续性管理体系建设中得到应用。业务连续性管理的发展不光要借鉴国外的标准和经验，还需要结合我国的实际情况，进行深入的研究，与国内现有的管理体系相融合，以促进业务连续性管理在更多的行业领域得到推广应用。

7.1　业务连续性管理在数据中心的应用

1. 数据中心及其服务（业务）类型

在国家标准 GB/T 33136—2016《信息技术服务 数据中心服务能力成熟度模型》中，对数据中心进行了如下定义：数据中心是由计算机场站（机房）、机房基础设施、信息系统硬件（物理和虚拟资源）、信息系统软件、信息资源（数据）和人员及相应的规章制度组成的组织。

这是目前对数据中心比较权威和全面的定义。

从这个定义中可以看出数据中心是一个组织，这个组织包括硬（场地、设施、系统、数据）、软（人及规章制度）两个部分，这构成了一个数据中心对外（其他组织）或者对内（上级组织或者其他部门）提供服务的必要基础。一个数据中心所能提供的服务就是这个数据中心的业务。数据中心所提供的服务是为了支持这个数据中心的客户（内部或者外部的，下同）业务，为了与客户的业务进行区分，数据中心的业务通常称为服务。因此本节将数据中心的业务连续性管理称为服务连续性管理。

数据中心通常有四种服务类型：Ⅰ基础设施服务；Ⅱ基础架构服务；Ⅲ业务应用服务；Ⅳ增值服务。

其中，前三种服务逐级向下包含，并可以单独或者组合来提供，例如，一个提供第Ⅲ种服务的数据中心，其所包含的基础设施服务可以自己来提供，也可采购自其他提供第Ⅰ种服务的数据中心。

数据中心通常不会仅提供第Ⅳ种服务，该类服务通常用于补充前三种服务。

从数据中心的组织范围来看，数据中心是一个运维组织。也有的数据中心除了是一个运维组织外，也包括建设或开发的职能。

2. 第Ⅰ类数据中心的服务连续性管理

数据中心作为一个为客户业务提供支撑的技术支持组织，其服务连续性管理需求应以其所支撑的客户业务需求为基础。然而，此类数据中心在建设之初并不知道自己的客户是谁，更不知道将会支持什么样的客户业务。

因此，这类数据中心往往依据自身的业务规划，大致确定服务客户群，参考国家标准（GB/T 50174）或者国外标准（TIA942 等）确定数据中心可用性目标和建设等级。例如，按照 TIA 942（《数据中心通信基础设施标准》）中 T4 标准建设的数据中心，其基础设施的可用性可以到 99.995%，也就是说，每 3 年可以用于停机维护的时间仅有 79 分钟。可用性管理与服务连续性管理是两个不同的管理领域，它们既不同又相互联系。按照可用性要求，参照有关标准建设的数据中心，为日后进行业务连续性管理提供了基础的技术条件。

按照上述标准中较高等级建设的数据中心，其基础设施具备冗余和/或容错的能力，单点故障通常不会造成严重的业务中断。

这类数据中心大多基于基础设施建设的具体情况，整理了在基础设施设计过程中涉及的灾难场景的应急操作规程，但仅限于操作层面。

这类数据中心通常不会进行全面的风险评估，即使有一定的风险排查措施，也基本停留在设备设施系统层面，对人员、制度等内部风险，以及供应商、气象、治安、传染病、合规等外部风险基本没有识别。即使是设施系统层面，也多集中在配电和空调系统，对门禁、监控等弱电系统的风险，特别是对这些信息系统的信息安全风险识别不足。

对于有限的识别出来的风险，这类数据中心所采取的处置措施通常也不到位。

从预案层面，这类数据中心的业务连续性计划通常还只在设备操作（equipment operation，EOP）层面，没有考虑通信联络、指挥协调等需要。有些Ⅰ类数据中心还承担了一些关乎国计民生的业务，但这类数据中心并没有与客户、友商、政府等建立应急协调机制。这类数据中心的应急处置通常只包括应急操作预案，而没有操作结束后的维持应急状态的考虑及应急恢复方案。

从社会层面看，目前社会上对数据中心的业务连续性关注有限。业务连续及应急领域的法律、法规、适用技术等缺乏对数据中心这一应用场景的研究和支持。其他承担有社会应急保障职责的服务商，也缺乏对数据中心行业应有的重视。

3. 第Ⅱ类数据中心的服务连续性管理

在当前环境下，这一类数据中心通常提供以云计算技术为基础的存储与计算能力。在云计算模式下，可用性管理、容量管理、连续性管理这些以前需要主要在规划阶段考虑的问题，现在更加向服务运维阶段移动。这些服务交付的管理活动更加具有了服务支持的特点。

但是也正是由于云计算技术本身的特点和优势，技术人员更加依赖云计算技术本身，忽略了服务连续性管理工作和其他基础设施的技术与管理，从而导致最近一系列云计算数据中心事故频出。为了迎合某些需求，GB/T 50174—2017 还专门针对云计算等技术的出现，降低了第一类数据中心各级别的设计标准。

一部分这一类数据中心会参照 GB 17859 计算机信息系统安全保护等级划分准则强制性国家标准中的某一个级别的要求，建立起有限的信息安全风险监测机制，但是没有进行过全面服务连续性风险评估与影响分析。而没有参照 GB 17859 执行的这一类数据中心，对于风险的管理大多还都在技术人员的主观意识中，没有形成机制。对风险识别的不足导致没有充分的预防措施与应对的预案。因此，在最近的多次云计算数据中心事故发生后，对这种灾难事件的应对显得没有章法。

云计算等技术的出现和普及，从技术上进一步增强了存储与计算资源的可用性水平，降低了连续性事件发生的概率，出现了技术代替管理的趋势，在连续性管理水平上反而出现了一定程度的下降。

4. 第Ⅲ类数据中心的服务连续性管理

这类数据中心通常是组织为了支持自身的业务而设立的，如政府部门数据中心、各大银行数据中心、其他企业自有数据中心等。

其中，金融行业的业务对 IT 依赖最强，IT 应用最成熟、数据中心规模更大，管理也更成熟。

本部分就以金融行业数据中心为例，介绍服务连续性管理在这类数据中心落地的现状。

中国人民银行和银监会等行业监管机构对银行业的业务连续性非常重视，并有多项监管举措促使银行业金融机构业务连续，特别是要防止系统性业务风险。有了监管机构的明确要求，银行业金融机构普遍开展了业务连续性管理工作，有些中小银行因自身能力不足还专门向专业的咨询公司购买并使用专业的业务连续性管理系统软件，对自身的业务连续性管理目标进行梳理、评估风险并进行业务影响分析、制订预案、定期组织演练等。银行对自身业务连续性足够重视，而作为支撑银行业务的重要部门，数据中心又是如何看待自己的服务连续性的呢？通过走访大型国有银行、股份制商业银行、城市商业银行数据中心及其他类型的金融行业数据中心，发现这些银行数据中心普遍没有开展自身服务连续性管理工作，基本上是继承了银行（上级组织）在业务连续性管理中分配给数据中心的具体任务。

要谈数据中心服务连续性管理，那么首先要谈数据中心的服务是什么。以银行数据中心为例，银行数据中心是一个运维部门。灾备系统的部署是信息科技部门的工作，而不是数据中心的服务。数据中心的服务应该包括以下两部分。

首先是系统的正常运维工作，确保生产系统和灾备系统安全可用，确保灾备系统与生产系统同步策略被正常执行。

其次是发生银行业务中断事件时，分配给数据中心的系统切换任务可以按预案执行到位。

也就是说，灾备切换是数据中心的服务内容之一。

关于如何确保数据中心的这两部分服务的连续，数据中心考虑得并不周到。同第Ⅱ类数据中心类似，这类数据中心通常也仅会参照 GB 17859 计算机信息系统安全保护等级划分准则强制性国家标准中的某一个级别的要求，建立起有限的信息安全风险监测机制，但是没有进行全面服务连续性风险评估与影响分析。即使有一定的风险排查措施，也基本停留在信息系统、设备设施系统层面，对人员、制度等内部风险，以及供应商、气象、治安、传染病、合规等外部风险基本没有识别。并且由于这类数据中心承载了业务，其服务内容除了业务系统还包括前两类数据中心的服务内容，但是对前两类数据中心的服务内容却重视不够。

5. 数据中心服务连续性管理展望

从前面的分析可以看出，无论哪一种业务的数据中心，目前行业里普遍存在重建设、轻管理和重技术、轻管理的现状，特别是随着新技术的逐步普及，出现了技术替代管理的趋势。而管理方面，连续性管理是数据中心类组织中最重要的管理领域之一。通过走访各类不同数据中心和分析各类数据中心事故及其处置情况，我们可以发现：数据中心类组织对自身业务连续性管理认知不足、能力不足。

国家标准化管理部门和行业监管机构为此陆续制定了相关的标准和监管指引，如国家标准 GB/T 20988—2007《信息安全技术 信息系统灾难恢复规范》、保监会《关于印发〈保险业信息系统灾难恢复管理指引〉的通知》、民航业《民用航空重要信息系统灾难备份与恢复管理规范》、银监会《商业银行信息科技风险管理指引》。这些标准和指引在某些方面为数据中心服务连续性管理提供了有力的支持。但是也正是由于数据中心类组织对自身业务连续性管理认知不足，这些标准和规范在为数据中心提供服务连续性的建设指导的同时，也使很多数据中心错误地认为数据中心的服务连续性管理就是灾备。

2013 年 12 月 17 日，国家标准《公共安全 业务连续性管理体系 要求》（GB/T 30146—2013）正式发布，并于 2014 年 5 月正式实施，这为数据中心策划、建立、实施、运行、监视、评审、维护和改进一个文件化的连续性管理体系指明了方向。

越来越多的数据中心会从这个标准中意识到自身的业务就是服务，连续性管理远比灾备范围更广。在最新的国家标准 GB/T 33136—2016《信息技术服务 数据中心服务能力成熟度模型》中，服务连续性管理也被列入数据中心管理的一个重要的能力项。

当前，随着两化融合、互联网+、一带一路、云计算、大数据等新的一批国家战略和新技术如火如荼地发展，数据中心建设进入了一个高潮期。由于数据中心类组织对自身连续性管理方面认知逐步提高，但经验和能力尚有欠缺，同时一批又一批的新建数据中心陆续投产，也对包括连续性管理在内的数据中心管理提出需求，可以预见，数据中心的连续性管理也会随着数据中心服务能力成熟度要求的不断提高，而不断丰富其内涵。与之相关的培训、咨询、认证服务也必将形成一个不断成长的技术服务市场。

7.2 核安全、核应急与业务连续性管理的关联

1. 引言

业务连续性管理是一个一体化的管理流程，通过这一流程可以识别那些威胁组织机构的潜在冲击，并提供一个指导性框架，来建立组织机构有效应对冲击而必备的恢复能

力，从而保护利益相关者的资产、组织机构的信誉、品牌及其创造价值的活动。其总体目标在于提高组织的风险防范能力。

业务连续性管理起源于 20 世纪 70 年代的容灾恢复计划。在那个时代，容灾恢复的活动由数据处理经理来管理。如果出现大的故障或危机，中断是以天计算而不是以小时计算。金融组织，如银行和保险公司，大都选择在另外一个远离主中心的地方存储备份磁带。恢复活动经常是由火灾、水灾、暴风或其他物理损坏引发的。

但是，对于综合性、多元复杂、双重安全目标的核工业来说，如何在确保安全第一的前提下应用业务连续性管理技术尚值得探讨。

2. 核工业的特征与基本原理

核动力时代始于 1942 年，恩里科·费米和他的团队在芝加哥大学成功建造了首座受控核裂变反应堆。1954 年，美国总统艾森豪威尔发出“和平利用原子能”（Atom for Peace）的倡议，标志着军用核技术向民用核技术的转变。20 世纪 60 年代，核能开始广泛应用于百姓生活。核电技术日渐成熟且核电厂已开始稳定运行，核电厂由早期的实验示范阶段迈入高速推广阶段，截至 2016 年 12 月 31 日，全球共有 30 个国家在使用核电，在运核电机组总计 446 台，总净装机容量约为 390.8GWe，12 个国家正在建设总计 60 台核电机组，总装机容量约为 64.5GWe。

我国于 20 世纪 50 年代中期创建核工业，核电发展是我国核能事业乃至能源行业的重要组成部分。截至 2016 年 12 月 31 日，中国（不包括台湾地区）在运核电机组 35 台，总装机容量 33.63GWe。核电累计发电量为 2105.19 亿千瓦时，约占全国累计发电量的 3.56%，比 2015 年同期上升了 25.07%。与燃煤发电相比，相当于减少燃烧标准煤 6568.19 万吨，减少排放二氧化碳 1.72 亿吨、二氧化硫 55.83 万吨、氮氧化物 48.60 万吨。累计上网电量为 1965.68 亿千瓦时，比 2015 年同期上升了 24.65%。

目前，世界上存在多种反应堆堆型，大致可以分为压水堆、沸水堆、重水堆、钠冷快堆、高温气冷堆等。各种反应堆工艺流程不尽相同，但均涉及多项设施、多种技术融合，是一个复杂的系统工程。

1）核电厂由众多系统组成

下面以压水堆为例。压水堆是用高温高压水作为慢化剂和冷却剂的反应堆，其完成热力循环的热力系统主要分为一回路、二回路和三回路，主要由核岛（nuclear island，NI）、常规岛（conventional island，CI）和核电厂辅助设施（balance of plant，BOP）三部分组成。

一回路即冷却剂回路，又称核蒸汽供应系统（nuclear steam supply system，NSSS），由核反应堆、主冷却剂泵、稳压器、蒸汽发生器一次侧和相应的管道阀门及其辅助设备组成。一回路系统及其辅助系统、安全设施及安全壳等统称为核岛。

高温高压的冷却水在主冷却泵驱动下，流进反应堆堆芯，冷却水温度升高，将堆芯热量带至蒸汽发生器。冷却水在蒸汽发生器把热量传给管外流动的二回路给水，使其加热变成高压蒸汽，放热后的冷却水重新流回堆芯，构成一个密闭的循环回路。一回路压力由稳压器控制。压水堆核电厂的一回路系统一般有 2～4 条并联的环路。每条环路由一台冷却剂泵、一台蒸汽发生器和管道等组成。

整个一回路系统的主要设备集中安装在安全壳内。

二回路又称热电转换系统、汽轮发电机系统、电力生产系统，是将蒸汽的热能转化为电能的系统。由蒸汽发生器二次侧、汽轮发电机组、冷凝器、给水泵等组成。

蒸汽发生器二次侧的给水因一回路热量变成高压蒸汽，然后推动汽轮机，带动发电机发电。乏汽在冷凝器内凝结成水，再由给水泵送至加热器，加热后返回蒸汽发生器，构成二回路的密闭循环。

二回路系统的设备安装在汽轮发电机组厂房内，统称为常规岛。

三回路是循环冷却水系统，向冷凝器提供冷却水，冷却乏汽。沿海核电厂通过直流海水冷却，内陆核电厂循环冷却水是封闭循环，通过冷却水塔向大气排放热量。

核电厂系统众多，如果按照核岛、常规岛和电厂辅助设施来区分，核岛主要包含反应堆及一回路主系统和设备、一回路主要辅助系统、专设安全设施系统、通风系统、三废系统与核岛电气系统等。常规岛主要包含蒸汽系统、给水系统、汽轮机及其辅助系统和循环水系统等。电厂配套设施包含除盐水生产系统、氮气储存与分配系统、氢气生产系统、空气生产系统、循环水处理系统及循环锅炉系统等。例如，大亚湾核电厂就拥有 348 个系统。

2）多种设计原则保障电厂安全，设计原则中已融入业务连续性管理概念

核事故的特征是“高危低概”（high risk、low probability），因此在核电厂的设计、建造、运行、维修、应急管理等全过程中遵循“安全第一”的方针，具体使用的技术方法均存在业务连续性管理概念的印迹，体现了业务连续性管理理念，但并未出现应用说明，更未形成业务连续性管理体系。

特别是在核能方面推广和培育安全文化后，更将缓解预防事故放在重要地位，十分重视核电厂中低阶事件和险发事件处理过程，业务连续性管理理念如何在核安全要求中融入或体现是一个很好的研究课题。

在反应堆可靠性设计中，有几种可供使用并在必要时可结合使用的设计措施，以实现并保持与所有五道防线内所执行的安全功能的重要性相一致的可靠性。

A. 多重性

为执行某一安全功能而采取高于最低需要量的多套设备称为多重性（redundance，又称冗余性）。它是提高安全重要系统的可靠性，使之满足单一故障准则的重要设计原则。按单一故障准则衡量，在一套设备失效或不起作用的情况下，多重性可保持住功能不致流失。例如，执行一台泵或两台泵已能承担的某一特定的安全功能，设置两台、三台或四台泵。为满足多重性要求，可以采用相同的或不同的部件。

决定所需的多重度时，还必须考虑到有可能降低可靠性的潜在不可探测故障。

B. 多样性

为降低共因故障的可能性而采用的多样性（diversity）原则可能提高某些系统的可靠性。研究这类潜在故障的原因，以确定在何种场合能有效地应用多样性原则。

多样性应用于执行同一安全功能的多重系统或部件，系通过系统或部件中引入不同的特征的方式实现。这些不同特征可以是不同的工作原理、不同的物理变量、不同的运行条件、由不同的制造厂生产等。

采用多样性方法时，必须注意所采用的任何多样性确能在付诸实施的设计中提高可靠性。例如，为将共因故障减至最少，设计人员从材料、部件、制造工艺中潜在的相似之处或运行原理或共用辅助设施中细微的相似之处入手，检查应用多样性的有效程度。此外，还应考虑到由多样性部件所带来的更复杂的维修所引起的问题。

C. 独立性

为提高系统的可靠性，可采用下列独立性（independence）原则。

（1）保持多重系统部件间的独立性。

（2）保持系统部件和假设始发事件效应之间的独立性，例如，一次假设始发事件不得引起为减轻这一事件后果而设置的安全系统或安全功能的故障或功能丧失。

（3）保持不同安全等级的系统部件之间的适当的独立性。

（4）保持安全重要物项和非安全重要物项之间的独立性。

（5）系统设计中的独立性可通过功能隔离或实体分隔来实现，如功能隔离或电厂部件的实体分隔和布置。

上述多重性、多样性设计原则体现了业务连续性管理概念已融入核电厂安全设计原则之中。

3）核电厂运行工况多样复杂

核电厂的运行工况按照国际原子能机构（International Atomic Energy Agency，IAEA）安全标准和我国核安全法规的规定，可如图7.1所示分类。

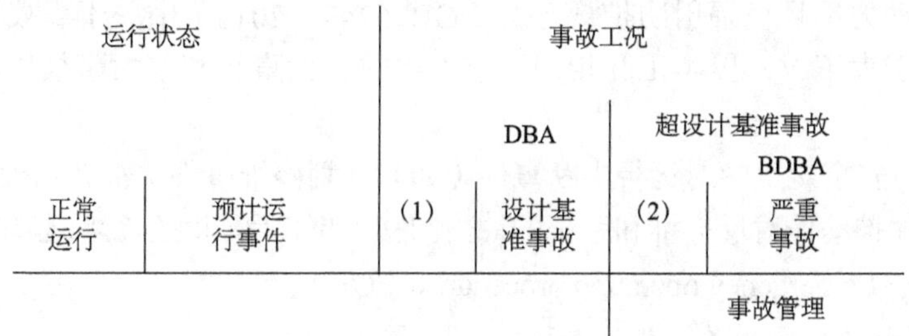

图7.1　核电厂运行工况（HAF102）

（1）处为没有明确地考虑作为设计基准事故，但可为设计基准事故所涵盖的那些事故工况；
（2）处为没有造成堆芯明显恶化的超设计基准事故

而在核电厂安全设计和安全分析中通常将核电厂运行工况分为以下四类。

A. Ⅰ类工况——正常运行和正常运行瞬态

Ⅰ类工况包括的情况是指核电厂正常运行、换料和维修过程中，预期会经常发生或定期发生的事件，可能引起某些物理参数变化，但不会达到触发保护系统动作的整定值。低阶事件和险发事件大多可属于此类工况。典型的Ⅰ类工况有：①稳态运行和停堆；②带容许偏离运行；③运行瞬态。

B. Ⅱ类工况——中等频率事件（或称预计运行事件）

Ⅱ类工况的任一事件在电厂的运行日历年中都可能发生。在Ⅱ类工况事件下，当达到规定的整定值时，保护系统可以触发反应堆紧急停堆。但在采取了必要的纠正措施并满足下列要求后，电厂可以恢复运行。进行安全分析时作为Ⅱ类工况尚需满足下列要求。

（1）一个孤立的Ⅱ类工况事件不得引起一个后果更为严重的Ⅲ类、Ⅳ类工况事故，不得引起任何一道屏障的破坏。

（2）必须确保燃料包壳完整性。

（3）一次侧和二次侧压力不得超过限制。

（4）放射性产物释放应符合正常运行释放要求。

C. Ⅲ类工况——稀有事故

Ⅲ类工况事故包括在核电厂整个寿期可能发生的事故。Ⅲ类工况事故可能导致少数燃料元件的有限损坏，但堆芯的几何形状不得破坏，以确保堆芯冷却。此外应满足以下设计要求。

（1）一个Ⅲ类工况事故不应引发一个Ⅳ类工况事故，并且不得损坏反应堆冷却剂系统和安全壳屏障。

（2）放射性释放：厂址边界上事故 2 小时后记录到的剂量当量不超过规定值；放射性物质释放不应导致公众终止使用或限制使用厂区边界以外地域。

D. Ⅳ类工况——极限事故

Ⅳ类工况被认为是极不可能出现的，由于存在着放射性物质大量释放的潜在后果，这一类事故是极限的设计情况。任何一个Ⅳ类工况事故不得导致缓解事故后果所必需的系统丧失相应的功能，包括安全注入系统的功能。反应堆冷却剂系统和安全壳建筑物结构不得受到其他损坏。

参照《核动力厂环境辐射防护规定》（GB 6249—2011）中关于事故分类的定义，Ⅲ类工况相当于大事故，Ⅳ类工况相当于重大事故，大事故和重大事故均属于设计基准事故范畴。

在上述运行安全规定中对运行中断事件（如非计划停堆事件）没有明确工况分类，因为突发的停堆保护动作对反应堆和系统的冲击与初因事件和当时运行状态有关，需投入电站紧急运行程序（emergency operation procedure，EOP）。

3. 核安全中融入的业务连续性管理

1）核安全目标简述

总的核安全目标：建立并保持对放射性危害的有效防御，以保护人员、社会和环境免受危害。

核安全的总目标由辐射防护目标和技术安全目标所支持。

辐射防护目标：保证厂区人员和公众在核电厂各种运行状态下所受到的辐射照射和由核电厂放射性物质的计划排放所导致的辐射照射低于规定限值，并保持合理可行、尽量低；保证减轻所有事故的放射性后果。

技术安全目标：采取一切合理可行的措施预防核电厂的事故，并在一旦发生事故时减轻其后果，保证在核电厂设计中所考虑的所有可能的事故，包括概率很低的事故，要以高可信度保证任何放射性后果尽可能小且低于规定限值，并保证有严重放射性后果的事故发生的概率极低。

核电厂安全目标：现有核电厂发生堆芯严重损坏的概率每运行堆年小于 10^{-4} 次这类

事件，未来的核电厂在实施了所有的安全原则后应达到更先进的指标，即不超过每运行堆年约 10^{-5} 次这类事件。核反应堆的最大特点之一是运行时要产生大量放射性裂变物质，核电厂的首要问题是无论在正常工况或事故工况下，都能把这些放射性物质安全地控制起来，确保工作人员与公众的安全。

2）核安全纵深防御原则中融入的业务连续性管理概念

核电厂采用的安全原则是纵深防御（defence in depth）原则。国际原子能机构通用的说法是：四道屏障（芯块、包壳、一回路压力边界和安全壳）、五道防线。

安全设计的纵深防御方法直观地反映在轻水堆设计构造上，那就是设置了裂变产物释放的环境的四道重要物理屏障：第一道屏障是燃料芯块，包容绝大部分裂变碎片；第二道屏障是燃料元件包壳，封装裂变产物；第三道屏障是反应堆压力容器，包容构成堆芯的全部燃料元件；第四道屏障是密闭安全壳，防止任何到达那里的裂变产物外逸到环境。确保任何事故情景下每一道物理屏障的完整性，成为防止放射性释放到公共环境的纵深防御方法（也有三道屏障的说法，即不含燃料芯块）。

在实际设计中，安全设计的纵深防御方法被细化为下述预防性措施。

（1）认真开展反应堆设计、反应堆建造和反应堆运行，杜绝可能导致重大事故的故障。

（2）提供专门的系统和设备，此类故障就算发生也不会演变成重大事故。例如，紧急停堆系统来关闭堆芯内裂变反应，以及用破前泄漏探测设备来预测反应堆主回路的严重失冷事故。

（3）提供能够减轻和限制重大事故后果的系统，如应急堆芯冷却系统。

目前，全世界都采用这种纵深防御方法。该方法相当全面和综合，所以在商用核电发展的 50 多年历史中，一直被核电企业采用。迄今为止，已建成的轻水堆从未发生主回路大型管道破裂的灾难性事故。

A. 四道屏障

为了防止正常运行或事故状态下放射性物质泄漏外逸，所有的反应堆系统设计都采用多重屏障的概念。

第一道屏障：燃料芯块。裂变碎片射程很短。除表面外，绝大部分裂变碎片包容在芯块之中。气态裂变产物如碘、氪和氙等核素，一部分会因扩散而从燃料芯块中逸出。第一重屏障大约能留住 98%以上的放射性裂变产物。

第二道屏障：燃料包壳。用锆合金制成的燃料包壳，可以防止气体裂变产物及裂变碎片进一步外逸。对于高温气冷堆，燃料呈颗粒状，都有碳涂层包壳。

压水堆正常运行时，数以万计的燃料棒中可能会有少数几根棒发生破裂，致使少量放射性物质从第二道屏障泄漏。

第三道屏障：一回路压力边界。流经燃料元件的一次冷却剂是被限制在压力容器与一个或数个一回路环路内流动的，这个压力容器与一回路管道组成了密封屏障，可进一步防止放射性物质外逸。后者包括从燃料棒泄漏出来的裂变产物，同时也包括冷却剂中产生或进入冷却剂的活化物质。在绝大多数反应堆中，大部分放射性物质可以通过冷却剂净化系统除去。

第四道屏障：安全壳（包容体）。所有反应堆都需安全地包容在安全壳壳体内，后者是防止放射性物质向外环境扩散的最后一道实体屏障。

B. 五道防线

第一道防线：保证设计、制造、建造、运行等质量，预防偏离正常运行。

第二道防线：严格执行运行规程，遵守运行技术规范，使机组运行在设计限定的安全区间内，及时检测和纠正偏差，对非正常运行加以控制，防止它们演变为事故。

第三道防线：万一偏差未能及时纠正，发生设计基准事故时，自动启用电厂安全系统和保护系统，组织应急运行，防止事故恶化。

第四道防线：万一事故没有得到有效控制，启动事故处理规程，实施事故管理策略，保证安全壳完整性，防止放射性物质外泄。

第五道防线：如果以上几道防线都崩溃了，实施场外应急响应，努力减轻事故对公众和环境的影响。

纵深防御五道防线与四道屏障道之间的关系见图 7.2。

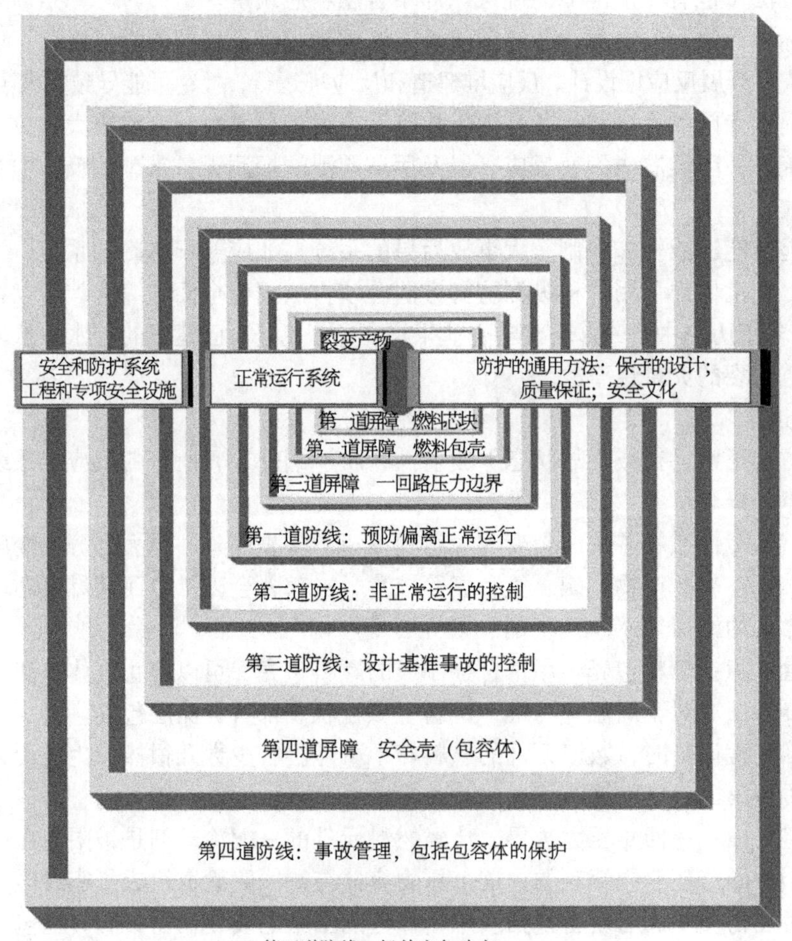

图 7.2　纵深防御五道防线与四道屏障的关系

如图 7.3 所示，国际上一般将事件分为 7 级：1～3 级被称为“事件”；4～7 级被称为“事故”。无安全意义的事件被划分为“分级表以下/0 级”。每一级别按递增的严重程度排列，分别是“异常”“一般事件”“重大事件”“影响范围有限的事故”“影响范围较大的事故”“重大事故”“特大事故”。分级表中的事件每增加一级，严重程度将增加大约一个数量级。

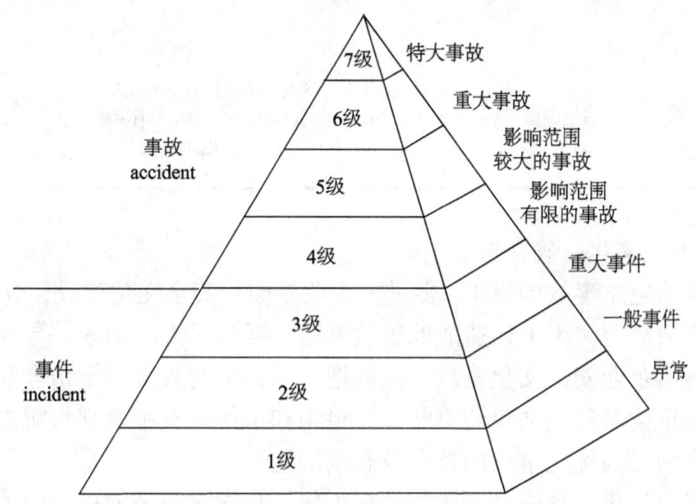

图 7.3　国际核事件分级表（international nuclear event scale，INES）

1 级事件只是涉及纵深防御减退，2 级和 3 级涉及纵深防御较严重减退或者给人或设施造成较低程度的实际后果，4～7 级涉及给人、环境或设施造成越来越严重的实际后果。尽管事件分级表可以协调一致地向公众说明事件的严重程度，没有严格的技术内涵，但是对系统、设备的设计和运维来说仍有很高的技术安全要求。

由表 7.1 可知，对于不同级别的事件，按照不同的目标，采取不同的措施加以控制、缓解和恢复，包括已考虑充分的应对各种工况的软、硬件措施，来确保核电厂在事件中（包括中断事件，如非计划停堆）的安全运行，其中，这些措施中融入了不少业务连续性管理概念。

表 7.1　设计和运行中的纵深防御

目标	实施手段	在 INES 范围内处理	
		对于动力堆	对于其他设施
防止异常运行和故障	保守设计和高质量建造与运行	通过考虑始发事件的可能性来解决	每个良好设计的系统均被视为一个或多个安全层
控制异常运行和探查故障	控制、限制和保护系统，以及其他监视设施	控制和监视设施通过考虑始发事件的可能性来解决。将保护系统作为安全系统，通过考虑安全功能的可运行性来解决	作为一个或多个安全层来考虑
控制设计基准范围内的事故	专设安全设施和事故程序	通过考虑安全功能的可运行性来解决	作为一个或多个安全层来考虑

续表

目标	实施手段	在 INES 范围内处理	
		对于动力堆	对于其他设施
控制严重电厂条件，包括防止事故进一步发展和缓解严重事故的后果	补充措施和事故管理	通过考虑安全功能的可运行性来解决	作为一个或多个安全层来考虑
缓解放射性物质大量释放的放射后果	厂外应急响应	不作为纵深防御的一部分来考虑。这些行动影响《INES 使用手册》前几章中考虑的实际后果	不作为纵深防御的一部分来考虑。这些行动影响《INES 使用手册》前几章中考虑的实际后果

3）培育核安全文化，确保核安全

切尔诺贝利核电站事故的发生，促进核工业界推行安全文化建设，培育单位（组织）的安全文化，努力规避人因失误造成的事故风险。强调了人的因素，寻找解决人因失误的办法，倡导核电企业安全文化建设，这就把技术科学与人文科学结合起来了。

国际原子能机构对安全文化的定义：在组织和工作人员中建立将防护和安全问题根据其重要性确定为最高优先事项的特征及态度的集合。

我国核能界十分重视核安全文化的培育工作，自国际原子能机构的《国际核安全咨询组报告——安全文化》(A report by the international nuclear safety advisory group—safety culture，IAEA-INSAG-4）发表以后，我国各核能方面的单位结合各自情况推行了安全文化，2014 年 12 月国家核安全局、国家能源局和国家国防科技工业局联合发布了《核安全文化政策声明》，倡导培育和发展核安全文化，为开展核安全文化建设奠定了基础。

该声明提出了决策层安全观和承诺等核安全文化的 8 条特性，8 条特性概括并结合了国际上经验总结与我国良好实践。

美国核监管委员会（Nuclear Regulatory Commission，NRC）的《安全文化政策声明》概括的 9 条核安全文化特质，包括领导层安全价值观、潜在问题的认定和解决、个人责任心、工作过程控制、学习型组织、自由提出安全担忧的氛围、有效的信息交流、互相尊重的工作环境、质疑工作态度。

同时世界核电运营者协会（The World Association of Nuclear Operators，WANO）提出的健康安全文化的 8 条特征为：核安全人人有责、领导做安全的表率、建立组织内部的高度信任、决策体现安全第一、认识核技术的特殊性和独特性、培育质疑的态度、倡导学习型组织、评估和监督活动常态化。

国家核安全局 2017 年发布了《核安全文化特征》一文，是《核安全文化政策声明》的细化支撑文件，是核安全文化评估活动的主要依据，也是行业核安全文化建设的工作指南，共计 8 项特性、36 条属性，8 项特性分别为：①决策层的安全观和承诺；②管理层的态度和表率；③全员的参与和责任意识；④培育学习型组织；⑤构建全面有效的管理体系；⑥营造适宜的工作环境；⑦建立对安全问题的质疑、报告和经验反馈机制；⑧创建和谐的公共关系。

安全文化的建设工作使我们认识到人的因素、组织的安全文化水准是确保安全的极重要的基础。

业务连续性管理理念中亦强调了“组织文化”建设的重要性，这是异曲同工。

4. 核事故应急管理与业务连续性管理的关联

1）业务连续性计划的要求

无论什么样、什么类型的组织，在其业务活动正常开展时，都会存在一些可能使组织业务活动产生中断的潜在威胁。这些威胁一旦发生，如何使这些发生业务中断的组织很快能够对这些中断事件进行响应、恢复、重新开始和还原到预先确定的业务运行水平，这就需要运行组织制订业务连续性计划。

业务连续性管理中关键的一步——制订业务连续性计划，即是一套事先被定义和文档化的计划，明确定义了恢复业务所需要的关键人员、资源、行动、任务和数据。对 IT 系统来说，需要考虑的问题包括：关键业务数据被彻底破坏，只能用之前的备份数据恢复，该怎么办？服务器瘫痪，该怎么办？技术更新换代，怎样对业务影响最小？发生了灾难事件，该怎么办？IT 系统恢复是否就可以开放业务运营？

业务连续性计划的内容还应该涵盖如下几个方面：应急响应计划（业务连续性管理组织结构、应急初始评估流程、灾难宣布流程、灾难评估流程）、容灾恢复计划（IT 切换流程/步骤/启用条件、IT 回切流程/步骤/启用条件）、运维恢复计划、业务恢复计划。

业务连续性计划必须简单有效，定期演练，演练之前充分准备，遵守相关流程，从而保持业务连续性计划的有效性。演练的关键点在于通过真实的演练来检验并提高，演练规划要详细、模块化，演习手册要能满足指挥员和操作员不同的需求，演习结果要量化衡量。每次演练都有新的问题发生，在事前不要给领导 100%的预期，因为演练的目的是成长和提高，通常实现 80%的目标就已经是一种成功。

2）核事故应急体系

对于综合性、多元复杂、双重安全目标的核电工业来说，同样存在着中断事件的潜在威胁，需要预先策划应对概念，制订应急预案和实施程序。在这方面，核电厂制订场内应急计划的要求与业务连续性管理有很多类似之处。但是对于核事故应急来说，如何融入业务连续性管理的概念，在哪些系统上融入，程度如何，都是要研究的课题。

核电厂核事故应急体系中强调了预防与应急并重的原则，规定应对核与辐射突发事件必须事先制订应急预案（计划）。对于大型核设施，还须编制场内应急计划和场外应急预案，计划包括了技术安全的内容、放射性安全的内容。技术安全的内容中融入了业务连续性管理的概念、方法。

（1）国务院 1993 年发布《核电厂核事故应急管理条例》，明确规定了核电厂营运单位必须制订场内应急计划。应急计划的定义如下：一份经过审批的文件，它全面描述了核电厂营运单位的应急响应功能、组织、设施和设备，以及和外部应急组织间的协调及相互支持关系。该文件必须有专门的执行程序加以补充。

（2）此外，《核电厂应急计划与准备准则：场内应急计划与执行程序》（GB/T 17680.8—2003）还规定了以下内容。核电厂场内应急计划需包含：总则；核电厂及其环境概况；应急计划区；应急状态分级与应急行动水平；应急组织与职责；与其他应急组织的协调；应急设施与设备；应急通信报告与通知；应急运行控制与系统设备抢修；事故后果评价；应急防护行动；应急照射控制；医学救护；应急纠正行动；应急状态终止与恢复；公众信息与沟通；记录；应急响应能力的维持；术语；附件。

（3）应急响应程序需包含：应急状态分级和应急行动水平；事故机组状态诊断及分析；应急组织的启动；应急设施的启动与工作；通知和报告程序；事故后果评价；场内应急防护行动；应急工作人员受照控制；场外应急响应行动的建议；公众信息与沟通。

（4）应急准备支持程序需包含：应急状态终止和电厂恢复；应急设施、设备、物资的管理、维护和检查；培训；演习；应急计划与执行程序的评议、修改与发放。

3）核应急与业务连续性管理关联

核事故应急计划内容中与业务连续性管理直接有关联的是中、低阶事件的处理、恢复运行的相关部分，如应急状态分级与应急行动水平、应急运行控制与系统设备抢修等内容。其余应急响应能力的维持中的培训、演习和演练等均与业务连续性管理有相似的成分。

在《核电厂应急计划与准备准则：场内应急计划与执行程序》（GB/T 17680.8—2003）中规定的直接与业务连续性管理有关联的是以下内容。

A. 应急状态分级和应急行动水平

程序应提供确定是否已出现应急状态及属于哪一级应急状态的方法，还应说明若核电厂条件和环境条件改变，应急状态要重新分级。应通过核电厂条件和环境条件与特定值或行动水平的比较，完成应急状态分级，这些应急行动水平（emergency action level，EAL）可以包括设备设定值、极限运行工况或事先计算的源项释放率或其他可观测的事件。有效和一致的应急分级程序要求事先建立应急行动水平。

在任何应急级别下宣布应急，都应同时启动明显超出正常操作的响应。应急级别最少划分为 4 个，每一等级启动一个明显不同的响应水平，如表 7.2 所示。

表 7.2　核事故应急状态表

应急待命	厂房应急	场区应急	场外（总体）应急
立即采取行动，分析形势和减轻后果			
	立即采取行动，保护场内人员		
		为采取场外防护行动作准备	
			立即采取行动，保护场外公众

制定应急行动水平的方法是系统地提出应急行动水平识别类、应急行动水平与运行工况、应急初始条件矩阵、应急行动水平的人因考虑等问题，形成应急等级—应急初始条件—应急行动水平的技术框架。

B. 应急初始条件

预先确定由于核电厂发生或可能发生辐射应急情况而应进入某一级应急状态的条

件称为应急初始条件。应急初始条件可以是超出技术规范书限值的现象，如过高的一回路温度或过低的一回路水位；也可以是某个事件，如火灾；还可以是包容放射性屏障的失效，如一回路破口。因初始事件不同可分为不同识别类型。

核电厂应急状态识别类型分为：A——异常辐射水平和放射性流出物排放类；F——裂变产物屏障类；H——突发的自然灾害和其他影响核电厂核安全的条件类；S——系统故障类。

其中，识别类型 S（系统故障）初始条件矩阵包含：丧失交流动力电源、反应堆停堆功能故障/功率意外增长、主控制室报警和指示功能故障、一回路放射性高、丧失直流电源、压缩空气系统故障、安注误动、一回路泄漏/失水事故、蒸发器传热管泄漏/蒸汽管道破口、失去热阱、失去安注或安全壳喷淋系统、极限事故、失去通信手段、余热排出系统连接后一回路水位下降、余热排出系统连接后交流电源丧失、余热排出系统连接后直流电源故障、余热排出系统连接后余热排出能力丧失或停堆维持能力丧失等。

这些系统故障类的子系统在运行中可能会出现失效、故障造成运行中断事件/事故。此时融入业务连续性管理概念，制订业务连续性计划可能是需要的。这说明在核电厂设施应急状态下子系统故障排除，恢复运行的操作中融入业务连续性管理概念是可行的。如何融入还是需要研究的课题。

C. 应急运行控制与系统设备抢修

描述应急状态下的运行控制（如事故诊断与事故规程应用）及对系统设备抢修的工作安排。事故机组状态诊断和分析程序应描述用于事故机组状态诊断和分析的方法、步骤，特别要说明如何根据机组的主要安全参数确定机组的状态（事件导向的或状态导向的）。

如前所述，按照纵深防御原则设立了五道防线及响应的措施来保证在各种工况下的运行、事件缓解、事故处理、恢复运行等。其中，事故管理是在事故情况下电厂能以正常的或特殊的方式利用电厂现有的设备与人力，恢复对电厂的控制。事故工况期间的核安全控制是通过执行事故处理程序和实施应急计划等措施来实现的。管理措施包括：事故处理规程，使用这些规程的运行值的组织管理，应急计划的实施，超设计基准事故与极限事故处理规程，以及严重事故下场外应急响应等措施。

在事故处理规程编制和使用中可以融入业务连续性管理概念。

对于严重事故要求编制严重事故管理导则（severe accident management guideline，SAMG）。严重事故管理导则是在严重事故下用于主控室和技术支持中心的可执行文件，是较为完整的、一体化的针对严重事故处理的指导性文件。

例如，大亚湾应急核电厂严重事故管理导则包括如下内容：主控室严重事故导则；初始阶段严重事故诊断流程图及处理导则；安全屏障受到严重威胁的状态诊断及处理导则；严重事故出口导则；导则中的辅助计算。

严重事故管理导则与电厂的应急计划有着紧密的联系，场内应急计划有的已覆盖了电厂可能发生的严重事故。

在应急准备支持程序中直接与业务连续性管理有关联的有：应急状态终止和电厂恢复程序。本程序应列出在终止应急状态或进入恢复阶段前需要进行评估的项目，包括安全壳的完整性、专设安全设施与去污设施的可使用性、热阱的完整性和可使用性、电源与电力设备的完整性，以及工厂是否处于合适的运行状态和放射性释放的可控制性。评估项目还包括辐射监测设备在内的各种仪表的可使用性和完整性、受过训练的工作人员和后援单位的可得性、与政府部门的协调性。本程序应列出作为应急状态终止依据的各种考虑因素以供审议。程序还应列出由谁提出、批准终止应急状态及终止应急状态应提供的资料，并描述有关终止应急状态的文档要求。本程序应为制定核电厂恢复正常运行所必需的程序提供指南。

4）核应急与业务连续性管理差异

核应急和业务连续性管理的恢复目标不同，恢复的方法也存在一些差异。

业务连续性管理恢复的目标是“恢复运行”，或者说关键功能恢复运行。需要预先编制业务连续性计划。

但是对高危害、低概率的核电厂来说，由于放射性污染的现实问题，除了“恢复机组运行”之外，还必须进行“放射性去污”“环境整治”，因此，制定应急程序和实施方案就存在很大的复杂性。特别是在“恢复”这一业务连续性管理的关键要素，在其他行业业务连续性计划编制时能够加以解决，但是在编制高危低概的核电事故应急计划时，只能给出进入“恢复状态”的条件。要实施的计划只能在事故发生后根据后果情况有针对性地编制。这就与其他行业业务连续性管理产生了差异。

然而，这是对整个机组而言的，对多个子系统发生的中、低阶事件的处理、恢复运行的相关部分还是可以融入业务连续性管理概念的。如何融入尚需研究。

5. 结语

（1）“业务连续性管理”概念和方法论是一种管理科学，可以而且已经局部地从概念上融入核安全管理、核应急管理中。

（2）核电厂的安全管理是综合性管理，取决于人员、技术、组织等多种复杂因素，现今又强调了社会因素，核安全管理的理念正在不断发展。业务连续性管理正处于规范化、标准化的进程中，研究两者的关联，发展多属性、复杂系统的管理学，具有现实意义。

（3）如何使用“业务连续性管理”概念和方法到核安全管理中是一个需要研究的课题。

（4）如何加强业务连续性管理使之成为核电厂场内应急计划编制的重要方法需深入研究。

7.3 面向社区公共安全的业务连续性管理

1. 社区及其特征

1）社区的内涵

“社区”一词是指人们的集体，这些人占有一个地理区域，共同从事经济活动和政治活动，基本上形成一个具有某些共同价值标准和相互从属的感情的自治的社会单位，包括地理社区、互动关系和共同情感三个特征。

广义的社区是聚集在一定地域范围内的社会群体和社会组织，根据一套规范和制度结合而成的社会实体，是一个地域社会生活的共同体。本书对社区的界定是：能提供区内居民全面、基本的公共资源服务的地域范围。这样的社区可以是人口在上万或数十万城市的巨型社区；也可以是拥有几万人口的居民区、小城镇、集镇区及城市街道办事处辖区共同体等，且能够满足为居民提供全面、基本的公共应急服务的小型社区。

社区除住宅区外，还分布如学校、娱乐场所、商场、企业、政府机构等；另外，社区居民赖以生存的各类基础设施，如地下生命线、道路、交通设施等也密集分布在社区中。

社区是城市的基础，也是城市管理和功能完善的基本载体。社区发展状况直接影响着城市居民的生活水平和生活质量，也反映城市发展的现代化程度和国家管理社会的发达程度。社区的发展有赖于政府、市场和社会三种力量的共同努力，有赖于多元主体在互相合作和互相竞争中提供充足优质的管理。

2）社区特征

A. 人口特征

人口是构成社区的第一要素。没有一定量的人口就无所谓生活共同体，也就无所谓社区。随着经济发展的总体水平的大幅度提高和城市化进程的加快，社区人口结构呈现以下特点。

（1）社区人口聚集密度越来越高，社会活动高度集中。

（2）以经济型流入人口为主的人口迁移导致社区的人口流动性大、人口素质差异大。

（3）随着家庭的小型化的发展，社区的“空巢家庭”“丁克家庭”“单亲家庭”的数量增多，人口老龄化、高龄化程度加深。

B. 空间特征

地域空间为社区活动提供了一定的空间和资源，同时也制约着这个地域内的社会—生活空间。在全球化和信息化的共同影响下，社区的空间结构具有以下特点。

（1）社区建筑物聚集，空间格局日渐拥挤。

（2）区位差异缩小，社区越来越趋于独立的经济中心和功能中心。

（3）居住空间结构急剧分化，社区内部收入水平类似，而社区之间则表现出收入水平多元化。

C. 文化特征

各具特色的社区文化是社区居民在长期的共同生活中积淀而成的，是许多社区相对独立、相互区别的一个重要标志。社区文化包括一定的行为规范、价值观念、传统习俗、生活方式、社区意识、语言等，它融合、渗透到社会生活的各个方面。社区文化是社区认同感、归属感和社区凝聚力、影响力的重要基础。目前我国社区文化的主要特点如下。

（1）社区居民群众缺乏主动性和参与性。

（2）多是由各级政府组织开展的有计划、有目的的专题文化活动，难以体现和贴近社区居民群众真实的社区文化需求。

（3）社区缺乏稳定的社区人才队伍，活动设施与资金不足。

D. 风险特征

社区的主要灾害类型有自然灾害、社会安全事件。自然灾害如地震、火灾、台风、流行病等，依据各社区所处地理位置的不同，防灾重点有所不同。社会安全事件如犯罪性事件、恐怖袭击、报复性事件也时有发生。对于这样的例子，网上有很多的报道，但几乎没有社区通过合理的规划与设计，通过实施合理有效的防灾规划与应急预案减少灾害、减轻损失的报道。这说明我国目前的社区运行管理中多重视灾难的救护与应急反应，而缺少在事前对灾难的预防、控制等措施。在城市的防灾减灾工作中，社区的任务将会很繁重，主要有以下特点。

（1）人口集中，密度大。

（2）集聚了各类人员，特别是在白天，老、弱、病、残等弱势人群尤为集中。

（3）尽管社区中人员密集，但居民以家庭为单位活动，分散、闭塞，组织观念差，集体行动能力弱。

（4）社区以家居为主，着重于生活服务设施，缺少灾害事故的防御措施，减灾观念较弱。

（5）当前社区的管理多从生活质量和社会稳定出发，很少对灾害事故的防治及响应做出计划和安排。一旦发生重大灾害和事故，由于没有明确的应急对策、预案和防范措施，会措手不及，造成伤害和破坏。

（6）基础设施完善，但依赖性也强。

（7）建筑物以多层建筑、高层建筑为主。

（8）人际关系复杂的新特点。

（9）社区功能复杂，包括商、住、旅、文教等，生产生活混杂。

E. 公共安全特征

从风险辨识的角度分析，城市社区有以下几个方面的安全特征。

（1）物理空间。在高速发展的城市建设中，社区的规划对于防灾的要求有所忽视，整体上就存在着较大的实质环境风险。城市社区往往是楼宇高度密集，形式多样，高层建筑林立，其中又夹杂老旧住宅。各类基础设施相对完善，服务功能较为齐全，但防护水平参差不齐，尤其是地下管网脆弱性突出，许多设施的承载能力已经接近负荷甚至超出了负荷。

（2）社会空间。城市社区的一个重要风险特征就是人群密度大。在城镇化进程及在“单位人”向“社会人”转变的过程中，人群的社会关系还体现出了异质性强、组织结构复杂的特点，人口老龄化、流动化风险增大。平时的社会关系紧密度低，但由于共有的强外部依赖性特点，灾时的社会关系紧密度会急剧增高，存在着较高的沟通风险。

（3）信息空间。城市社区的信息传播渠道多，存在着信息爆炸、信息垃圾、信息依赖等情况带来的风险。信息爆炸即信息来源和种类众多，尤其是当信息不对称的情况下，带来的冲击会造成许多不利的影响；信息垃圾是指虚假捏造的信息，一方面在平时会使人积蓄对政府的不信任或负面情绪，另一方面在灾时会给应急处置工作带来严重的误导；信息依赖是城市社区的居民对信息的过于依赖，一旦出现通信中断产生的不适应，失去了主动判断的能力。

以上各类风险只是城市社区当前较为突出的发展趋势，同时，传统的风险却并未消失，与这些风险相互交织，在一定的情况下关联耦合，还会带来更大的次生、衍生危害。

3）社区公共安全管理的形势和问题

A. 社区开展公共安全管理的优势

社区是城市居民的自治组织，不以营利为目的，致力于社区内的公益性事业。社区的这种性质使其在危机管理中相对于政府组织具有很多优势。

其一，掌握基层信息的优势。社区是居民生活居住的场所，它不仅掌握有关社区物质层面的状况，如地理位置、面积、土地、建筑物等，而且熟悉社区内居民主要从事的经济活动、社会风气、常见犯罪活动等经济社会状况，以及人口总数、男女老幼及残疾人所占比重、流动人口数量等状况。同时，社区服务的特性使得老、弱、病、残等弱势群体更容易进入社区管理者的视野。预防为主、未雨绸缪是公共安全管理的重要原则。社区能够及时掌握发生在社区的情况，包括潜在的危机和风险，在此基础上展开的社区风险分析和隐患排查有助于消除各类危机隐患。

其二，资源动员和资源整合的优势。社区所能调配的资源包括社区居民、社区内机关、企事业和民间组织，以及社区内的生活、医疗服务、文化教育、体育设施等物质资源。由于社区居委会掌握某些福利资源，诸如低保居民等群体希望通过居委会获取某些福利资源而主动与之形成庇护关系；在“单位人”向“社会人”的过渡过程中，社区通过种种策略构建以人情、感情、互惠、信任为基础的社区人际网络，满足了“社会人”对组织感和集体感的情感需求。由此吸引了离退休党员、门栋组长、文艺骨干分子等积极分子与社区形成密切的关系；由于拥有政府赋予的行政权威，社区有资源与辖区单位进行互惠交换，并从中得到资金的支持；社区对社区内的物质资源具有日常的管理、维护和开发职能，危机时刻社区能够快速、有效地将各种物资集聚起来投入到灾害应对的过程中去。

其三，应急沟通的优势。研究表明，个体对风险的判断大多数依赖直觉和经验，这些判断往往带有很大的偏差，在一定条件下会导致极度恐慌的行为，因而事件给人们心理上的恐惧要大于事件本身。而且个体行为不仅受到本身意愿和心理的影响，还不可避免地受到他人行为模式的影响，在他人行为的影响下，危机中人们的行为常常表现为一种群体性行为。因此，进行必要的危机沟通以纠正心理偏差、控制不恰当的群体行为就显得格外重要。社区工作者通过以人情、感情、互惠、信任为基础的社区人际网络，搭建社区管理的层级结构，分散的居民以楼层门栋为单位有秩序地被加以组织化，楼道长、楼道党员代表、业主委员会等都是社区开展工作的重要抓手，贴近群众、贴近基层的优势使其更能够获取居民的信任。危机时刻，居民身边的社区工作者第一时间告知真相，驱除恐惧，稳定秩序，缓解危机在公众中产生的副作用，避免公众个体的非理性行为，营造和动员积极的、科学的集体行动。同时，社区及时向政府反馈危机的演化、危机中公众的需求和心理，协助政府因地制宜地制定应急措施。形成政府与社会齐心协力抗击危机的良好局面。

其四，迅速反应、及时行动的优势。一般而言，基层是各种灾害发生的第一现场，而灾害发生和政府救援到来之间有个时间差，而这是应急处置的关键期，应对及时可能控制危机于萌芽，否则可能会引致次生、衍生灾害，此时社区等本地力量往往成为危机事件的第一应对者。由于社区及其居民是危机影响的直接对象，危机的控制效果直接关系到社区组织和个人的切身利益，社区有动力依托原有的组织化体系开展危机预警和预控，限制危机的规模及消极后果。

B. 社区开展公共安全管理的劣势

因其贴近群众、扎根基层，社区对城市公共安全管理具有重要意义。然而在具体推行过程中仍然面临着不少问题，限制了社区在公共危机管理中的效能最大化。

其一，应急组织结构弱化，缺乏公共安全管理的能力和公信力。这是由社区在政权体系中的地位导致的。由于自治的组织特性和行政权力的事实延伸，社区及其中的居委会具有身份上的模糊性，在实际工作中，更倾向于代表基层政权实施社会控制，利益表达功能弱化。因此，社区的组织机构围绕着宣传政策法律、开展社会主义精神文明活动、维护社会治安、公共卫生、计划生育、优抚救济、青少年教育工作等社会控制的内容而设置，社区的中心工作也是围绕着上级政府的中心工作而展开。因此，在危机管理上，社区缺乏危机管理的独立视角和长远规划，也缺乏危机应对的组织机构和人员，就目前而言，社区内部仅有社区警务站承担应急职能。而危机应对是一项专门化和专业化的工作，贴近群众的社区所营造的“情感信任”，在缺乏专业支撑的情况下无法持久，而且影响居民社区参与潜力的发挥。

其二，社区自身建设薄弱，社会动员能力潜力未充分发挥。尽管社区组织与居民有互动活动，努力提高社区参与率，但多围绕着行政任务的完成而展开，互动和参与是政府实现社会控制的手段。这造成社区所能动员的对象比较单一，多集中在社区救助的人群及退休党员等老年群体，而广大分布在各行各业的社区居民由于缺乏与社区的情感利益结合点而缺少社区参与的动力。社区也就失去动员这部分社会资本的机会。在这种自上而下推动的社区建设中，社区居民被动地享受社区建设成果，而不一定认同社区建设的工作成绩，而立足于社区意识、社区情感、社区凝聚感的自下而上的社区自身建设不够，围绕着社区居民利益和需求的权益性参与不足。因此，应对涉及面极广的危机事件，事实上目前社区所能动员和整合的社会资源有限，还是只能更多地依赖行政力量。

综上所述，社区作为政府与公众的连接纽带，贴近群众和基层的客观条件赋予了社区在城市公共安全管理中的诸多积极意义。然而现实中，社区显然没有做好充足的准备：作为事实上的政权体系的延伸，社区没有确立危机管理的责任感和配备危机管理的力量；作为群众的自治组织，社区自身建设不够，社会动员潜力未充分发挥。因此，必须提高社区的危机管理能力，将潜在的优势转化成现实的战斗力。

C. 我国社区公共安全管理中存在的主要问题

我国社区公共安全管理工作是随着国家应急预案体系的建立，在相关政策的推动及现实需求促进下应运而生的，目前还处于起步阶段，因此，社区公共安全管理的实际状况远远落后于现实所需，与保障公共安全、构建和谐社区的要求还不相适应。

其一，公共安全管理组织机构不规范。伴随政府机构改革和“单位制”的打破，政府管理职能和服务重心不断向社区下移，导致其身份不明确，本身的自治性质和功能没有充分体现，“行政化”倾向严重。目前，许多社区的工作重心就是围绕上级政府的中心工作而展开，对应急工作缺乏长远规划，社区还未建立综合性的、常设的、专门的应急事务协调指挥机构，应急工作人员也配备不齐。一旦发生突发事件，往往都是组建由社区一把手组成的临时性应急工作小组（事故处理小组），等事故处理完后就解散，没有做到应急平战结合的管理方式，在应急处置中也缺乏责任机制和职责体系，职责交叉、相互推诿扯皮现象时有发生。

其二，应急预案体系建设不完善。应急预案是社区开展突发事件预防、准备、响应、恢复的行动指南，是提高社区应对突发事件能力的重要保证。然而，目前社区的应急预案存在格式不规范、内容不全面、实际操作性不足等问题。有的社区虽然制定了应急预案制度，但其仅仅停留在文字上，没有进行应急演练，这就很难在事前评估预案实施的效果。政府的指导与支持是社区层面的公共安全管理工作的关键。

其三，应急保障得不到落实。社区管理的经费来源少，应急的人力、物力、医疗、交通运输、通信保障等系统不健全，造成社区应急能力有限，成为制约社区应急的“瓶颈”。再加上社区应急的政策、法律、规章制度不够健全，也给应急实际操作带来一定困难。因此，一旦突发事件爆发就可能影响救援工作。

其四，应急救援组织不健全。由于我国缺少专业的应急救援培训机构，社区缺少具有专门技能的应急工作者队伍。目前，社区应急救援队伍大多由群众性的自治组织如志愿者组成。而且大多数是社区的退休人员和低保人员，其他成员的参与意识和参与热情不高，没有专业人员如医生、水电技术工、消防人员、律师等的参与。一旦突发事件来临，这支队伍显然很难及时有效响应。

其五，社区工作人员和居民的应急知识不足。安全意识薄弱是各地各类突发事件发生并造成巨大损失的重要原因之一。从现实情况看，社区工作人员对公共安全管理理解良莠不齐、重视不够，再加上没有经过系统的指导和培训，缺乏对突发事件进行监测预警的能力、事发时及时组织救援的能力和事后心理疏导救助能力。同样，社区居民的应急知识更是十分欠缺，社区居民和公众普遍对突发事件的敏感度及反应能力非常薄弱，对如何有效防范和减轻各种灾害损失的知识掌握不够，应急准备措施和自救互救能力等应急素质都显得不足。

2. 国外社区公共安全管理经验

1）美国社区公共安全管理现状

FEMA 于 1997 年在全国推广“防灾社区”的建设，以社区为基本单位，促进政府、企业、非政府组织及普通市民的通力合作，使社区内的各项防灾工作能够有条不紊地开展，减轻各类自然灾害带来的生命财产损失，缩短恢复重建的时间。FEMA 制订了社区版的“可持续减灾计划”（Sustainable Hazards Mitigation Plan）。FEMA 在 2003 年初发布的《联邦反应计划（修订版）》中提到了社区联系部门的内容。社区联系部门负责派送政府官员到灾区收集并发布有关应对灾害和恢复行动的信息，并与其他反应计划部门联系，向社会各方面收集并传送与联邦援助能力有关的信息。社区联系部门由信息部门、行政或后勤联络官、培训联络员组成。

1995 年，FEMA 向全国发出倡议，推行一个以社区为基础的全新灾害减缓计划，即“影响工程”（Project Impact）。它要求建立包括各利益相关者在内的伙伴关系，识别并减少风险。商业部门首次被融入伙伴关系的范畴之内，这体现了全民参与的思想。“影响工程”的目的如下：①建立社区伙伴关系；②识别风险源和社区脆弱性；③确立社区风险削减行动的先后次序；④发展沟通战略，在公众中间更为广泛地宣传“影响工程”和灾害的减缓。

“影响工程”受到了社区的欢迎，也得到了国会的认可，并取得了良好的减灾、防灾效果。通过这一“影响工程”的实施，美国社区公共安全管理的社会参与程度与市民的应急能力都有了很大的提高。

此外，美国公共安全管理在社区层面上还注重建立适合市场经济的灾前协议型伙伴合作机制。例如，在 2000 年，纽约市政府推动制订了“政府—私人紧急情况计划”，以达到加强与私人企业、非营利组织间的联系，提高社区整体防御水平的目的。与之类似，由 FEMA 全额资助，2001 年美国密歇根州立大学发起了“危机事件协议——社区促进计划”（The Critical Incident Protocol-Community Facilitation Program，简称 CIP），该计划旨在将社区范围内的公共部门（警察、消防、紧急服务部门及其他政府机构）、私营部门和非营利组织的力量汇集在一起，共同对社区进行风险评估、确定共同的威胁和脆弱性，明确并发展社区的资源，并且强化相应的应急规划。同时，该计划中还强调社会资本的作用，该计划中社会资本被定义为公私部门间的合作与协作（cooperation and collaboration）。

为了提高市民对突发公共事件的应对能力，培养公众的危机意识，美国政府高度重视对市民的应急知识培训。FEMA 于 2002 年 9 月发布《你准备好了吗？市民灾害准备指南》（*Are You Ready? Guide of Public Disaster Preparation*）的小册子，其中对灾害预备、响应和重建提出了具体的建议，为社区居民提供了如何有效应对灾害的具体指导。此外，美国政府还通过全面危机教育、实地演练等多种形式来全面提高公民的危机应对能力。在手册的家庭灾害计划中，提出对于社区居民，至少需要标出两条避难路线。在美国受灾害侵袭最多的三个地区之一——佛罗里达州，设置了三类公共避难所：大众避难所、特需避难所和最后撤出避难所。手册还强调即使大型避难所提供水及食物等基础设施，但是社区居民仍然要提前准备应急物资，以备不时之需。

2）日本社区公共安全管理现状

日本总结国内重大灾害和危机事件的经验教训，多次修改 1961 年出台的防灾公共安全管理母法《灾害对策基本法》，明确规定了各级政府、中央和地方公共机构、企业和居民的基本责任及相互之间的合作关系。针对密切联系基层的第三级政府——市町村的责任，该法第 5 条规定：市町村为了保护本地区居民的生命、人身、财产免受灾害，有责任与有关机关及其他公共团体共同协作，制订并实施本地区的防灾减灾计划；市町村长必须完善消防机关、防洪团等组织，加强本地的公共团体等防灾组织及以邻里合作精神为基础的自发性防灾组织的力量，努力发挥政府的所有功能。

日本社区公共安全管理主要依赖于地域中心，日本的地域类似我国街道的行政区域，而地域中心则等同于我国街道办事处。地域中心体制是为了更好满足大城市对居民管理的新需要，在 1974 年提出并建立，地域中心是区政府根据人口密度和管理半径划分的一定区域的行政管理机构，隶属于区政府地域中心部，行政级别科级。自市级政府、各级区政府至各地域中心，均设有相应规模的防灾机构和应急设施，并设有监测系统、信息系统、综合分析系统、指挥系统、排险救援系统、物资储备系统、疏散避难系统；指定中、小学及多数公共场馆为避难所并设有标牌；高层楼顶设置救援直升机起落坪；消防通道门户有红色三角指示；灭火器材随处可得，并定期进行地域内防灾演习。阪神大地震后，日本当局认为要防止灾害的发生和减少灾害损失，必须建立抗御灾害能力强的社会和社区。市级政府的基本思路是：以“自己的生命自己保护”“自己的城市和市区自己保护”作为防灾的基本理念；在不断加强预防的同时，促进行政企业地区和社区居民及志愿者团体等的携手合作与相互支援，建立一个在灾害发生时携手互助的社会体系。

其中，市民主要通过防灾市民组织的组织方式参与社区公共安全管理，日本全国 2418 个市区町村中，有 1988 个市区町村成立了 115 814 个自主防灾组织，组织率高达 64.5%；而企业或事业单位参与防灾等的方式有：企业本身防灾体系建设、通过行会和协会参与、作为公共或公益团体被指定为防灾机构参与、组织自卫消防队等。企业及行会和协会在物资储备方面，通过事先与政府签订的合作协议帮助政府分散风险，进行储备或提供救援物资。以东京为例，根据法律规定，日本红十字会东京都支部、社团法人东京都医师会、日本放送协会、各民间电视台机构、东京都卡车协会等被东京都指定为公益防灾机构。东京都通过与这些机构签订协议，委托这些机构在灾害时进行协作和救援，并明确征用物资的程序、费用负担和保险责任。同时，东京都还与东京建筑协会、东京药品批发协会等民间团体签订协议，形成了一个部门齐全的防灾应急网络，有效地保证在市场经济体制下应急资源的整合，迅速进行恢复重建的能力。

日本中央防灾委员于 2006 年会发布了“促进减灾的国民运动基本框架——安全与安心的增值行动”，促进社区的广泛参与，并促进社区利益相关者召开减灾活动推进会议，对社区优秀的防灾事迹进行表彰。为了有效应对地震等自然灾害，日本在城市社区建设了很多避难所，东京在学校操场、绿地、小区广场等指定场所建立了 4663 处临时避难所，同时，指定各区的小学、中学、高中和公民馆为室内避难所，并要求公立中小学的室内避难所提供储备食品和药品等应急物资。

3）德国社区公共安全管理现状

根据德国宪法即《德意志联邦共和国基本法》，德国联邦和州的公共安全管理工作有明确的分工：联邦负责战时民事保护，而州负责和平时期民事保护和灾难救助；联邦将和平时期灾难防护也归纳到战时民事保护的任务中。在以州为主、属地管理的公共安全管理体制下，联邦政府在内政部下设联邦民事保护和灾难救助局及联邦技术援助局来支持各州开展灾难救助工作。各州的公共安全管理统筹负责部门为州内政部，并且由消防队、警察局等相关部门及救援组织构成公共安全管理的主要力量。而德国的社区公共安全管理系统由警方、消防部门、紧急医疗救助中心、民间志愿者组织等部门组成；这充分发挥民间的力量，从而形成一种以社会化为特征的社区公共安全管理模式。

以消防等专业力量为骨干、社会组织为侧翼、志愿者队伍为支撑的各种应急力量协同配合，构成德国横向到边、纵向到底的应急网络。而在这一网络中，消防队以其技术、装备和数量优势，成为各类突发事件应急救援的中坚骨干力量。与我国相比，德国消防队的职责更宽，不仅承担着现场救援的重任，还扮演现场指挥的角色，开展宣传和培训也是他们的一项重要职责。消防队主要有职业、志愿和企业三种类型。职业消防队由直接从事灭火和特殊技术救援的政府官员、职员组成；志愿消防队的队员都是兼职，他们完全自愿、无偿地从事消防救援工作；企业消防队是由单位组建的保护企业自身安全的专业组织，紧急情况下，也接受政府调遣。德国消防队不仅种类多，而且分布密集，布局合理。仅北莱茵州就有 26 个消防支队、83 个大队和 396 个基层消防队，1.2 万名职业消防队员，8.3 万名消防志愿者，另有 103 个企业消防队和 5500 名队员，是德国救援力量分布较为密集的区域。

在德国各类应急救援力量中，志愿者人数众多，是应急救援队伍的生力军。全德国有 170 万名志愿者。志愿者队伍蓬勃发展，不仅取决于民众强烈的自救意识，还有健全的法律和充足的经费作保障。德国法律规定，适龄青年须服 8 个月以上的兵役，但如果参加 6 年的志愿者服务即可免服兵役，从而在法律上保证了志愿者队伍充足的来源和较好的稳定性。如果志愿者在工作时间参加培训和救援，工资由政府支付。各类志愿者队伍所需工作经费绝大部分由政府投入，同时也接受慈善捐赠作为补充。

各志愿者组织都结合自身的特点积极开展培训工作。培训不仅包括技术内容，也有荣誉感、责任感的教育。培训的针对性很强，如红十字会就分为急救医生、卫生员、急救卫生员、急救助理等多种岗位培训，每个岗位的培训都规定了明确的培训内容和学时要求，而且有从课堂到实地再到实战的学习过程。

在明确政府职责的基础上，德国强调公民自身能力的培养。政府部门与救援组织合作，对公众开展自我保护知识的培训，在中小学普遍设置相关教学内容，向公民发放《突发事件预防手册》，形成政府、非营利组织、企业、个人全面应对突发事件的格局。

4）瑞典社区公共安全管理现状

在行政区划上，瑞典划分为中央、郡和市三级，现有 23 个郡 289 个市，实行的均是三级政权体制，市是最低的一个行政层级，在管理上实行高度自治，担负着社区服务、社区保障、社区治安、社区教育、社区环境等与社区居民的生活息息相关的基本任务。而城市社区公共安全管理主要以民防为主。自 1944 年瑞典《民防法》通过以来，瑞典民防建立了三个基本体系，即控制和报警体系、防护和疏散体系、防灾救援体系。瑞典民防局是瑞典民防系统防灾的中央权力机构，除一般民防事务外，主要研究制订国家及防灾救援应急预案。它是在政府、议会管理之下的独立单位，工作上接受国防部指导，下设训练、技术、救援、设备、行政 5 个处，编制员额 240 人。瑞典所属 23 个省、283 个区县均有民防局，分属省、县、市政府管理，工作人员 50 人左右。人员不断更新，而组织长期稳定保持全员编制。

瑞典民防局负责全民的训练体系运作。瑞典民防局总共有 4 所院校，有严格的民防教育训练制度，国家法律规定：从国家部长到一般公民必须参加民防训练，时间为 15 天/年。各专业训练时间为 3～15 周/年，队员年龄为 20 岁至 50 岁，男女不限。如途中运输危险品，除车辆标有防危标志外，驾驶员必须经救援学校培训后上岗。又如，消防隶属地方政府管理，但专业队员和业余队员的训练均由民防局负责，新队员必须经民防救援学校训练一年，成绩合格后才能上岗。在校期间，学员不仅要学习消防知识，同时要全面学习民防救援知识。法律还规定，消防队员到 35 岁，积累了经验后，提拔为指挥官，再进民防救援学校训练 11 周，方能上岗。民防救援学校实行义务教育，学校训练基地占地面积大，模拟训练场地多，教学设施先进，年费用开支 1 亿克朗，全部由国家民防局拨款，与当地政府共同管理。

瑞典民防平战结合紧密，指挥通信系统运用于平时的各种救援活动。国家法律还规定：已建的防空掩体平时必须使用。作为办公室、餐厅、课堂、幼儿园、商场、医院、游戏场所等。例如，斯德哥尔摩地下医院立足于“三防”，由国家民防局、市政府、市福利院三家投资，于 1994 年 10 月建成，内设手术室、急救室、训练室、通信图像会诊室、病床，总面积有 4000 平方米，战时能保护 3000 人或容纳 150 张床位。平时已成为该市新的急救中心。连接斯德哥尔摩市中心和机场的高速列车隧道，长达 40 千米，是一个平战结合大工程，仅地下候机长廊的三个车站，战时就能保护 30 000 人。可见，瑞典的民防及民防工程是瑞典城市社区公共安全管理的主要依托和保障。

5）经验借鉴及发展趋势

其一，建立健全合理的社区灾害管理组织机构。灾害管理是一个经常性的工作，在我国，重大突发事件由国务院对口主管部门为主负责预防和处置工作，其他相关政府部门参与配合。各地区政府也分别设立相应级别的应急小组，设立日常办事机构和建立应急联动中心。但是，基层社区的防灾减灾组织尚未建立，必须在基层社区成立一个专门负责预防事故的跨部门、多领域共同合作的常设组织机构，主要的职责是对日常的事务进行管理，开展安全社区文化的宣传教育，提高社区的应急技术能力，组织适当的防灾演练。在灾害发生时，及时响应，疏散人群，沟通信息，组织救灾抢险，灾害后做好恢复工作和完成重建任务。这个社区灾害管理的专门机构是社区灾害管理的领导力量，也是国家灾害管理组织机构体系的最基本的、最重要的、不可缺少的构成部分。

其二，社区应急队伍的建设机制。作为直接的防灾队伍，社区的应急反应队伍自身的灾害管理能力和素质直接影响着灾害防治的效率和效果。防灾救灾管理是一项综合性的系统工程，要求应急救援队伍及其领导班子必须是一支多灾种、多技能的受过专业化训练的队伍。其中，专业医疗救助队伍、志愿者组织和社区心理咨询小组具有重要的作用。

其三，建立防灾减灾的规划机制。防灾减灾的规划是建立在预防为主的原则上，虽然不能完全做到有备则无患，但是事前的预防控制大大降低了灾害发生的可能性，并减轻了实际发生灾害对社区的破坏影响程度。主要从两个层面建立防灾减灾的规划：家庭灾害计划和社区防灾规划。家庭灾害计划应该包括灾害发生前平时的家庭防灾措施，如注意防火，注意用电、用气安全，应急设备和物资的日常准备，灾害发生时逃生路线的选择，避难场所的位置，等等。家庭灾害计划是针对各自家庭情况而制订的，明确细致的家庭灾害计划有助于灾害发生后第一时间撤离现场，确保生命安全。社区防灾规划是公共安全管理的保障。社区防灾规划作为灾害管理社区化机制中的一部分，是结合自身的实际情况制订的。它应该更多地考虑信息的传递沟通、及时地疏散人员、资源的整合、应急的预警和响应等问题。社区防灾规划的制订应该结合社区各方面人士的共同意见，参考专家的建议，增强社区防灾规划的准确和可操作性，这样有利于防灾规划的执行。

其四，完善社区灾害信息机制。对内积极沟通信息，开展安全文化教育。人们往往怀有侥幸心理而疏于对灾难的防范，直到出了大的事故乃至大的灾情才开始注重完善应急设施及加强安全管理。这种事后控制的方法造成了无法弥补的损失，使应急处于消极被动的地位。为此，需要社区成员共同参与灾害管理的工作，培养和增强社区居民的防灾减灾意识，通过开展安全社区活动，如安全周、安全月等形式，将社区的灾害管理提上日常议程。组织社区居民的灾害防治的培训和教育，开展防灾知识竞赛，通过演练以增强自救互救的能力，让防灾工作深入到居民日常生活中。事实表明，许多灾害是人为因素引起的，安全文化教育可以预防人为的疏忽引起的灾害。社区作为一个整体，通过对社区外的企业、非政府机构、公益组织进行宣传，让社会各界了解社区在防灾方面的努力工作、社区灾害可能分布及防灾资源储备情况，有助于外界的舆论支持和物资支援。

其五，健全资源整合机制。完善政府领导下的全方位资源整合机制。政府部门拥有最多的公共应急资源，理所当然地成为社区灾害管理的指导者。政府通过行使公权力，调动公安武警部门、医疗卫生服务机构、消防、通信、交通等各部门，综合所有的公共服务机构，为社区防灾救灾服务。各个部门之间的信息协调、共享，相互配合，需要建立一个完整的机制，让各个部门既能发挥自身作用，又能统一命令，配合行动。建立和完善社区居民灾害保险机制。保险业是一个经营风险的行业，社区的灾害最终受害者是以家庭为单位的个人。可以建立社区居民灾害保险机制，将不可预计的风险转为可以计划的投资，将部分风险最大地转移到商业保险市场。保险机制一方面为社区居民的生命财产提供保障基础，另一方面可帮助灾后社区恢复重建，稳定社会，保障社会的可持续发展。同时，改变直接财政拨付的方式，最大限度地利用社会的闲散资金，减少财政的压力。目前我国金融市场尚不够完善，保险业的保险产品种类单一，灾害保险风险较大。随着金融体制的改革，政府可以借鉴发达国家的经验，尝试由保险经纪公司为政府机构或社区提供特定对象的保险策略咨询，研究、选择和设计保险产品，使社区灾害管理的资金来源渠道多样化，保证资金的安全性。

3. 社区公共安全业务连续性管理体系

业务连续性管理是识别对组织的潜在威胁及这些威胁一旦发生可能对业务运行带来的影响的一整套管理过程。它是通过业务影响分析使组织认识到潜在的危机和相关影响，其总体目标是提高组织的风险防范能力，以有效地响应业务破坏并降低不良影响。业务连续性管理已经在企业的运营管理实践中体现了强大的能力。基于 ISO 22301：2012 *Societal security - Business continuity management systems - Requirements* 的要求，可以看到，现代社区作为一类特殊的组织形式，可以引入这一新型的管理模式，为社区风险治理提供思路借鉴，提升社区公共安全管理水平。

1）社区业务连续性管理的特点

A. 时空特点

社区采取业务连续性管理，应与一般的企业业务连续性管理有所不同，有着其自身的特点。从社区空间维度特点来说，通过业务连续性管理，保证社区涉及的实质空间（公共场所、建筑物、周邻社区、基础设施等）、信息空间（人口数据、供应情况、信息交换等）、社会空间（居民心理、社区文化等）各项功能的正常连续。从社区的时间维度来说，与传统企业有上下班的边界不同，社区的业务没有工作时间和休息时间的边界，有着全天候、全过程、全周期的特点。

B. 对象特点

社区是各类突发事件的最直接承受者，自然灾害、事故灾难、公共卫生事件和社会安全事件都是社区可能面对的突发事件。社区的业务中断分析要关注事件演化的关键节点，从维系社区功能正常发挥的角度考虑，切断事件转化、蔓延、衍生、耦合链条中可能导致业务中断的演化过程。而社区的功能包括经济、教育、娱乐、卫生、文化等多方面，但最基本的功能应是通过各类基础设施向社区提供公共服务，保证社区内居民的正常生活和社区内单位的正常运行。将社区看作一个承灾载体，那么管理的重点就应充分辨识社区的脆弱性，找到社区系统的脆弱部位。从脆弱性的角度出发，保护社区功能不受中断或受中断的影响尽量小。

C. 目标特点

社区业务连续性管理的目标与政府针对社区的应急管理不同。政府的应急管理是不确定应急时间、不控制应急成本的管理，针对社区的时候重点在于救援生命和控制事态。而社区主动的业务连续性管理则是事先制订业务连续性方案，首要的目标就是确定业务恢复的时间。通过有效辨识外部威胁与冲击，考察社区具备的恢复能力（包括内部自身和外部援助）。这里的恢复不一定是完全程度恢复到原样，而是基本功能的恢复。例如，社区遭受地震灾害后，房屋建筑不可能一时恢复到原来的居住功能，但可以在最短的时间内搭建帐篷，保证最基本的居住条件，然后尽快搭建活动板房，居住功能进一步加强。进而通过灾后重建，需要两到三年的时间才能完全恢复。这就是分阶段的业务连续性管理相应的目标，是一个恢复（recover）—重启（resume）—重建（restore）—返回（return）的过程。

2）社区业务连续性管理的手段

A. 风险登记

风险登记是各种威胁组织取得既定目的和目标的风险的记录。它是一个动态的文件，随着组织风险评估过程和结果的变化而变化。风险登记使风险得以量化和区别轻重程度，为核对风险信息提供了一个框架和体系，有助于风险分析和消减。

风险登记是一项基层开展的基础性工作，因而是社区业务连续性管理的重要组成部分，贯穿于整个业务连续性管理的过程。社区风险登记所登记的内容能够反映以风险为核心的业务冲击分析的基本环节。

第一，我们可以通过风险登记表的结果来识别事件的风险点；第二，通过表中各个指标所代表的风险程度的大小及发生的可能性达到风险估测的目的；第三，将风险登记表等级的内容进行评分，根据得分即可判断风险等级的大小；第四，可将识别出的风险点作为重点控制的对象，有目的地进行风险管理，可以达到事半功倍的效果；第五，风险效果的评价也是在前面四个步骤的基础上进行的，风险登记表的应用使风险管理能够有章可循。

同整个大社会相比，社区则显得具体可感，易于把握。开展社区风险登记要充分考虑社区的特点，以“以人为本、预防为主、统一协调、广泛参与”为原则，建立社区风险登记的标准体系，可以针对风险和风险控制点的演化、诱发及干预特点，梳理业务冲击的响应对策措施。以“一风险一方案”为目标，针对风险登记结果中的重大风险研究风险控制点的方案，重点加强对基础设施风险登记结果的控制点监测和处置方法，制订相应的业务连续性计划。

B. 情景构建

业务连续性管理的重点在于业务冲击分析，即社区系统的脆弱部位受到破坏后对业务冲击的情景，因而不必投入过多的精力在致灾因子的变化过程。而重大突发事件情景构建正是通过列出突发事件造成的情景，尤其是未来所面对最严重威胁的“实例”，基于此考察现有的能力水平，按照“情景—任务—能力”的思路编制对策措施。

社区的业务连续性管理不是一般的针对各类突发事件的应急预案，而是不考虑具体事件，甚至是针对超出可预想的事件，是“预想之外”事件的管理，但却是要有预料之内的情景应对。情景构建的意义正在于使业务连续性管理不能只局限于实际经历过的事件，不可能估计灾害的所有形式，但合理估计威胁或冲击所造成的损失，要考虑最严重的事态，并基于此进行拓展演练。

社区的情景构建不局限于发生在社区的重大突发事件，更多的应该是重大突发事件冲击下的社区情景。例如，数百千米之外的地震破坏了生命线管网，造成了社区的气电供应中断，给社区带来物资短缺恐慌。社区情景是基于假想事件的后果评估和响应任务设置，可以制定情景构建的标准体系，可以对业务恢复的通用能力和具体岗位职责能力进行规范明确的要求，也可为业务恢复的准备能力进行考核评估。

C. 应急准备

社区的应急准备重点在于制订明确的业务连续性计划。业务连续性计划的目标是确保社区基本功能的连续性所需的资源、服务和活动。通过社区应急准备体系标准设计，能够提供业务连续性计划基本要素的保障。

第一，需要明确基本功能是什么，不同类型的社区所指也不同，需要社区管理者和社区居民一起探讨确定。

第二，在风险登记和情景构建的基础上，从“原因导向型”向“后果应对型”转变，做到风险、情景、能力和方案的对应，不遗漏、不空缺。

第三，建立明确的资源清单，包括社区可以调动的人、财、物，社区能利用的数据信息（事先注意备份）、设施场所、外部力量，如应急避难场所及其中的物资储备，并与情景构建推导出的能力需求进行比较，寻找差距并尽力弥补差距。

第四是能力的建设，社区应急准备中需要尤其强调的就是“第一响应者”的能力建设。第一响应者是指那些在突发事故来临时可能做出最快速反应的人或者岗位和职责要求应该做出第一时间反应的人。社区里的第一响应者涉及多个方面，如机敏的受难者个体、社区的保安，也包括提供消防和医疗服务的营救组织、志愿者等。社区应急准备的目标是使社区中每一个人都能在冲击状态下承担起第一响应者的职责，准确把握最佳的响应时间，尽快恢复业务。

第五是有效的沟通与演练改进。通过沟通和演练，强化社区公众的知识和技能，做到有备无患，避免或减小事件发生后的恐慌。通过建立多种渠道，使公众能及时得到危机信息，并主动参与到防范工作中来。开展适当的应急演练，提前做好应急资源的配置，并让社区居民熟悉，提供真实可靠的安全信息，构建基于社区安全的实质环境和人际环境。

3）社区业务连续性管理支撑技术

A. 基础信息库

基础信息库的主要内容包括：社区基础信息库、社区安全风险及伤害因素信息库、突发事件应急预案管理信息库及紧急状态下个体和群体的心理与行为反应特征库等。信息库的建设将为社区业务连续性管理体系建设提供强有力的科技支撑手段。

a）社区建设基础信息库

社区基础信息库是基于资源整合、信息共享的原则，便于社区管理者全面、及时掌握社区安全基本信息，并对其进行动态管理的信息化手段和工具。通过对信息的添加、维护、导入、导出，实现数据信息的调用及分析的功能，并为安全社区创建工作的基础环节——社区诊断提供科学依据。

该信息库包括四个模块：①社会人口学特征信息模块，包括社区特点、人口特征和社会经济状况等；②企事业单位安全信息模块，包括单位性质、安全管理机构及人员、企业危险源及职业安全健康风险因素、特种设备及特种作业人员、劳动保护、突发事件应急系统及社会责任履行等；③社区环境与公共设施信息模块，包括自然环境、生活和居住环境、学校和托幼机构环境、建筑工地、公共场所和道路交通环境及重点公共基础设施信息等；④社区公共应急资源信息模块，包括人力资源、财力保障、物资保障、交通运输、医疗卫生及通信保障等。

b）社区安全风险及危险因素信息库

社区安全风险及危险因素信息库是针对社区高危环境、高危人群及弱势群体，利用辨识、评估、计算机仿真模拟等方法和技术，形成的具有系统性、可操作性和实用性的管理系统。它可为政府主管和职能部门提供参考信息，为社区及管理人员提供工作方法、手段和信息报送途径，为社区居民提供信息获取渠道。

该信息库包括两个功能模块：①安全风险及危险因素信息管理模块。除了具有基本信息管理功能外，本模块还可以实现根据输入条件，自动生成风险及危险因素检查表单，为社区安全管理者提供有效的监管工具。②突发公共事件风险及危险因素信息发布功能模块。基于社区综合风险评估，向社区居民发布风险等级信息及重大风险源的基本安全信息，为社区居民的知情权保障提供信息渠道。

c）突发事件应急预案信息管理库

在数据库的基础上，利用软件开发一系列人机界面，实现对预案的有序、有效和便捷的管理。其主要功能有：①查询，利用模糊查询和精确查询两种方式，实现通过预案代码、名称、单位名称、行业、事故类型等对预案数据库的检索；②动态更新，通过界面提示，可以输入新的预案存到数据库，通过时间属性管理预案；③信息统计，通过对预案的数量和种类计数管理，实现统计功能；④预案演练信息管理，主要是用来管理各个单位的预案演练信息，统计演练次数，记录演练时间和内容及规模；⑤多级权限管理，设计多级用户管理权限，更好地保护数据库的数据。

d）紧急状态下个体和群体的心理与行为反应特征库

通过历史数据获取、问卷调查、计算机模拟、虚拟现实技术等多种方式创建紧急状态下个体和群体的心理与行为反应特征数据库，该数据库将有助于分析和研究个体及群体在紧急情况下的心理变化与行为反应规律，对于应急管理、人群安全疏散、救援预案的制订等都有科学的指导意义。特征库建立通常利用如下方法。

（1）历史数据获取。选取相关部门管理人员、专家学者和经历相关灾害事故的民众开展行为事件访谈（behavioral event interview，BEI），获取民众在紧急状况下的心理与行为模式信息。

（2）网络问卷调研。根据突发事件中民众的心理行为态势的共有/特有的时间、强度和空间变化趋势特征，编制突发事件民众心理及行为反应调查问卷；通过计算机模拟技术，模拟各类突发事件的发生、发展过程场景，并提供事件处理反馈功能；结合问卷调查和场景模拟，建立网络问卷模拟信息数据库，获得民众在可能面对紧急情况时的心理与行为反应的特征数据。

（3）虚拟现实仿真系统测试。以社区可能面对的突发事件为背景，利用虚拟现实技术构建逼真的虚拟灾害环境，通过相关的心理测试分析仪器，如测量皮肤点、心跳甚至唾液来了解被试者的紧张状况，获取其在虚拟的灾害环境中的心理变化数据。

B. 分析模型库

a）多层次多阶段社区应急能力综合评估模型体系

社区有城市社区、农村社区、城乡接合部社区之分，也有超大社区、大社区、小社区、微型社区之分，不同的社区所面临的主要风险必然不同，所需的应急能力也千差万别。同时，应急管理的不同阶段对应急能力的要求也不相同，预防与准备阶段主要强调应对特定风险的人员和物资储备，监测和预警阶段主要强调应急系统的信息收集、传递能力，处置与救援阶段主要强调应急响应速度和应急协调能力，恢复与重建阶段主要强调政府投入的力度和可持续性。因此，构建一个多层次多阶段的社区应急能力评估模型体系。该评估模型体系的构建包括三个层次：首先，通过实地调研和文献研究，识别不同社区风险事件的主要类别和级别，明确社区突发事件应急准备的目标和任务，确定社区应急能力的主要需求；其次，针对社区应急管理不同阶段的应急能力需求，提炼相应的应急能力评估指标体系；最后，选用灰色关联度法（gray relational analysis，GRA）、优劣解距离法（technique for order preferenceby similarity to ideal solution，TOPSIS）、主成分分析法（principal component analysis，PCA）或层次分析法（analytic hierarchy process，AHP）、模糊综合评价法（fuzzy comprehensive evaluation，FCE）等方法，构建多层次多阶段的社区应急能力综合评估模型体系。

b）多角度社区公共防灾减灾资源优化管理模型

公共防灾减灾资源是突发事件发生时，用于应急处置、救援、避难等方面的核心资源，是保障社区安全，降低突发事件损失的关键因素之一。从多个角度对社区公共防灾减灾资源实行优化管理，有助于提升社区的防灾减灾资源利用效率，缩短应急响应时间，这种优化管理模式的普及可以从更大范围内提高不同区域的防灾减灾整体能力，从全局层面实现降低灾害损失，增强防灾抗灾能力的效果。社区公共防灾减灾资源优化管理模型主要从布局、调配、存储与补充等多个角度进行构建。采取软件工程的实施思路，根据社区的典型特点，分析其公共防灾减灾资源管理系统的主要需求，进而规划各个不同的功能模块，并进行精细化设计，同时将各个社区公共防灾减灾资源优化管理模型改编为算法形式，引入至各个功能模块中，完成社区公共防灾减灾资源优化管理系统。

c）紧急状态下社区大规模人群应急避难准备及响应系统

收集区域可能对社区安全造成重大危害的危险源信息，如社区周边可能存在的有毒化学品泄漏，企业排放的污染物质扩散，以及社区内部危险、有毒物质的存放位置和剂量等；根据危险物质的种类、发生泄漏后的扩散范围及其严重性等信息建立危险物质分类列表；利用数值模拟方法，实现基于地理信息系统（geographic information system，GIS）的危险物质的扩散趋势及危险度分布图的可视化分布图；告知社区居民并提供与突发事件灾害相关的防范设施和技术指导。

根据危险源的种类及危害，确定社区内必需的救灾资源，包括救灾的物质、装备、专业的救援人员等；结合社区的空间结构、人群结构及危险度分布图，利用仿真模拟软件，为避难场所的选取、救灾资源的调度、人力分配、救灾路线和疏散路线的选择等进行优化配置，制订合理、高效的应急救援预案；定期对救援人员进行培训、开展疏散演练，完善应急救援预案。

根据社区可能发生的突发事件种类，建立相应的预警系统。以应急救援预案为基础，明确相关个人和部门职责，确定突发事件发生后启动和结束响应的程序、响应措施等内容。

C. 社区应急技术集成系统

本系统主要包括社区级应急平台搭建和应急技术集成。基于社区在应急中应当发挥的调度、指挥、协调作用，组建一套适合的社区的应急硬件平台。包括通信系统、计算机网络系统、图像接入系统、视频会议系统、移动应急平台等；集成建设平台，如采用基于 GIS 的社区空间信息提取技术，事故应急信息筛选处理、远程通信和数据传输技术，基于社区周围危化品泄漏、火灾事故与人员疏散模型的事故发展快速预测与危险区域分析技术，报警信息的录入与定位、路径分析技术等。

选取典型社区，在社区现有应急资源的基础上，建立社区应急技术集成系统的示范社区，制定社区应用应急技术系统的建设标准。建成的社区应急技术集成系统可以作为示范平台，完成科技成果向实际应用的转化；建设标准可推进成果在其他社区的应用。

4. 典型应用—临时社区建设

1）建设需求

地震这样的巨灾发生后，社区原有的共同体被打破了，在过渡安置过程中，重新组成了新的居民聚居区，客观上形成临时社区。临时社区在相当长的一段时间内还将承受大灾后的若干影响，临时社区面对许多问题具有临时性，但临时社区的安全问题却不能从“临时”角度来对待。

社区业务连续性管理的理念强调，社区在灾难发生后，应主动地、持续地开展居民伤害预防与干预项目，为灾区居民提供安全与健康的社区环境。安全社区建设的绩效表明，由受伤和死亡、环境破坏造成的痛苦，可以通过各种伤害干预得以缓解。在临时社区开展心理干预项目可以帮助灾民从家破人亡的阴影中走出来，重新树立生活信心，积极地投身到灾后恢复重建中；开展残疾人伤害干预项目，可以让在地震中造成受伤肢体残疾的居民，有一个安全、无障碍的生活环境。掌握伤害预防的知识，可有效避免和降低次生伤害的发生率及后果，提高临时社区的安全质量。

在临时社区中开展社区业务连续性管理创建工作，是对世界卫生组织安全社区概念上的完善，也是对我国近年来建设安全社区的进一步深化和创新。社区业务连续性管理体系的建设不但是常态下的伤害预防，同时也是社区居民的应急能力和应急保障机制建设。居民在面临突发灾难和意外伤害时，自身的抵御能力对于伤害后果起到至关重要的作用，这种能力不是具备某种单一知识就能达到的。大难过后，灾民既是受灾的主体，也是抗灾的主体。另外，在临时社区建立志愿者队伍，开展群众性应急演练活动，建立临时社区公共安全应急避难场所等，都是建立社区应急保障机制的重要内容。

2）模式分析

临时社区的建设必须以科学发展观为指导，以灾民为本，融合业务连续性管理理念，长期、持续地开展伤害干预和预防工作，为居民提供和谐、安全和健康的环境。结合临时社区的特点，可在以下几个方面优先开展创建工作。

A. 临时社区居民人口特征安全风险分析

要充分考虑临时社区的人口特征，以及其中蕴涵的安全风险。首先，要分析临时社区居民的来源，是来自城市社区、农村社区还是山村社区。不同类型的社区生活习惯和安全行为不同。其次，要分析家庭成员完整性和居民的年龄、性别的分布，临时社区的人口的年龄和性别分布可能不均匀，特别是如果一些孤老和儿童被集中安置，会增加临时社区的安全风险。另外，还要分析居民的地域性传染病可能发生的情况，不同地域和特征的人群在临时社区将会暴露出新的公共卫生问题。还要针对高风险人群进行识别和监管，等等。

B. 搭建临时社区灾后恢复重建信息交流平台

临时社区安全建设，应强调居民与社区、居民与外界的信息交流，以及社区与社区之间的沟通。在临时社区内部，为居民提供信息，例如，医疗卫生等生活保障信息，帮助居民树立生活信心；为居民提供政府恢复重建的政策信息，稳定居民的情绪；居民的一些安全诉求也应通过信息平台反映到相应部门，并得到合理解决，体现民主和社区自治，特别是灾后恢复重建阶段，信息的及时有效获取至关重要。

C. 广泛动员居民参与社区安全防范

临时社区的居民是灾后重建的主体，地震衍生、次生灾害的预防和居民伤害干预需要全员的参与，因此，应积极组织、发动社区居民建立志愿者队伍，负责对社区的治安、消防安全巡逻和日常检查工作，实现户户联防，这样可有效补充专业应急力量，并实现战平顺利过渡。另外，动员居民参与社区的恢复工作，逐步淡化对灾难恐惧的情绪，树立对未来的信心，建立对社区的归属感和认同感。

D. 持续开展临时社区脆弱性分析和监测

脆弱性分析主要是为灾后的可持续发展、应急预防与准备、应急反应和恢复工作提供信息。关注临时社区各类风险的相关性，在专业部门的指导下，积极开展临时社区的脆弱性分析，对风险源实施动态管理，防患于未然，并且能有效地避免过度应急。

在临时社区建立水质、食品安全、事故与伤害监测哨点，建立伤害记录与统计分析制度，为伤害干预提供依据，保障社区居民的健康和安全。另外，建立监督机制，对社区中重要部位要建立专门巡查和联合检查制度。

E. 社区安全文化的建立

宣传与教育是提高居民预防伤害意识的根本手段。在临时社区中，开辟社区居民安全健康科普知识的宣教阵地，并形成临时社区安全与健康宣传教育的长效机制，使居民获得安全和健康知识，提高应急能力，并积极主动地配合政府相关部门，参与灾后重建工作。充分发动临时社区的基层组织和专业部门的力量，大力开展安全与健康宣传进家庭活动，深入灾民安置房内为广大群众讲解应急自救逃生常识，并定期组织开展应急预案演练，提高临时社区居民抗御灾难的能力。

3）社区业务连续性计划

公共安全管理是对突发事件的动态管理，社区应加强日常状态下的应急管理，做好应急准备。业务连续性计划是一个长期发展的活动计划，可有效处理各种应急事件及其次生、衍生灾害，减少灾害对社区的影响。根据临时社区的突发事件的特点，全面开展安全防范宣传、救助孤老、邻里守望工作，制订突发事件应急预案，定期组织居民进行演练，并对预案进行动态管理。

对临时社区可能面对的突发事件和次生灾害等，要事先有预警方案，在预警状态下要有请求增援和扩大应急级别的方法及措施，充分借助外界和专业的应急力量。开展突发事件的信息报告、现场疏导、先期处置等工作，临时社区也要进行日常安全管理和预警管理，承担组织协调社区居民自救、互救和共救等任务。

灾后一段时间内，除给居民提供能在灾害发生后一段时期内的基本生活保障的场地，还应科学规划应急避难场所。1995 年的阪神大地震，有 31 万多人被分散到了 1100 多个避难场所，避免了更大的伤亡。临时社区的安置房在一段时间后，完成安置功能之后，可以规划成应急避难场所。

临时社区通过业务连续性管理体系的创建，能够有效整合资源，充分发动群众参与灾后重建工作，进一步提高社区与居民的应急能力。在震后临时社区创建安全社区，减少灾害对社区的影响，有助于积累防灾减灾和震后伤害预防的社区经验，探索大灾大难后临时社区的安全社区建设模式。综上所述，在临时社区建立业务连续性管理体系是一项至关重要和亟待开展的工作。

参 考 文 献

陈安, 陈宁, 倪慧敏. 2009. 现代应急管理理论与方法[M]. 北京: 科学出版社

范育茂. 2016. 核反应堆安全演化简史[M]. 北京: 中国原子能出版社

国际原子能机构. 2002. 国际原子能机构安全报告丛书第 74 号 核电厂项目运行前各阶段的安全文化[R]

国际原子能机构. 2007. 国际原子能机构安全术语 核安全与辐射防护系列[R]

国际原子能机构. 2008. 国际核事件和放射事件分级表[R]

国家核安全局. 1989. 核电厂设计总的安全原则(HAD102/01)[S]

国家核安全局. 2016. 核动力厂设计安全规定(HAF102—2016)[S]

李辉, 顾季敏. 2015. 业务连续性管理: 从一本书开始[M]. 北京: 中国财政经济出版社

塞加尔 B R. 2015. 轻水堆核安全 严重事故现象学[M]. 马卫民, 赵博, 等译. 北京: 中国原子能出版社

王金玉. 2014. 业务连续性管理(BCM)国家标准诞生的背景与现实和历史意义[J]. 办公自动化(学术版), (12): 30-33

王榆次. 2006. 信息系统灾难恢复的规划及实施[M]. 北京: 北京交通大学出版社

中国信息化推进联盟业务持续管理专业委员会. 2009. 中国业务持续管理现状与发展[M]. 北京: 原子能出版社

中国银行业监督管理委员会. 2011. 中国银监会关于印发商业银行业务连续性监管指引的通知(银监发〔2011〕104 号)[R]

中华人民共和国国家质量监督检验检疫总局. 2003. 核电厂应急计划与准备准则 场内应急计划与执行程序(GB/T 17680.8—2003)[S]

中华人民共和国国家质量监督检验检疫总局, 中国国家标准化管理委员会. 2007. 信息安全技术 信息安全风险评估规范(GB/T 20984—2007)[S]

中华人民共和国国家质量监督检验检疫总局, 中国国家标准化管理委员会. 2007. 信息安全技术 信息系统灾难恢复规范(GB/T 20988—2007)[S]

中华人民共和国国家质量监督检验检疫总局, 中国国家标准化管理委员会. 2013. 公共安全 业务连续性管理体系 要求(GB/T 30146—2013/ISO 22301：2012)[S]

中华人民共和国国家质量监督检验检疫总局, 中国国家标准化管理委员会. 2015. 公共安全 业务连续性管理体系 指南(GB/T 31595—2015/ISO 22313：2012)[S]

Erbschloe M. 2005. 灾难恢复指南[M]. 杜江译. 重庆: 重庆大学出版社

IAEA. 1991. INSAG-3: Basic safety principles for nuclear power plants[R]

IAEA. 2006. Safety Fundamentals No. SF-1, Fundamental Safety Principles[S]

IAEA. 2012. Safety report series—No. 73: low level event and near miss process for nuclear power plants: best practices[R]

IAEA. 2015. Preparedness and response for a nuclear or radiological emergency[R]. No. GSR Part 7

Okolita K. 2015. 构建企业级业务连续性规划[M]. 于天, 等译. 北京: 机械工业出版社

附　　录

附录 1　相关标准及规范

附表　应急及业务连续性管理标准及规范

发布日期	类型	名称
		国家标准
2016.10.13	国标委	GB/T 33136—2016《信息技术服务　数据中心服务能力成熟度模型》
2015.06.02	国标委	GB/T 31595—2015《公共安全　业务连续性管理体系　指南》
2013.12.17	国标委	GB/T 30146—2013《公共安全　业务连续性管理体系　要求》
2007.06.14	国标委	GB/T 20988—2007《信息安全技术　信息系统灾难恢复规范》
2007.06.14	国标委	GB/T 20984—2007《信息安全技术　信息安全风险评估规范》
		行业规范及监管要求（银行业）
2013.02.16	银监会	《中国银监会关于印发银行业金融机构信息科技外包风险监管指引的通知》（银监发〔2013〕5 号）
2012.07.06	中国人民银行	《金融行业信息系统信息安全等级保护实施指引》（JRT0071—2012）
2011.12.28	银监会	《中国银监会关于印发商业银行业务连续性监管指引的通知》（银监发〔2011〕104 号）
2010.06.04	银监会	《银监会关于印发〈银行业金融机构外包风险管理指引〉的通知》（银监发〔2010〕44 号）
2009.12.30	银监会	《中国银监会关于印发〈银行业个人理财业务突发事件应急预案〉的通知》（银监发〔2009〕115 号）
2009.12.29	银监会办公厅	《中国银监会办公厅关于印发〈银行业金融机构重要信息系统投产及变更管理办法〉的通知》（银监办发〔2009〕437 号）
2009.03.03	银监会	《中国银监会关于印发〈商业银行信息科技风险管理指引〉的通知》（银监发〔2009〕19 号）
2008.07.09	银监会、证监会	《关于印发〈银行、证券跨行业信息系统突发事件应急处置工作指引〉的通知》（银监发〔2008〕50 号）
2008.02.04	中国人民银行	《银行业信息系统灾难恢复管理规范》（JR/T 0044—2008）
2007.05.14	银监会	《中国银监会关于印发〈商业银行操作风险管理指引〉的通知》（银监发〔2007〕42 号）

续表

发布日期	类型	名称
		行业规范及监管要求（证券期货业）
2014.08.27	中国期货业协会	《关于发布〈期货公司信息技术管理指引〉及检查细则修订版的通知》（中期协字〔2014〕75 号）
2011.04.14	证监会	《证券期货经营机构信息系统备份能力标准》（JR/T 0059—2010）
2009.09.07	中国证券业协会	《关于发布〈证券营业部信息技术指引〉的通知》（中证协发〔2009〕154 号）
2009.06.23	中国证券业协会	《关于发布〈证券公司网上证券信息系统技术指引〉的通知》（中证协发〔2015〕8 号）
2006.08.01	中国证券业协会	《关于发布〈证券公司集中交易安全管理技术指引〉的通知》（中证协发〔2017〕143 号）
		行业规范及监管要求（保险业）
2015.12.07	保监会	《中国保监会关于印发〈保险机构内部审计工作规范〉的通知》（保监发〔2015〕113 号）
2015.07.22	保监会	《中国保监会关于印发〈互联网保险业务监管暂行办法〉的通知》（保监发〔2015〕69 号）
2011.03.07	保监会	《关于印发〈保险公司信息系统安全管理指引（试行）〉的通知》（保监发〔2011〕68 号）
2008.03.21	保监会	《关于印发〈保险业信息系统灾难恢复管理指引〉的通知》（保监发〔2008〕20 号）
		行业规范及监管要求（互联网金融）
2016.08.17	银监会、工信部、公安部、国家互联网信息办公室	《网络借贷信息中介机构业务活动管理暂行办法》
2015.01.21	大公信用数据有限公司	《大公互联网金融信用风险黑名单管理办法》
2015.01.21	大公信用数据有限公司	《大公互联网金融信用风险预警观察名单管理办法》
2015.01.21	大公信用数据有限公司	《互联网金融票据质押融资信用风险报告》
2014.03.15	深圳市人民政府	《深圳市人民政府关于支持互联网金融创新发展的指导意见》（深府〔2014〕23 号）
		行业规范及监管要求（民航业）
2005.01.20	中国民用航空总局	《民用航空重要信息系统空难备份与恢复管理规范》（MH/T 0026—2005）
		应急管理规范
2013.10.25	国务院办公厅	《国务院办公厅关于印发突发事件应急预案管理办法的通知》（国办发〔2013〕101 号）
2009.09.29	国务院应急办	《关于印发突发事件应急演练指南的通知》（应急办函〔2009〕62 号）
2009.07.07	中国银行业协会	《关于印发〈中国银行业营业网点服务突发事件应急处理工作指引〉及〈中国银行业营业网点服务突发事件应急处理预案示范文本〉的通知》（银协发〔2009〕51 号）
2007.08.30	全国人民代表大会常务委员会	《中华人民共和国突发事件应对法》（主席令 10 届第 69 号）
2005.03.02	银监会办公厅	《中国银行业监督管理委员会办公厅关于印发〈重大突发事件报告制度〉的通知》（银监办发〔2005〕54 号）

续表

发布日期	类型	名称
		国际标准
2017.03	ISO	ISO 22316:2017"Security and resilience — Organizational resilience — Principles and attributes"
2016.10.15	ISO	ISO 22325：2016 "Security and resilience — Emergency management — Guidelines for capability assessment"
2015.09.15	ISO	ISO/TS 22317：2015 "Societal security — Business continuity management systems — Guidelines for business impact analysis（BIA）"
2015.09.01	ISO	ISO/TS 22318：2015 "Societal security — Business continuity management systems — Guidelines for supply chain continuity"
2015.09.01	ISO	ISO/TR 22351:2015"Societal security — Emergency management — Message structure for exchange of information"
2015.06.15	ISO	ISO 22324:2015"Societal security — Emergency management — Guidelines for colour-coded alerts"
2015.05.15	ISO	ISO 22322:2015"Societal security — Emergency management — Guidelines for public warning"
2014.12.01	ISO	ISO 22315：2014 "Societal security — Mass evacuation — Guide for planning"
2014.07.15	ISO	ISO 22397：2014 "Societal security — Guidelines for establishing partnering arrangements"
2014.02.01	ISO	ISO 28004-4:2014"Security management systems for the supply chain — Guidelines for the implementation of ISO 28000 — Part 4：Additional specific guidance on implementing ISO 28000 if compliance with ISO 28001 is a management objective"
2014.02.01	ISO	ISO 28004-3：2014 "Security management systems for the supply chain — Guidelines for the implementation of ISO 28000 — Part 3: Additional specific guidance for adopting ISO 28000 for use by medium and small businesses (other than marine ports)"
2014.02.01	ISO	ISO 28004-2：2014 "Security management systems for the supply chain — Guidelines for the implementation of ISO 28000 — Part 2: Guidelines for adopting ISO 28000 for use in medium and small seaport operations"
2014.02.01	ISO	ISO 28004-1:2007"Security management systems for the supply chain — Guidelines for the implementation of ISO 28000 — Part 1: General principles"
2013.11.30	ISO	ISO 22300：2014 "Societal security — Terminology"
2013.09.13	ISO	ISO 22398：2013 "Societal security — Guidelines for exercises"
2012.12.15	ISO	ISO 22313：2012 "Societal security — Business continuity management systems — Guidance"
2012.05.15	ISO	ISO 22301：2012 "Societal security — Business continuity management systems — Requirements"
2011.11.01	ISO	ISO 22320:2011"Societal security — Emergency management — Requirements for incident response"
2011.08.01	ISO	ISO 28002：2011 "Security management systems for the supply chain — Development of resilience in the supply chain — Requirements with guidance for use"
2007.10.15	ISO	ISO 28001：2007 "Security management systems for the supply chain — Best practices for implementing supply chain security, assessments and plans — Requirements and guidance"
2007.09.15	ISO	ISO 28000：2007 "Specification for security management systems for the supply chain"
2007.08.01	ISO	ISO 28003：2007 "Security management systems for the supply chain — Requirements for bodies providing audit and certification of supply chain security management systems"

附录 2　中国业务连续性管理发展大事记

CBCM 成立

2004 年 7 月 15 日，在相关部门的支持和配合下，CBCM 正式成立，隶属于中国信息化推进联盟。CBCM 是一个公益性、学术性、非营利性的社团组织，它搭建了一个开放的、国际化的学术交流与合作的平台。CBCM 的成立是业务连续性管理开始全面引入中国的一个重要标志。

《重要信息系统灾难恢复指南》发布

国务院信息化工作办公室在 2005 年 4 月颁布了《重要信息系统灾难恢复指南》，《重要信息系统灾难恢复指南》是我国第一个灾难备份指导性文件。该指南对灾难恢复的等级划分进行了描述,并以灾备资料性附录的形式对灾难恢复预案的框架进行了说明。

GB/T 20988—2007 发布

2007 年 6 月 14 日,《重要信息系统灾难恢复指南》正式升为国家标准 GB/T 20988—2007《信息安全技术 信息系统灾难恢复规范》。该标准规定了信息系统灾难恢复应遵循的基本要求，适用于信息系统的灾难恢复的规划、审批、实施和管理。

GB/T 20984—2007 发布

2007 年 6 月 14 日，GB/T 20984—2007《信息安全技术 信息安全风险评估规范》与 GB/T 20988—2007 同天发布，GB/T 20984 提出了风险评估的基本概念、要素关系、分析原理、实施流程和评估方法，以及风险评估在信息系统生命周期不同阶段的实施要点和工作形式。

《中华人民共和国突发事件应对法》发布

《中华人民共和国突发事件应对法》已由中华人民共和国第十届全国人民代表大会常务委员会第二十九次会议于 2007 年 8 月 30 日通过，自 2007 年 11 月 1 日起施行。

《中华人民共和国突发事件应对法》对于预防和减少突发事件的发生，控制、减轻和消除突发事件引起的严重社会危害，规范突发事件应对活动，保护人民生命财产安全，维护国家安全、公共安全、环境安全和社会秩序具有重要意义。初步形成了以“一案三制”，即各级应急预案，体制、机制和法制为核心的应急管理体系。

银监会印发 104 号文

为加强商业银行风险管理，提高业务连续性管理能力，促进商业银行有效履行社会责任，维护公众信心和银行业正常的运营秩序，银监会制定了《商业银行业务连续性监管指引》，并于 2011 年 11 月 28 日正式向各银监局，各政策性银行、国有商业银行、股份制商业银行、金融资产管理公司，邮政储蓄银行，各省级农村信用联社，银监会直接监管的信托公司、企业集团财务公司、金融租赁公司下发了《中国银监会关于印发商业银行业务连续性监管指引的通知》（银监发〔2011〕104 号），要求各单位遵照执行。

GB/T 30146—2013 发布

2013 年 12 月 17 日，《公共安全 业务连续性管理体系 要求》（GB/T 30146—2013）正式发布，等同采用国际标准 ISO 22301：2012，是我国第一个业务连续性管理标准。该标准的出台旨在推动我国业务连续性管理体系的建立及与国际接轨，这为我国组织业务连续性管理体系获得国际广泛认可提供了保障。

中国应急管理学会成立

2014 年 9 月 28 日，中国应急管理学会（China Society of Emergency Management，CSEM）正式成立，主管单位是国家行政学院，中国应急管理学会是由国内外从事应急管理理论研究、教学培训、咨询服务的专家学者、实践人员，以及相关专业机构、企事业单位、非政府组织等自愿组成的全国性、学术性、公益性法人社会团体，致力于发展与应用现代应急管理观念、方法、技术，提升全社会预防与应对各类突发事件的能力。

公共安全标准化专业委员会成立

2015 年 10 月 18 日，CBCM 整建制进入中国应急管理学会，更名为公共安全标准化专业委员会，成为中国应急管理学会的第一个二级学会组织，标志着业务连续性管理在我国将与应急管理进一步紧密融合。

GB/T 31595—2015 发布

2015 年 6 月 2 日，GB/T 31595—2015《公共安全 业务连续性管理体系 指南》正式发布，等同采用国际标准 ISO 22313：2012，该标准基于良好实践，为业务连续性管理体系的策划、实施、运行、监视、评审、保持和改进文件化的管理体系提供指南，以使组织能够在中断事件发生时，准备、响应并进行恢复。

《中华人民共和国反恐怖主义法》发布

2015 年 12 月 27 日第十二届全国人民代表大会常务委员会第十八次会议通过《中华人民共和国反恐怖主义法》。

《中华人民共和国反恐怖主义法》起草工作主要是由公安部牵头并配合全国人大常委会法制工作委员会及国务院相关部门进行，这部法主要明确我国反恐的基本原则，规定反恐工作的机构及职责权限，明确规定哪些行为属于恐怖犯罪，同时还将明确我国防范恐怖犯罪应采取的措施，使司法机关和执法部门有法可依。

附录3　典型灾难事件

本附录收录了一些典型的灾难事件，因篇幅关系，只介绍事件发生的时间及影响，对事件的起因及处置过程不作评述。这些事件按照灾难性质划分为系统宕机事件、自然灾害事件、安全生产事故、公共卫生事件、恐怖袭击事件等几个方面。

事件触目惊心，报道视角各异。对于事件的预防机制和后续处理、恢复的情况大都语焉不详或刻意回避，更没有看到媒体对恢复机制的表述和讨论。诚然，这些都不在媒体的责任范围，但从大量事件报道中，我们却少有看到有关方面在对抗、防御事件发生，以及事后的快速反应和救助、恢复的计划与行动。我们可能还没有意识到业务连续性的理论和机制不光是预防、保障，还有对应和恢复，应该纳入面向社会的公共安全的业务连续性管理的总框架。

虽然类似于自然灾害和恐怖袭击这些事件更加具有突发性与不可预测性，但从业务连续性管理事前预防和事后恢复的角度来看，如果平时加强培训和演练，也可以大大减少人员伤亡和财产的损失。

系统中断事件

1. 中国银联网络瘫痪事件

2006 年 4 月 20 日上午 10 点 56 分至下午 5 点 30 分，负责全国银行卡跨行交易的中国银联网络陷入瘫痪，全国多数地区银行卡无法进行跨行取款及刷卡。

据称全球至少有 34 万家商户及 6 万台自动柜员机（automatic teller machine，ATM）受到影响，跨行业务、刷卡消费中断 6 小时左右。当日下午 5 点开始，银联网络逐渐恢复正常。

2. 宁夏银行业务中断事件

2014 年 7 月 1 日，宁夏银行核心系统数据库出现故障，导致该行（含异地分支机构）存取款、转账支付、借记卡、网上银行、ATM 和 POS 业务全部中断。直至 7 月 3 日 5 点 40 分核心系统才恢复服务，业务系统中断长达 37 小时 40 分钟，期间完全依靠手工办理业务。

3. “5·28”携程网瘫痪事件

2015年5月28日中午11点9分开始，不少用户发现在线旅游网站携程无法打开，其APP也无法使用。到28日21点30分，携程部分网页已可以打开，但仍不能预订。直到28日23点29分才完全恢复正常。

受此影响，2015年5月28日携程股价盘前暴跌11.67%，报72美元。如果以携程2015年一季度净营业收入23亿元计算，携程瘫痪每小时损失或达106.5万美元。

4. “5·27”支付宝大规模宕机事故

2015年5月27日傍晚，市政施工导致杭州某地光缆被挖断，导致阿里集团旗下重要的产品——支付宝的一个主要机房被影响，随后全国部分用户无法使用支付宝。事情发生后第一时间,支付宝工程师紧急将用户请求切换至国内其他机房。到晚上19点左右，支付宝服务恢复正常。中断持续约2.5小时。

自然灾害事件

1. 2008年南方冰雪灾害

2008年1月10日起，中国浙江、江苏、安徽、江西、河南、湖北、湖南、广东、广西、重庆、四川、贵州、云南、陕西、甘肃、青海、宁夏、新疆等18个省份和新疆生产建设兵团农垦区均受到低温、雨雪、冰冻灾害影响。截至1月31日18点，因灾死亡60人，灾害造成的直接经济损失达到了537.9亿元。

2. “5·12”汶川地震

“5·12”汶川地震发生于北京时间（UTC+8）2008年5月12日（星期一）14时28分4秒，震中位于中国四川省阿坝藏族羌族自治州汶川县映秀镇与漩口镇交界处。根据中国地震局的数据，此次地震的面波震级（surface wave magnitude，MS）达8.0级、矩震级（moment magnitude scale，MW）达8.3级（根据美国地质调查局的数据，矩震级为7.9级），地震烈度达到11度。地震波及大半个中国及亚洲多个国家和地区，北至辽宁，东至上海，南至中国香港、中国澳门、泰国、越南，西至巴基斯坦均有震感。

“5·12”汶川地震严重破坏地区超过10万平方千米，其中，极重灾区共10个县（市），较重灾区共41个县（市），一般灾区共186个县（市）。截至2008年9月18日12时，“5·12”汶川地震共造成69 227人死亡，374 643人受伤，17 923人失踪，是中华人民共和国成立以来破坏力最大的地震，也是唐山大地震后伤亡最严重的一次地震。

经国务院批准，自2009年起，每年5月12日为全国“防灾减灾日”。

3. “4·14”玉树地震

玉树地震发生于北京时间2010年4月14日，其中震级最大的一次发生于7时49分，震中位于中国青海省玉树藏族自治州玉树县境内，其面波震级达到7.1级，深度为14千米。该地震导致至少2698人遇难，270人失踪，12 135人受伤。县城结古镇全部停电。由于大部分建筑都是土木结构，重灾区结古镇附近西杭村的民屋几乎全部（99%）倒塌。此外整个玉树州70%的学校房屋垮塌。

4. “8 · 7”甘肃舟曲特大泥石流

2010 年 8 月 7 日 22 时许，甘南藏族自治州舟曲县突降强降雨，县城北面的罗家峪、三眼峪泥石流下泄，由北向南冲向县城，造成沿河房屋被冲毁，泥石流阻断白龙江，形成堰塞湖。泥石流造成县城由北向南 5 千米长、500 米宽区域被夷为平地（约 250 万平方米）。截至 2010 年 9 月 7 日，“8 · 7”甘肃舟曲特大泥石流灾害中遇难 1481 人，失踪 284 人，累计门诊治疗 2315 人。

5. “4 · 20”四川雅安地震

北京时间 2013 年 4 月 20 日 8 时 2 分在四川省雅安市芦山县（北纬 30.3°，东经 103.0°）发生 7.0 级地震。震源深度 13 千米。震中距成都约 100 千米。成都、重庆等地均有较强震感。四川雅安芦山地震共造成 196 人死亡，21 人失踪，12 211 人受伤，其中 968 人重伤。截至 2013 年 4 月 24 日 10 时，共发生余震 4045 次，3 级以上余震 103 次，最大余震 5.7 级。受灾人口 152 万，受灾面积 12 500 平方千米。

安全生产事故

1. “4 · 28”胶济铁路特大交通安全事故

2008 年 4 月 28 日 4 时 41 分，北京开往青岛的 T195 次旅客列车运行至山东境内胶济铁路周村至王村间脱线，第 9 节至第 17 节车厢在铁路弯道处脱轨，冲向上行线路基外侧。此时，正常运行的烟台至徐州的 5034 次旅客列车刹车不及，最终以每小时 70 千米的速度与脱轨车辆发生撞击，机车（内燃机车编号 DF11-0400）和第 1 节至第 5 节车厢脱轨。胶济铁路列车相撞事故已造成 72 人死亡，416 人受伤，已经认定是一起人为责任事故。

2. “2 · 9”央视新址北配楼火灾事件

2009 年 2 月 9 日（农历正月十五元宵节）20 点 27 分，位于北京市朝阳区东三环中央电视台新址园区在建的附属文化中心大楼工地发生火灾，火灾在三个半小时之后得到有效控制，救援过程中，1 名消防队员牺牲，6 名消防队员和 2 名施工人员受伤。建筑物过火、过烟面积 21 333 平方米，其中过火面积 8490 平方米，楼内十几层的中庭坍塌，位于楼内南侧演播大厅的数据机房被烧毁。造成直接经济损失 16 383 万元。

3. 上海“11 · 15”特大火灾事故

2010 年 11 月 15 日 14 时 15 分左右，上海余姚路胶州路一栋高层公寓因无证电焊工违章操作引起起火。大火致 58 人遇难，71 人受伤，直接经济损失达 1.58 亿元。

4. “6 · 3”吉林德惠市禽业公司火灾事故

2013 年 6 月 3 日 6 时，位于吉林省长春市德惠市的吉林宝源丰禽业有限公司主厂房发生特别重大火灾爆炸事故，共造成 121 人死亡、76 人受伤，17 234 平方米主厂房及主厂房内生产设备被损毁，直接经济损失 1.82 亿元。

5. “7 · 23”甬温线特别重大铁路交通事故

2011 年甬温铁路列车追尾事故（原中华人民共和国铁道部最初称作杭深线动车组列

车追尾事故，后来官方统一称作“7·23”甬温线特别重大铁路交通事故）发生于当地时间2011年7月23日晚上8时30分5秒，甬温线浙江省温州市瓯江特大桥上，由北京南站开往福州站的D301次列车由后方与杭州站开往福州南站的D3115次列车发生同向动车组列车追尾事故，后车D301次四节车厢从桥上坠下，造成40人死亡、172人受伤，中断行车32小时35分，直接经济损失19 371.65万元。

6. “11·22”青岛输油管道爆炸事件

2013年11月22日凌晨3点，位于黄岛区秦皇岛路与斋堂岛路交汇处，中石化输油储运公司潍坊分公司输油管线破裂，斋堂岛约1000平方米路面被原油污染，部分原油沿着雨水管线进入胶州湾，海面过油面积约3000平方米，黄岛区立即组织在海面布设两道围油栏；当日上午10点30分许，事件处置过程中，黄岛区沿海河路和斋堂岛路交汇处发生爆燃，同时在入海口被油污染的海面上也发生爆燃；事故共造成62人遇难，136人受伤，直接经济损失7.5亿元。

7. “8·2”昆山工厂爆炸事故

2014年8月2日上午7时33分左右，江苏昆山市开发区中荣金属制品有限公司汽车轮毂抛光车间突然冒起一大股白色烟雾，大约10秒后烟雾由白色转变为青灰色，并且越来越浓烈；7时35分许，汽车轮毂抛光车间发生爆炸，事故造成75人死亡，185人受伤。

8. “12·31”上海外滩踩踏事件

2014年12月31日23时35分，正值跨年夜活动，因很多游客市民聚集在上海外滩迎接新年，上海市黄浦区外滩陈毅广场东南角通往黄浦江观景平台的人行通道阶梯处底部有人失衡跌倒，继而引发多人摔倒、叠压，致使拥挤踩踏事件发生，造成36人死亡，49人受伤。

9. “6·1”“东方之星”旅游客船倾覆事件

2015年6月1日，该艘轮船在航行至长江湖北石首段时，突遇龙卷风瞬间翻沉。经过有关部门调查核实，最终确认“东方之星”客船上实有人员454名，其中游客403人、船员46人、旅行社工作人员5人。6月2日凌晨，交通运输部启动一级应急响应，全力搜救“东方之星”客船。2015年6月10日，“东方之星”客船顺利移泊至距离事发水域约10千米的安全水域，由有关部门妥善看护。2015年6月13日，经过有关部门调查核实，最终确认“东方之星”客船上实有人员454名，获救者人数由最初公布的14人确定为12人，全部442名遇难者遗体均已找到。

10. “8·12”天津滨海新区爆炸事故

2015年8月12日晚11时许，天津滨海新区第五大街与跃进路交叉口的一处集装箱码头发生爆炸。第一次爆炸发生在2015年8月12日23时34分6秒，近震震级（near earthquake magnitude，ML）约2.3级，相当于3吨TNT，第二次爆炸在30秒后，近震震级ML约2.9级，相当于21吨TNT。事发时10千米范围内均有震感，抬头可见蘑菇云。爆炸发生后天津塘沽、滨海等，以及河北河间、肃宁、晋州、藁城等地均有震感，造成 165 人遇难（其中参与救援处置的公安现役消防人员 24 人、天津港消防人员 75 人、公安民警 11 人，事故企业、周边企业员工和居民 55 人）、8 人失踪（其中天津消防人员 5 人，周边企业员工、天津港消防人员家属 3 人），798 人受伤（伤情重及较重的伤员 58 人、轻伤员 740 人），304 幢建筑物、12 428 辆商品汽车、7533 个集装箱受损。截至 2015 年 12 月 10 日，已核定的直接经济损失 68.66 亿元。经国务院调查组认定，此次火灾爆炸事故是一起特别重大生产安全责任事故。2016 年 11 月 9 日，天津港爆炸案一审宣判，49 名被告人被判处一年六个月到死缓不等的刑罚。

11. 深圳光明新区渣土受纳场“12 · 20”特别重大滑坡事故

2015 年 12 月 20 日，深圳光明长圳洪浪村煤气站旁山体滑坡，山体滑坡已造成多栋楼坍塌，坍塌范围较大，现场有人被困。截至 2015 年 12 月 22 日 15 点 30 分，滑坡已经造成 76 人失联，救援现场发现 4 名遇难者遗体。2015 年 12 月 23 日上午，国务院深圳光明新区“12 · 20”滑坡灾害调查组在深圳成立；12 月 25 日，国务院调查组认定深圳滑坡系生产安全事故。2015 年 12 月 28 日，深圳警方已对滑坡事故相关责任人共计 12 人采取强制措施；12 月 30 日，根据企业受灾情况，受滑坡事故影响的 90 家企业 4630 名员工已全部安置完毕。2015 年 12 月 31 日，深圳宝安区人民检察院以涉嫌重大责任事故罪，依法对深圳市益相龙投资发展有限公司法定代表人龙某美、副总经理于某利，以及光明新区红坳受纳场现场监督员、调度员等 11 人批准逮捕，并要求公安机关尽快抓捕其他在逃嫌犯。截至 2016 年 1 月 6 日 12 时现场发现 58 名遇难者。其中，52 人核实为失联人员，其余 6 人身份仍核实中。2016 年 1 月，一名涉案嫌疑人投案自首。2016 年 7 月 15 日，深圳滑坡事故调查报告公布，国务院调查组认定，这起事故是一起特别重大生产安全责任事故。

12. “11 · 24”丰城电厂施工平台倒塔事故

2016 年 11 月 24 日，江西省丰城市一电厂在建冷却塔施工平台发生倒塌，截至 25 日 7 点左右，事故已致 74 人遇难，2 人受伤。2016 年 11 月 28 日凌晨，公安机关将涉嫌重大责任事故罪的 9 名责任人依法刑事拘留。2016 年 12 月，检察机关已依法对江西丰城发电厂“11 · 24”特别重大事故所涉 10 名职务犯罪嫌疑人立案侦查。

公共卫生事件

1. “非典”事件

“非典”事件是指严重急性呼吸系统综合征于 2002 年在中国广东顺德首发，并扩散至东南亚乃至全球，直至 2003 年中期疫情才被逐渐消灭的一次全球性传染病疫潮。在此期间发生了一系列事件：引起社会恐慌，包括医务人员在内的多名患者死亡，中国政府对疫情从隐瞒到着手处理直至最后控制，世界各国对该病的处理，疾病的命名，病原微生物的发现及命名，联合国、世界卫生组织及媒体的关注，等等。

起初，由于对“非典”病毒的无知和恐惧，地方政府保持了沉默。危急时刻，中央政府及时决断，公开信息，全民共同击退“非典”，中国由此建立了突发公共卫生事件的应急体系。

2. 安徽阜阳手足口疫情

2008 年 3 月起，安徽阜阳出现儿童感染手足口病情，5 月 3 日，卫生部发出《关于安徽阜阳发生手足口病疫情的情况通报》，卫生部通报说，2008 年 3 月以来，安徽省阜阳市发生了较大规模的手足口病疫情。截至 5 月 1 日 24 时，安徽阜阳累计报告手足口病 3321 例，其中 22 例死亡；有 978 例正在住院治疗，其中重症病例 48 人，病危 10 例；正在接受门诊治疗 1209 人；已治愈 1112 人。

截至 2008 年 5 月 9 日，全国感染手足口病的病例近 25 000 例，造成 34 名患儿死亡。

社会安全事件

1. 拉萨“3・14”打砸抢烧事件

2008 年 3 月 14 日中国拉萨发生打砸抢烧事件，共有 18 名无辜群众被残害致死，382 名群众受伤（其中重伤 58 人），242 名公安民警、武警官兵在值勤中伤亡（其中牺牲 1 人、重伤 23 人）。

2. 乌鲁木齐“7・5”打砸抢烧严重暴力犯罪事件

2009 年 7 月 5 日晚上，乌鲁木齐发生打砸抢烧严重暴力犯罪事件。在此次事件中，造成 197 人死亡，1700 人受伤，被毁车辆达 260 部，其中 190 部公交车、50 多部民用车；受损门面房 203 间，民房 14 间，总过火面积达到 56 850 平方米，全市共有 220 多处纵火点，有两栋楼房被烧毁。

3. 叶城县“2・28”暴力恐怖袭击事件

2012 年 2 月 28 日上午，阿布都克热木・马木提在其家中召集恐怖组织成员，确定实施暴力恐怖行动，进行编组、分工，分发刀、斧等犯罪工具，演示实施恐怖袭击的方法。当日下午 18 时许，带领恐怖组织成员到达叶城县幸福路步行街，持刀、斧疯狂砍杀无辜群众，当场致 13 人死亡，16 人受伤（其中 2 人经抢救无效死亡）。被告人阿布都克热木・马木提被当场抓获，7 名暴力恐怖分子被击毙，另 1 名被击伤后抢救无效死亡。在事件处置过程中，1 名联防队员牺牲，4 名公安民警受伤。

4. “3・1”云南昆明火车站暴力恐怖事件

2014 年 3 月 1 日晚 9 时 20 分，十余名统一着装的暴徒蒙面持刀在云南昆明火车站广场、售票厅等处砍杀无辜群众。整个砍杀事件发生在昆明火车站广场、一楼售票大厅、候车厅验票口附近、二楼站内售票大厅，涉及大半个火车站。截至 2014 年 3 月 2 日 6 时，已造成 29 人死亡、143 人受伤。

附录 4　业务连续性管理组织介绍

目前，业务连续性管理已成为众多组织应对灾难实现可持续发展的通用规则，许多国家和区域已经建立了业务连续性管理的专门机构，包括英国、澳大利亚、奥地利、比利时、加拿大、丹麦、爱尔兰、德国、希腊、中国香港地区、以色列、日本、马来西亚、新西兰、俄罗斯、新加坡、南非、荷兰、泰国、美国、墨西哥和西印度群岛联邦等几十个国家和地区。如此之多的国家和地区建立了业务连续性管理的专业化组织，充分说明了业务连续性管理已经得到了世界范围内的重视，对业务连续性管理的需求已经上升到了国际化的高度。

国际灾难恢复协会

国际灾难恢复协会是 1988 年在美国成立的业务连续性管理专业学术组织，其宗旨是：通过个人认证及建立公共知识体系来提高业务连续性管理的专业化水平。

国际灾难恢复协会与业务持续协会共同制定了著名的业务连续性管理国际最佳惯例，该国际惯例已成为全世界大多数国家制定业务连续性管理标准和规范的基础。国际灾难恢复协会还提供一系列的业务连续性管理培训课程（如 BCLE2000 等），以及对业务连续性管理专业人员的认证。

国际灾难恢复协会与 CBCM 合作，于 2007 年 11 月在中国成立了灾难恢复中国协会（DRI China），专门致力于在中国推广国际灾难恢复协会的业务连续性管理专业培训和认证。

业务持续协会

业务持续协会是 1994 年在英国成立的业务连续性管理专业学术组织，目前在全球拥有个人会员 4000 多名。

业务持续协会的使命是："在全世界推广业务持续管理的艺术和科学"。业务持续协会提出的《最佳惯例指南》（BCI's Good Practice Guidelines）已成为许多业务连续性管理专业人士进行业务连续性管理实践的行动指南。业务持续协会还与国际灾难恢复协会共同制定了著名的业务连续性管理国际最佳惯例，该国际惯例已成为全世界大多数国家制定业务连续性管理标准和规范的基础。

业务持续协会还提供专业业务连续性管理人才的培养和认证。

英国标准协会

英国标准协会是一个历史悠久的国际著名标准制定组织机构，早在 1901 年是作为工程标准委员会（Engineering Standards Committee）成立的。1982 年被英国政府批准为英国国家标准化组织机构，英国标准协会主要致力于标准制定和推广，在欧洲及全世界标准化组织机构中具有非常高的认可度。制定的许多标准都成为国际标准（如 BS5750 成为 ISO9000，BS7750 成为 ISO14000 等）。

2006 年底，英国标准协会发布了业务连续性管理的标准 BS 25999-1"Code of practice for business continuity management"（业务连续性管理实用守则），2007 年又发布了 BS 25999-2"Business continuity management—Part 2: specification"（业务连续性管理规范）。

FEMA

FEMA 成立于 1979 年。2001 年的“9・11”事件暴露出了应急管理中的许多漏洞，为解决这些问题，布什政府于2003年3月1日成立了国土安全部(Department of Homeland Security，DHS)，并将 FEMA 归入 DHS 中。

FEMA 的主要使命就是通过领导和支持基于风险的全面应急管理体系（包括准备、预防、响应、恢复及减小等）来降低生命和财产的损失，从而保护国家免遭各种灾难的威胁。这些灾难包括自然灾害、恐怖袭击及其他人为的灾难。

NFPA

成立于 1896 年的 NFPA 是一个国际化的非营利机构，其总部位于美国马萨诸塞州的昆西市。NFPA 最初的成员主要局限于保险业的代表，很少有其他行业的人员参加。这种情况到 1904 年就改变了，NFPA 允许其他行业的机构和个人参加制定和推广有关标准。今天，NFPA 的成员包括了各行业的消防部门、保险公司、制造业协会和联盟、商业机构，甚至普通百姓。虽然 NFPA 的名称中还有“国家”和“消防”两个容易让人混淆的名词，但实际上 NFPA 早已成为既不局限于“美国”也不局限于“消防”的名副其实的国际组织，其超过 60 000 名成员来自世界各地，只有不到 1/4 的成员与消防部门有关，而大多数成员是来自各种不同领域的公共机构和私营机构的代表。

NFPA 的使命就是提供和推广协调一致的防火、救火，以及其他灾难救援和生命安全的法规与标准，并通过研究、培训和教育等努力，来减小全球范围内由火灾及其他灾害对生命所造成的威胁。

NFPA 标准的制定是通过由美国国家标准协会（American National Standards Institute，ANSI）批准的统一标准制定流程来制定的。NFPA 已发布了 300 多个用于减小火灾及其他风险的规范和标准。其中，NFPA1600 是目前在应急管理和业务连续性管理领域应用非常广泛的标准。制定这些文件的核心人员是由超过 6000 名志愿者所组成的，他们来自消防服务、保险、商业、工业、政府等部门及消费者。NFPA 制定的标准常常被州政府和地方政府立法者采纳为建筑、生命安全及电气方面的标准。许多州、地方政府和联邦政府将这些标准和规范完整地（或仅作少量修改后）吸收到它们自己的法律中去。即使没有写进法律，NFPA 的标准和规范通常也被作为专业标准而接受，并被许多司法机构所认可。

NFPA 应急管理技术委员会（Technical Committee on Emergency Management）成立于 1991 年。从 1995 年起，共发布了 4 个版本的 NFPA1600 标准，最新的版本发布于 2007 年。“9・11”恐怖袭击之后，NFPA1600 受到了高度的重视，并保持关注于应急预案，特别是私营企业的应急预案。

美国国家应急管理协会

美国国家应急管理协会（National Emergency Management Association，NEMA）于 1974 年成立，它是由来自美国 50 个州及哥伦比亚特区的应急管理负责人组建的专业组织。其主要目的就是为各级政府和私营机构的应急管理专业人员提供信息资源与技术支持，以使他们能够针对各种威胁国家安全的紧急情况和灾难做好有关减小、响应、恢复方面的准备，并提供相关的产品和服务。

日本业务连续性管理相关组织

日本在业务连续性管理理论和实践方面与欧美国家相比虽然起步较晚，但由于日本是一个自然灾害多发的国家，日本国民和企业防范灾难的意识非常强烈，日本政府对业务连续性管理也给予了高度的重视。在日本政府的积极推广和指导下，成立了许多相关的组织机构，在制定业务连续性管理的标准和指南及促进业务连续性管理的实际应用等方面起到了重要的作用。

日本的主要业务连续性管理相关组织机构有隶属于经济产业省的企业情报安全方法研究会，业务连续性计划制定指导方针工作组，业务连续性计划国际标准化委员会，隶属于内阁府中央防灾会议的关于运用民间和市场的力量提高防灾能力专门调查组及企业评价与业务持续工作组，以及中小企业厅下属的业务连续性计划有识之士会议，等等。这些组织对帮助日本赶上英国、美国等业务连续性管理发展较快的国家起到了积极的推动作用。

为了促进民间团体的业务持续事业，2006 年 3 月，日本又成立了由 14 个行业组织参加的“企业等事业继续防灾评价委员会”。该委员会的主要任务是，促进各行业团体开展业务持续事业，制定各行业的“业务持续指导方针”，研究业内信息交流的方法，研讨防灾报告，等等。

中国应急管理学会

中国应急管理学会成立于 2014 年 9 月 26 日，业务主管单位是国家行政学院，登记管理机关是民政部。中国应急管理学会是由国内外从事应急管理理论研究、教学培训、咨询服务的专家学者、实践人员，以及相关专业机构、企事业单位、非政府组织等自愿组成的全国性、学术性、公益性法人社会团体，致力于发展与应用现代应急管理观念、方法、技术，提升全社会预防与应对各类突发事件的能力。

中国应急学会作为应急管理领域的全国性社团组织，将致力于推进应急管理学科建设，加强应急管理理论研究，积极推进应急管理实践部门和研究机构的交流与合作，加强应急管理对外交流与合作，做好应急管理科研、决策咨询、教学培训与科普宣教活动。

公共安全标准化专业委员会

中国信息化推进联盟顺应历史的发展和社会需求，于 2004 年 7 月 15 日，在政府相关部门的支持下，成立了 CBCM，它是一个公益性、学术性、非营利性的社团组织，它搭建了一个开放的、国际化的学术交流与合作的平台。CBCM 的成立是业务连续性管理开始全面引入中国的一个重要标志。

业务连续性管理与应急管理存在着紧密的联系，为了更好地推广业务连续性管理，2015 年 10 月 18 日，CBCM 整建制进入中国应急管理学会，更名为公共安全标准化专业委员会，成为中国应急管理学会的二级学会组织。

附录 5　CBCM 历届论坛简介

自 2004 年业务连续性管理引入我国以来，历年来举办了一系列的论坛活动。

首届业务持续管理高峰论坛（BCM 2004）

首届业务持续管理高峰论坛于 2004 年 10 月 26 日在北京友谊宾馆隆重举行。大会得到了原国务院信息化工作办公室、信息产业部等政府主管机构与部门的大力支持，同时也得到了各行各业的高度重视，共有 600 人参加了本次大会。

本次大会围绕“BCM 与信息化效能提升”这一主题，对业务连续性管理基本概念和方法进行了广泛的讨论，充分地交流了国内外相关的理论成果和实践经验，为业务连续性管理在中国即将开始的快速发展奠定了良好的基础。

自本届大会后，CBCM 决定将每年的 11 月 9 日作为中国业务持续管理高峰论坛召开的固定日期，简称“119 大会”，目的就是通过“119”这一特殊数字具有的深刻含义来唤起人们对业务连续性管理所具有的同样深刻的意义给予重视。

第二届中国业务持续管理高峰论坛（BCM 2005）

第二届中国业务持续管理高峰论坛（BCM 2005）于 2005 年 11 月 9 日成功举行。本次大会是通过对“灾难应对与企业责任”这一主题，来研究和讨论业务连续性管理的方法论及成功案例。国家海关总署杨国勋总工程师、中国人民银行科技司司长陈静先生、Gartner 集团研究院 Jamie Popkin 先生、国际著名业务连续性管理专业机构业务持续协会的 Henry Ee（余少强）和新加坡业务持续计划协会主席 Wong Tew Kiat（黄守吉）先生等专家参加了本次大会并做了精彩演讲。

第三届中国业务持续管理高峰论坛（BCM 2006）

2006 年 11 月 9 日，以“塑造机制、抵御风险”为主题的第三届中国业务持续管理高峰论坛（BCM 2006）在北京成功举行。本次大会得到了信息产业部信息化推进司、国务院国有资产监督管理委员会监事会工作技术研究中心、北京市信息化办公室、中国人民银行科技司、海关总署科技司等单位的指导，以及中国电机工程学会、中国新闻技术工作者联合会、中国电信集团公司等单位的大力支持。

第四届中国业务持续管理高峰论坛（BCM 2007）

2007 年 11 月 9 日，在国家安全生产应急救援指挥中心、信息产业部信息化推进司、国务院国有资产监督管理委员会监事会工作技术研究中心、中国市长协会、北京市信息化办公室、中国人民银行科技司、海关总署科技司的指导下，第四届中国业务持续管理高峰论坛（BCM 2007）在北京世纪金源大饭店成功举行。

本次会议聚焦于“业务持续与应急管理：协同·预防·治理”的主题。来自国内外的专家和业务领袖共同洞察趋势、关注焦点、交流知识、创造价值，共同探讨了业务连续性管理领域的新问题和新方法。

第五届中国业务持续管理高峰论坛（BCM 2008）

第五届中国业务持续管理高峰论坛（BCM 2008）于 2008 年 11 月 9 日在北京成功举办。本届论坛的主题为“拯救灾难中的企业”。来自国内外的知名专家、厂商围绕应对突发灾难构建保障体系、业务持续管理中的 IT 治理实施、业务持续管理中的解决方案等核心议题进行了积极深入的研讨。本届论坛秉承历届论坛权威、高端的特点，特邀国际、国内知名专家围绕优秀案例剖析，体验最佳实践，为广大参会者奉上一顿丰盛的大餐。

第六届中国业务持续管理高峰论坛（BCM 2009）

本届论坛主题为“加快 BCM 实践，营造 BCM 文化”。与往届论坛相比，本次论坛最大的特点是重点突出业务连续性管理实践。围绕这一主题，本次论坛的演讲内容以应用实践为主，使与会者分享到了业务连续性管理在国内外的实践经验和成果。同时，为使与会者亲身体验业务连续性管理的实践活动，本次论坛特别设计了业务连续性管理专业培训和演练的专场活动，得到了众多与会者的积极参与和好评。

第七届中国业务持续管理高峰论坛（BCM 2010）

本届论坛主题为：统一指挥、反应灵敏、协调有序、运转高效的应急管理机制，是有效应对自然灾害、事故灾难、公共卫生事件、社会安全事件，提高危机管理和抗风险能力的重要支撑。

本届论坛的核心议题包括：①国际上业务连续性管理理论方法在应急管理中的应用；②应用业务连续性管理方法提高企业应急自救能力；③巨灾过后企业核心业务的业务持续性；④透析业务连续性管理与应急管理的关系；⑤未来业务连续性管理与应急管理面临的挑战。

第八届中国业务持续管理高峰论坛（BCM 2011）

2011 年 9 月 11 日，第八届中国业务持续管理高峰论坛在北京世纪金源饭店顺利召开，本届大会的主题是“业务持续管理（BCM）的智慧与实践”。此次大会就国内企业在发展业务连续性管理中取得的成果及国际上业务连续性管理的发展趋势进行深入探讨，同时探讨业务连续性管理在云计算、物联网和城市安全方面的应用及标准化工作。

第四届中日危机管理论坛

2011 年 8 月 30 日，主题为“日本 3·11 地震海啸灾害给我们带来什么思考”的第四届中日危机管理论坛在北京正式召开。本届论坛由北京城市系统工程研究中心、北京清华城市规划设计研究院、CBCM 及日本危机管理学会主办。在本届中日危机管理论坛上，中日双方在业务连续性管理、业务连续性规划、业务连续性及危机管理方面的学者、专家和商界的代表汇聚一堂，深刻剖析了“3·11”地震带给我们的经验及教训，为今后灾难的预防、应对及恢复提供了一个有益的参考。

后　记

本书在政府、企业、高校及行业协会等相关部门的大力支持下，经过中国应急管理学会公共安全标准化专业委员会和全体编委的共同努力，由科学出版社出版面世。

本书的初衷是希望通过蓝皮书每年的出版发行，引起社会各界对业务连续性管理的重视、支持和参与。随着业务连续性管理在我国各领域的广泛应用，通过蓝皮书建立起一个推动业务连续性管理应用与发展的平台。将更多具有代表性的案例、最新研究成果、技术和产品在平台上展示出来，奉献给社会。

本书由中国应急管理学会公共安全标准化专业委员会名誉主任陈建新担任主编，马光悌、陈安、杨险峰为副主编，负责全书的整体框架设计、资料收集、协调串编和审阅定稿。

本书是第一次尝试编辑出版，由于时间仓促、水平有限，难免对业务连续性管理基础概念、理论体系、标准规范等方面认识不足，加之业务连续性管理在我国行业应用发展不均衡，也导致本书所选案例和发展研究部分内容有限。但编辑出版一套专业、系统、有借鉴意义的丛书，已是我国业务连续性领域当务之急。本书存在的诸多不足之处，敬请原谅和指教。

在此，衷心感谢工业和信息化部原副部长杨学山、中国工程院范维澄院士为本书作序；感谢中国应急管理学会洪毅会长及全体指导委员会成员给予的帮助；感谢中国应急管理学会学术委员会秘书长佘廉教授对本书的构想、编写和出版给予的全程指导；感谢本书的顾问长期以来对业务连续性管理始终不渝的关心和支持；感谢公共安全标准化专业委员会王金玉主任和全体委员对本书的关切及帮助；感谢编委会全体同志为本书撰稿、搜集案例所付出的辛勤劳动；最后，感谢科学出版社为本书的及早面市给予的支持和帮助。

陈建新

2017 年 7 月